KB263653

『나는 당첨 없이 분양권으로 새 아파트 산다』
초판 구매 독자를 위한 특별 한정 혜택!

오픈채팅방 참여코드: 0113

QR코드를 통해 오픈채팅방에 입장하시면 다음 혜택을 안내받으실 수 있습니다.

- **혜택1** 2026년 1월 27일(화) 오후 7시
  미공개 라이브 특강
  유료 강의급 저자의 분양권 투자 노하우를
  라이브 특강에서 공개합니다!

- **혜택2** '세빛희와 시그니엘 서울 애프터눈티' 초대 추첨 이벤트
  라이브 특강 시 추첨을 통해 세 분을 선정해
  저자와의 만남에 초대합니다.
  세빛희 저자에게 부동산 고민을 털어놓으세요!
  장소: 시그니엘 서울 / 일시: 2월 초 당첨자 개별 공지

- 오픈채팅방 내 공지로 더 자세한 내용을 확인하실 수 있습니다.

2026년
전매 가능한
분양권 &
프리미엄 리스트

서울

지역	구	동	아파트 명
서울	성북구	삼선동	창경궁롯데캐슬시그니처
서울	성북구	보문동	보문센트럴아이파크
서울	성북구	장위동	푸르지오라디우스파크
서울	노원구	월계동	서울원아이파크
서울	마포구	공덕동	마포자이힐스테이트라첼스
서울	마포구	아현동	마포푸르지오어반피스
서울	광진구	구의동	강변역센트럴아이파크
서울	영등포구	당산동	e편한세상당산리버파크
서울	영등포구	양평동	영등포자이디그니티
서울	동대문구	청량리동	청량리롯데캐슬하이루체
서울	동대문구	이문동	이문아이파크자이(3-2BL)
서울	강서구	등촌동	힐스테이트등촌역
서울	성동구	용답동	성동자이리버뷰
서울	강동구	천호동	e편한세상강동프레스티지원
서울	강동구	천호동	더샵강동센트럴시티
서울	강동구	천호동	비오르
서울	서대문구	영천동	경희궁유보라
서울	강북구	미아동	엘리프미아역1단지
서울	강북구	미아동	엘리프미아역2단지
서울	도봉구	도봉동	도봉금호어울림리버파크
서울	구로구	개봉동	개봉루브루
서울	은평구	갈현동	연신내양우내안애퍼스티지
서울	금천구	시흥동	한신더휴하이엔드에듀포레
서울	중랑구	상봉동	더샵퍼스트월드

59형 분양가 (만 원)	84형 분양가 (만 원)	프리미엄 (만 원)	세대수	입주예정일
105000	139000	-	1223	2027.04
111000(76타입)	-	-	199	2026.09
94000	119000	18000	1637	2027.03
104000	135000	13000	1856	2028.07
134000	175000	-	1101	2027.03
114000	155000	-	239	2027.03
-	127000	-	215	2026.09
140000	-	-	550	2028.03
86000	117000	-	707	2026.03
85000	-	55000	761	2026.04
98000	128000	15000	152	2026.05
114000	142000	-	543	2026.10
103000	128000	-	1670	2027.02
-	125000	100000	535	2026.01
103000	142000	49000	670	2025.12
128000	210000	0	53	2026.05
105000	135000	-	199	2026.07
77000	96000(74타입)	300	78	2026.08
79000	114000	500	182	2026.08
70000	90000	-	299	2026.03
53000(42타입)	-	-	295	2026.04
87000	103000(74타입)	9000	260	2028.03
69000	-	-	219	2027.07
98000	135000	-	999	2029.08

경기

지역	구	동	아파트 명
성남	수정구	미아동	산성역헤리스톤
광명		철산동	철산자이브리에르
광명		광명동	광명자이힐스테이트SKVIEW
광명		광명동	광명롯데캐슬시그니처
광명		광명동	광명자이더샵포레나
광명		소하동	광명소하신원아침도시1단지
광명		소하동	광명소하신원아침도시2단지
광명		소하동	광명유승한내들라포레
광주		역동	더파크비스타데시앙
광주		송정동	송정중흥S클래스파크뷰
광주		곤지암읍	힐스테이트광주곤지암역
광주		곤지암읍	곤지암역제일풍경채
광주		곤지암읍	곤지암역센트럴아이파크
광주		장지동	광주태전경남아너스빌리미티드
구리		인창동	구리역롯데캐슬시그니처
김포		북변동	김포북변우미린파크리브
김포		북변동	한강수자인오브센트
김포		풍무동	풍무역롯데캐슬시그니처
남양주		와부읍	덕소역라온프라이빗리버포레
남양주		화도읍	마석역극동스타클래스더퍼스트
부천	소사구	괴안동	역곡역아테움스위첸
부천	소사구	송내동	송내역푸르지오센트비엔
부천	소사구	소사본동	소사역롯데캐슬더뉴엘
부천	소사구	괴안동	부천아테라자이

59형 분양가 (만 원)	84형 분양가 (만 원)	프리미엄 (만 원)	세대수	입주예정일
96000	119000	35000	3487	2027.12
88000	-	42000	1490	2026.01
90000	124000	-	2878	2027.07
90000	-	20000	1509	2027.10
60000(49타입)	105000	15000	3585	2025.12
65000	-	1500	144	2026.02
65000	80000(76타입)	500	203	2026.02
-	97000	1000	444	2027.11
42000	59000	9000	1690	2026.04
42000	58000	2500	840	2026.06
-	61000	0	635	2027.05
45000	60000	2200	565	2027.08
-	62000	300	347	2027.05
-	63000	1500	404	2027.08
65000	87000	30000	1180	2026.03
48000	65000	200	1200	2027.12
53000	70000	2500	3058	2028.02
63000(65타입)	77000	-2000	720	2028.07
60000	82000	700	999	2028.03
51000	-	0	138	2026.01
46000(51타입)	-	-	189	2026.02
70000	-	-3000	1045	2026.09
67000	80000	3000	983	2027.08
67000	-	-	200	2027.01

경기

지역	구	동	아파트 명
수원	팔달구	지동	수원성중흥S클래스
수원	팔달구	우만동	효성해링턴플레이스동수원
수원	권선구	오목천동	오목천역더리브
수원	권선구	세류동	매교역팰루시드
수원	장안구	연무동	서광교한라비발디레이크포레
수원	영통구	영통동	영통자이센트럴파크
시흥		은행동	시흥롯데캐슬시그니처1블록
시흥		은행동	시흥롯데캐슬시그니처2블록
안산	단원구	고잔동	롯데캐슬시그니처중앙
안산	단원구	고잔동	한화포레나안산고잔2차
안양	만안구	석수동	안양자이더포레스트
안양	동안구	호계동	e편한세상평촌어반밸리
안양	동안구	비산동	평촌자이퍼스니티
오산		양산동	힐스테이트오산더클래스
오산		양산동	롯데캐슬위너스포레
용인	기흥구	서천동	영통역자이 프라시엘
용인	처인구	포곡읍	용인에버랜드역대원칸타빌
용인	처인구	포곡읍	용인둔전역에피트
용인	처인구	역북동	역북서희스타힐스프라임시티
용인	처인구	남동	용인푸르지오원클러스터1단지
용인	처인구	삼가동	두산위브더제니스센트럴용인
용인	처인구	남사읍	힐스테이트용인마크밸리
의왕		내손동	인덕원퍼스비엘
의왕		오전동	의왕센트라인데시앙

59형 분양가 (만 원)	84형 분양가 (만 원)	프리미엄 (만 원)	세대수	입주예정일
56000	76000	-6000	1154	2026.01
67000	77000	0	162	2027.10
-	77000	-5000	201	2026.02
74000	90000	-1000	2178	2026.08
-	72000	0	285	2027.02
-	102000	20000	580	2027.03
-	73000	-2500	1230	2027.07
-	71000	-3000	903	2027.07
64000	-	5000	1051	2027.11
50000	79000	5000	472	2026.09
69000	75000(73타입)	2000	483	2026.05
73000	99000	8000	458	2026.10
99000	134000	10000	2737	2027.12
-	69000	0	970	2027.08
41000	57000	0	1672	2027.08
-	86000	9000	472	2026.12
44000	57000	-1000	348	2026.11
43000(68타입)	49000	-500	1275	2027.07
43000	58000	1000	912	2027.03
49000	60000	400	1681	2027.08
49000	59000(74타입)	1000	568	2027.03
-	59000	500	660	2027.12
78000	108000	16000	2180	2026.06
69000	94000	4000	733	2026.11

지역	구	동	아파트 명
군포		금정동	금정역푸르지오그랑블
의정부		의정부동	더샵의정부역링크시티
의정부		의정부동	의정부역진흥해링턴플레이스
의정부		신곡동	e편한세상신곡시그니처뷰
의정부		금오동	힐스테이트금오더퍼스트
의정부		금오동	의정부푸르지오클라시엘
의정부		금오동	의정부롯데캐슬나리벡시티
파주		문산읍	문산역3차동문디이스트센트럴
평택		현덕면	힐스테이트평택화양
평택		현덕면	평택화양서희스타힐스센트럴파크1차
평택		현덕면	평택화양서희스타힐스센트럴파크2차
평택		현덕면	평택화양동문디이스트(6-2BL)
평택		현덕면	평택푸르지오센터파인
평택		현덕면	신영지웰평택화양
평택		가재동	지제역반도체밸리쌍용더플래티넘
평택		가재동	지제역반도체밸리해링턴플레이스
평택		진위면	진위역서희스타힐스더파크뷰
평택		장안동	브레인시티대광로제비앙모아엘가
평택		합정동	힐스테이트평택역센트럴시티
평택		통복동	더플래티넘스카이헤론
평택		장당동	지제역반도체밸리제일풍경채어바니티
이천		안흥동	이천빌리브어바인시티1블록
이천		안흥동	이천빌리브어바인시티2블록
이천		안흥동	이천롯데캐슬센트럴페라즈스카이

59형 분양가 (만 원)	84형 분양가 (만 원)	프리미엄 (만 원)	세대수	입주예정일
76000	102000	0	1072	2028.05
-	73000	8000	1401	2027.10
54000	71000	-	150	2026.08
49000	68000	0	815	2026.09
43000	59000	0	832	2025.11
-	71000	0	656	2027.12
-	69000	0	671	2027.11
32000	46000	-750	951	2027.11
-	43000	-5500	1571	2026.03
34000	45000	-4500	1554	2026.07
35000	48000	-	815	2027.12
-	45000	0	753	2026.11
-	48000	-3000	851	2026.11
-	47000	-4600	999	2027.04
-	50000	-5000	1340	2027.01
-	50000	-4000	1209	2027.02
36000	48000	-1000	1659	2027.02
37000	52000	-	1700	2026.08
48000	60000	500	1918	2028.01
-	63000	0	784	2028.06
-	48000	-6000	1152	2026.03
-	53000	-9000	264	2026.01
-	52000	-8500	264	2026.01
-	69000	2000	801	2027.09

경기

지역	구	동	아파트 명
이천		안흥동	이천서희스타힐스SKY
이천		증일동	힐스테이트이천역1단지
이천		증일동	힐스테이트이천역2단지
이천		증포동	이천자이더리체
이천		송정동	이천자이더레브
이천		부발읍	이천부발역에피트
안성		공도읍	해링턴플레이스진사1BL
안성		공도읍	해링턴플레이스진사2BL
안성		신소현동	안성당왕경남아너스빌하이스트
고양	일산동구	식사동	휴먼빌일산클래스원
고양	일산동구	풍동	e편한세상일산메이포레1단지
고양	일산동구	풍동	e편한세상일산메이포레3단지
양주		회정동	양주덕정역에피트
양주		은현면	양주용암영무예다음더퍼스트
양주		덕계동	덕계역한신더휴포레스트
양주		남방동	양주역푸르지오센터파크
양주		백석읍	양주백석모아엘가그랑데
여주		교동	여주역자이헤리티지
가평군		가평읍	자라섬수자인리버페스타
가평군		청평면	청평수자인더퍼스트

59형 분양가 (만 원)	84형 분양가 (만 원)	프리미엄 (만 원)	세대수	입주예정일
-	63000	-	936	2029.01
-	63000	0	937	2026.07
46000	63000	0	885	2026.07
-	54000	-2000	558	2026.08
-	56000	-2000	635	2027.04
-	62000	-1000	671	2028.05
-	49000	-1000	355	2026.03
-	47000	-2500	637	2026.03
-	45000	-1000	976	2027.03
-	72000	-2000	529	2027.04
-	80000	1000	321	2027.03
56000	80000	5000	457	2027.03
-	50000	0	427	2027.06
38000	52000	-	644	2027.11
-	50000	0	724	2027.12
36000	53000	7000	1172	2028.02
-	43000	-	929	2027.10
37000	52000	0	769	2027.06
-	42000	0	381	2027.09
31000	44000	0	551	2027.09

인천

지역	구	동	아파트 명
인천	미추홀구	주안동	주안센트럴파라곤
인천	미추홀구	학익동	포레나인천학익
인천	미추홀구	학익동	인하대역푸르지오에듀포레
인천	미추홀구	학익동	시티오씨엘6단지
인천	미추홀구	숭의동	e편한세상제물포파크메종
인천	남동구	간석동	인천시청역한신더휴
인천	동구	송림동	인천두산위브더센트럴
인천	동구	송림동	리아츠더인천
인천	서구	원당동	칸타빌더스위트
인천	서구	연희동	연희공원호반써밋파크에디션
인천	서구	마전동	검단스타힐스가현숲
인천	계양구	작전동	두산위브더제니스센트럴계양
인천	계양구	효성동	계양롯데캐슬파크시티1단지
인천	계양구	효성동	계양롯데캐슬파크시티2단지
인천	연수구	송도동	송도자이풍경채그라노블1단지
인천	연수구	송도동	송도자이풍경채그라노블2단지
인천	연수구	송도동	송도자이풍경채그라노블3단지
인천	연수구	송도동	송도자이풍경채그라노블4단지
인천	연수구	송도동	송도자이풍경채그라노블5단지
인천	연수구	송도동	힐스테이트레이크송도5차
인천	연수구	옥련동	래미안센트리폴1BL
인천	연수구	옥련동	래미안센트리폴2BL
인천	연수구	옥련동	래미안센트리폴3BL
인천	중구	운남동	영종오션파크모아엘가그랑데
인천	중구	사동	e편한세상동인천베이프런트
인천	부평구	삼산동	두산위브더센트럴부평

59형 분양가 (만 원)	84형 분양가 (만 원)	프리미엄 (만 원)	세대수	입주예정일
42000	58000	0	1321	2025.12
46000	55000	500	562	2026.04
46000	64000	0	1500	2028.03
44000	65000	1000	1734	2028.04
43000	62000	300	736	2026.07
45000	63000	2000	469	2025.12
40000	59000	0	1321	2026.01
39000	54000	500	378	2027.10
-	47000	6000	625	2026.06
-	64000	0	1370	2026.12
39000	51000	-1000	709	2027.04
50000	60000(74타입)	9000	1370	2027.05
52000	68000	-1000	1964	2027.11
-	68000	0	1089	2027.11
-	86000	500	469	2027.06
-	86000	0	548	2027.06
-	88000	500	597	2028.04
-	88000	0	504	2028.04
-	88000	-2000	610	2028.04
-	92000	0	722	2028.06
55000	73000	-	706	2028.01
55000	72000	-	819	2028.01
55000	72000	5000	1024	2027.12
-	49000	0	560	2026.04
44000	61000	-	579	2028.04
60000(63타입)	-	-	500	2028.04

광주

지역	구	동	아파트 명
광주광역시	남구	송암동	송암공원중흥S클래스SK뷰
광주광역시	남구	진월동	진월더리브라포레
광주광역시	북구	운암동	운암자이포레나퍼스티체1단지
광주광역시	북구	운암동	운암자이포레나퍼스티체2단지
광주광역시	북구	운암동	운암자이포레나퍼스티체3단지
광주광역시	북구	동림동	운암산공원진아리채그랑뷰
광주광역시	북구	동림동	운암산공원우미린리버포레
광주광역시	북구	연제동	연제첨단광신프로그레스
광주광역시	북구	삼각동	위파크일곡공원
광주광역시	북구	매곡동	힐스테이트중외공원2블록
광주광역시	북구	매곡동	힐스테이트중외공원3블록
광주광역시	서구	금호동	위파크마륵공원
광주광역시	서구	풍암동	위파크더센트럴
광주광역시	서구	풍암동	중앙공원롯데캐슬시그니처2-1BL
광주광역시	서구	풍암동	중앙공원롯데캐슬시그니처1BL
광주광역시	서구	풍암동	중앙공원롯데캐슬시그니처2-2BL
광주광역시	서구	마륵동	상무양우내안애퍼스트힐
광주광역시	광산구	운수동	선운2지구예다음(B-2블록)
광주광역시	광산구	월계동	봉산공원첨단제일풍경채
광주광역시	광산구	하산동	광산센트럴파크
광주광역시	광산구	하산동	한양립스에듀포레
광주광역시	동구	계림동	교대역모아엘가그랑데

59형 분양가 (만 원)	84형 분양가 (만 원)	프리미엄 (만 원)	세대수	입주예정일
-	55000	0	1575	2027.12
-	77000	-	300	2027.10
52000	76000	-4000	998	2026.04
66000	75000	-4000	1486	2026.04
51000	74000	-3500	730	2026.04
-	59000	-7000	414	2026.09
-	48000	-3000	734	2027.06
-	56000	-	380	2026.09
-	57000	0	1004	2026.10
-	62000	0	785	2026.12
-	62000	0	681	2026.12
-	53000	4000	917	2026.01
-	67000	-4000	695	2026.08
-	107000(121타입)	0	915	2027.08
-	107000(114타입)	-3000	929	2027.08
-	80000	-3000	928	2027.08
60000	73000	0	312	2026.05
-	48000	-1000	554	2026.07
-	55000	-1000	948	2027.05
-	67000	-	397	2026.02
-	56000	-	470	2027.11
50000	71000	-5000	815	2026.05

대전

지역	구	동	아파트 명
대전	서구	괴정동	둔산엘리프더센트럴
대전	서구	용문동	대전에테르스위첸
대전	서구	정림동	한화포레나대전월평공원1단지
대전	서구	도마동	한화포레나대전월평공원2단지
대전	서구	관저동	관저푸르지오센트럴파크1단지
대전	서구	가장동	힐스테이트가장더퍼스트
대전	서구	도마동	도마포레나해모로
대전	서구	월평동	둔산해링턴플레이스리버파크
대전	유성구	학하동	힐스테이트도안리버파크1단지
대전	유성구	학하동	힐스테이트도안리버파크2단지
대전	유성규	학하동	힐스테이트도안리버파크3단지
대전	유성구	복용동	힐스테이트도안리버파크5단지
대전	유성구	봉명동	유성하늘채하이에르
대전	동구	인동	대전스카이자이르네
대전	동구	삼성동	e편한세상대전역센텀비스타
대전	동구	성남동	대전성남우미린뉴시티
대전	중구	문화동	e편한세상서대전역센트로
대전	중구	선화동	힐스테이트선화더와이즈
대전	중구	문화동	문화자이SKVIEW
대전	중구	대흥동	대전르에브스위첸1단지
대전	대덕구	읍내동	쌍용더플래티넘네이처

59형 분양가 (만 원)	84형 분양가 (만 원)	프리미엄 (만 원)	세대수	입주예정일
-	61000	0	864	2027.10
53000(62타입)	59000	-11000	138	2026.02
-	52000	-2000	659	2026.10
-	52000	-5000	690	2026.05
-	58000	0	330	2026.11
44000	67000	500	1779	2027.06
46000	65000	0	818	2027.03
-	70000	0	336	2028.03
-	75000	0	1124	2027.08
-	74000	-3000	1437	2027.09
-	77000	0	1639	2027.12
-	75000	300	443	2027.08
-	83000	-2500	562	2028.05
-	48000	-7000	175	2025.07
-	50000	-2500	400	2026.06
38000	58000	0	1213	2027.06
43000	53000(73타입)	0	749	2026.12
-	58000	-500	851	2027.02
44000	60000	0	1746	2027.08
43000	58000	2500	440	2027.09
40000	56000	0	745	2027.05

대구

지역	구	동	아파트 명
대구	수성구	범어동	범어자이
대구	수성구	범어동	범어자이르네
대구	남구	대명동	e편한세상명덕역퍼스트마크
대구	남구	대명동	힐스테이트대명센트럴2차
대구	남구	대명동	대명자이그랜드시티
대구	달서구	본리동	달서푸르지오시그니처
대구	달서구	본동	달서롯데캐슬센트럴스카이
대구	달서구	본동	더샵달서센트엘로
대구	동구	신천동	힐스테이트동대구센트럴
대구	동구	신천동	벤처밸리푸르지오
대구	북구	학정동	두산위브더제니스센트럴시티
대구	북구	칠성동	힐스테이트칠성더오페라
대구	북구	칠성동	대구역센트레빌더오페라

59형 분양가 (만 원)	84형 분양가 (만 원)	프리미엄 (만 원)	세대수	입주예정일
-	96000	14000	399	2026.02
-	108000	6000	103	2028.09
46000	65000	-	1758	2026.01
-	59000	-8500	977	2026.02
40000	56000	-1000	2023	2026.04
-	63000	-5000	993	2026.03
-	65000	0	481	2025.12
-	67000	-	272	2026.06
-	60000	-4500	481	2026.04
-	80000	-11000	540	2026.04
-	55000	0	1098	2027.06
-	63000	5000	577	2026.06
-	57000	2000	245	2026.04

부산

지역	구	동	아파트 명
부산	해운대구	송정동	더폴디오션
부산	강서구	강동동	에코델타시티대성베르힐
부산	강서구	강동동	부산에코델타시티디에트르더퍼스트(28BL)
부산	강서구	강동동	부산에코델타시티16블록중흥S클래스
부산	강서구	강동동	부산에코델타시티디에트르그랑루체
부산	남구	우암동	두산위브더제니스오션시티
부산	남구	우암동	해링턴마레
부산	남구	문현동	롯데캐슬인피니엘
부산	남구	문현동	문현푸르지오트레시엘
부산	남구	대연동	대연디아이엘
부산	동래구	수안동	동래롯데캐슬시그니처
부산	동래구	온천동	동래에코팰리스아시아드
부산	연제구	연산동	시청역해모로센티아
부산	연제구	연산동	센텀파크SKVIEW
부산	연제구	거제동	거제역양우내안애아시아드
부산	수영구	광안동	DEFINE광안
부산	금정구	부곡동	더샵금정위버시티
부산	금정구	남산동	e편한세상금정메종카운티
부산	부산진구	양정동	양정롯데캐슬프론티엘
부산	기장군	일광읍	일광노르웨이숲오션포레
부산	기장군	장안읍	부산장안지구디에트르디오션
부산	사상구	엄궁동	더샵리오몬트
부산	동구	범일동	e편한세상범일국제금융시티
부산	동구	범일동	블랑써밋74
부산	사하구	감천동	사하경남아너스빌시그니처

59형 분양가 (만 원)	84형 분양가 (만 원)	프리미엄 (만 원)	세대수	입주예정일
45000	65000	0	184	2026.05
-	52000	0	1120	2026.01
-	57000	-2500	972	2026.07
-	50000	0	1067	2026.11
43000	59000	-1000	1470	2027.05
47000	60000	-1000	3048	2026.01
56000	75000	0	2205	2026.12
59000	79000	500	715	2026.06
39000	49000	0	960	2027.09
62000	83000	8500	4488	2027.04
-	93000	500	870	2027.12
-	63000	0	160	2027.02
52000	64000	0	376	2026.06
-	81000	-1000	309	2028.05
-	80000	0	168	2026.09
86000	122000	0	1233	2026.06
58000	75000	-500	994	2027.02
53000	73000	0	415	2026.06
66000	89000	600	903	2027.03
-	58000	0	1294	2027.03
-	50000	-1000	507	2027.02
46000	60000	0	1305	2027.06
62000	80000	500	856	2028.06
-	123000(94타입)	600	998	2028.11
-	53000	0	380	2027.12

울산

지역	구	동	아파트 명
울산	남구	신정동	문수로푸르지오어반피스
울산	남구	신정동	문수로롯데캐슬그랑파르크
울산	남구	신정동	힐스테이트문수로센트럴
울산	남구	신정동	더폴울산신정
울산	남구	신정동	라엘에스
울산	남구	신정동	e편한세상신정스카이하임
울산	남구	신정동	문수로아테라
울산	남구	신정동	빌리브리버런트
울산	남구	옥동	옥동경남아너스빌ubc
울산	남구	야음동	e편한세상번영로리더스포레
울산	남구	야음동	번영로하늘채라크뷰
울산	남구	무거동	무거비스타동원
울산	중구	우정동	우정동한양립스더센트럴
울산	중구	우정동	울산우정에피트
울산	중구	학성동	더샵시에르네
울산	중구	학산동	번영로롯데캐슬센트럴스카이
울산	울주군	범서읍	다운2지구우미린더시그니처

59형 분양가 (만 원)	84형 분양가 (만 원)	프리미엄 (만 원)	세대수	입주예정일
-	84000	8000	339	2026.06
-	82000	2000	193	2026.08
-	91000	0	566	2028.06
-	72000	-1000	168	2027.02
62000	89000	29000	2033	2028.02
-	88000	-1000	158	2026.10
-	75000	13000	402	2025.12
-	67000	300	311	2025.12
-	90000(100타입)	44000	320	2026.08
-	84000	-2000	192	2026.11
53000	72000	0	803	2027.11
-	77000	-	481	2028.01
54000	74000	-	531	2026.04
49000	68000	3000	533	2027.01
-	73000	5000	788	2027.05
-	70000	500	634	2028.11
-	44000	0	1430	2026.11

기타

지역	구	동	아파트 명
제주	제주시	건입동	제주중부공원제일풍경채센트럴파크
제주	제주시	오라이동	위파크제주1단지
제주	제주시	오라이동	위파크제주2단지
제주	제주시	연동	더샵연동애비뉴
창원	의창구	사화동	창원롯데캐슬포레스트1단지
창원	의창구	사화동	창원롯데캐슬포레스트2단지
창원	진해구	여좌동	창원메가시티자이앤위브

59형 분양가 (만 원)	84형 분양가 (만 원)	프리미엄 (만 원)	세대수	입주예정일
-	78000	0	728	2027.04
-	90000	-4000	686	2027.11
-	90000	-2000	715	2027.11
-	117000	-	204	2026.07
-	53000	-	967	2026.05
-	53000	-	998	2026.02
36000	49000	0	2638	2028.12

일러두기
분양 당시 청약경쟁률이 두 자리 이상으로 높았거나 현재 프리미엄이 붙고 있는 곳
또는 주변 신축 대비 가격이 저렴하지 않더라도 확실히 입지가 좋은 곳에 분양해서
앞으로 주목해야 할 곳을 뽑았습니다. 2026년 1월 기준 매물이 있는 단지의 경우
분양권 매물의 가격으로 주변 단지와 비교했고, 매물이 없는 단지의 경우 분양가
가격으로 주변 단지와 비교했습니다. 이 경우 추후 매물이 나왔을 때 비교 대상
단지보다 가격이 저렴하거나 비슷하다면 매수를 고려하는 것을 추천합니다.

세빛희가
콕 찍어주는
반드시 오르는
분양권
TOP 10

1

[서울] 경희궁유보라

출처: 네이버지도

+ 주소: 서울특별시 서대문구 영천동 69-20
+ 분양: 2024년 3월 분양
+ 세대수: 199세대
+ 입주: 2026년 7월 입주

★ 투자 포인트 ★

- 3호선 독립문역 도보 6분, 5호선 서대문역 도보 12분
- 광화문, 종로 일자리 인접으로 직주근접 가능한 곳
- 33평 분양가 13억 4000만 원이고, 2026년 1월 초 기준 분양권 매물 20억 5000만 원. 주변 경희궁자이(2017) 33평이 28억 원으로, 신축인 경희궁유보라의 상품성을 고려한다면 주변 대비 비싸다고 판단되지 않음

[서울] 힐스테이트등촌역

출처: 네이버지도

+ 주소: 서울특별시 강서구 등촌동 366-24
+ 분양: 2024년 12월 분양
+ 세대수: 543세대
+ 입주: 2026년 10월 입주

★ 투자 포인트 ★

- 9호선 등촌역 도보 8분
- 초중고 인접, 목동 학원가 인접
- 24평 분양가 11억 2000만 원. 2026년 1월 초 기준 주변 신축인 e편한세상염창 24평은 14억 원

3

[서울] e편한세상당산리버파크

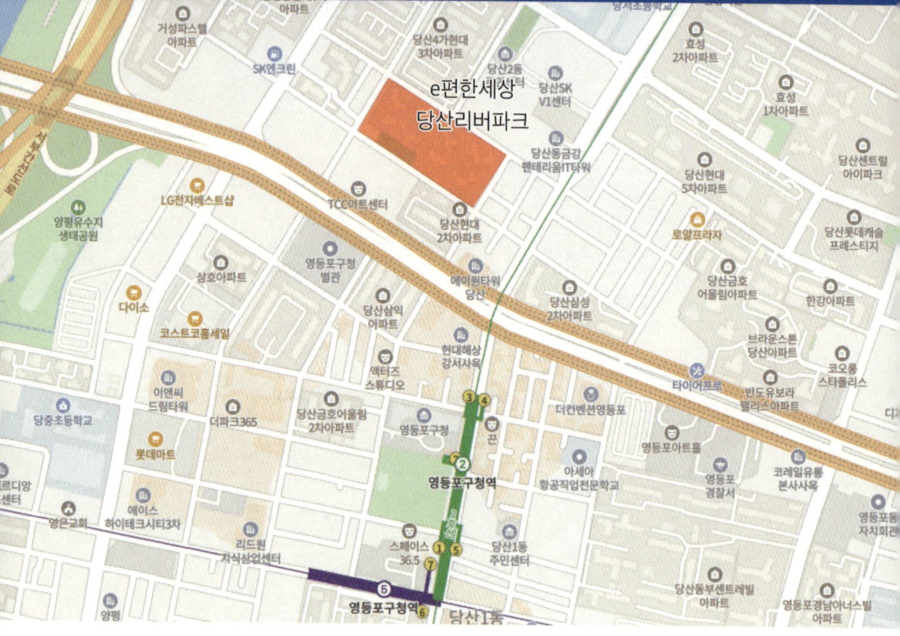

출처: 네이버지도

+ 주소: 서울특별시 영등포구 당산동 4가 91
+ 분양: 2024년 11월 분양
+ 입주: 2028년 3월
+ 세대수: 550세대

★ 투자 포인트 ★

- 2, 5호선 영등포구청역 도보 7분
- 코스트코, 롯데마트, 롯데맥스, 홈플러스 인접, 초·중학교 인접
- 24평 분양가 14억 3000만 원. 2026년 1월 초 기준 주변 신축인 당산센트럴아이파크 24평은 17억 원

4

[광명] 철산역자이

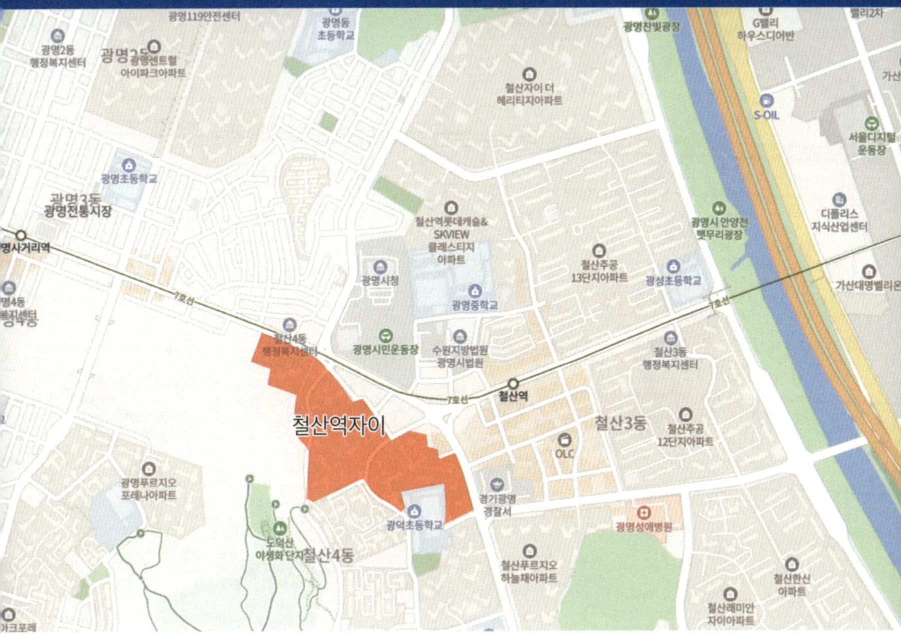

출처: 네이버지도

+ 주소: 경기도 광명시 철산동 472-267
+ 분양: 2025년 9월 분양
+ 입주: 2029년 5월
+ 세대수: 2045세대

★ 투자 포인트 ★

- 7호선 철산역 도보 5분
- 철산역 상권, 학원가 인접, 광덕초 초품아
- 24평 분양가 11억 6천만 원. 2026년 1월 초 기준 주변 신축인 철산자이더헤리티지 25평은 14억 원

5
[광명] 힐스테이트광명11

출처: 네이버지도

+ 주소: 경기도 광명시 광명동 158-403
+ 분양: 2025년 11월 분양
+ 입주: 2029년 6월
+ 세대수: 652세대

★ 투자 포인트 ★

- 7호선 광명사거리역 도보 5분, 한번에 강남구청역으로 이동 가능
- 이마트 인접, 광명남초등학교 도보 6분, 브랜드 대단지라는 장점
- 광명뉴타운으로 인프라 자체가 바뀌는 곳으로 계속 수요가 많을 곳임
- 24평 분양가 11억 6천만 원. 2026년 1월 초 기준 주변 신축인 철산자이더헤리티지 25평은 14억 원

6

[성남] 더샵분당티에르원

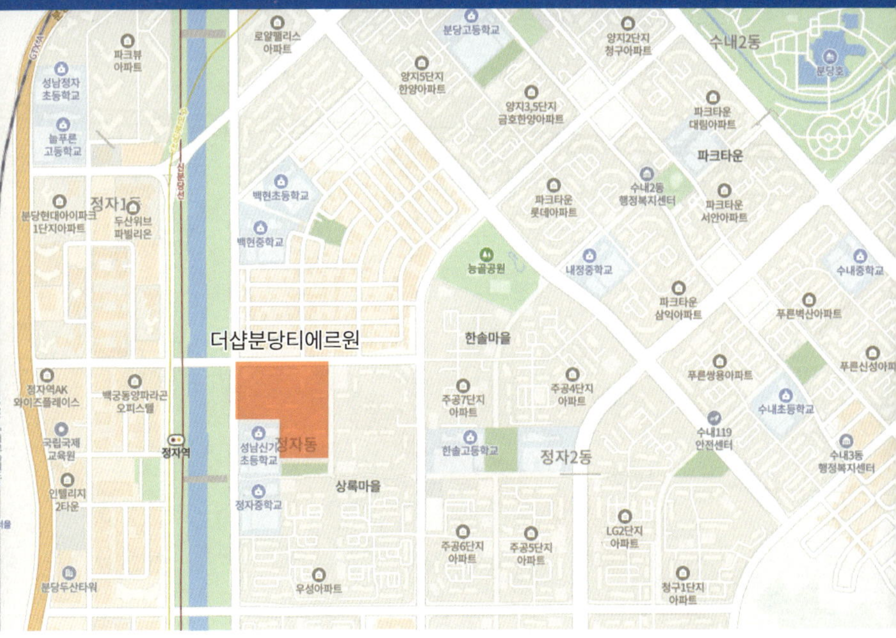

출처: 네이버지도

+ 주소: 경기도 성남시 분당구 정자동 88
+ 분양: 2025년 11월 분양
+ 입주: 2027년 10월
+ 세대수: 873세대

★ 투자 포인트 ★

- 신분당선, 수인분당선 정자역 도보 5분
- 단지 인근 정자중은 분당구 전체 특목고 진학률 2위
- 정자역 주변 상권, 학원가 밀집
- 분당에서 드문 신축이라는 희소성으로 수요가 계속 몰릴 것임
- 35평 분양가 25억 3000만 원. 2026년 1월 초 기준 주변 분당구 대장 아파트라 할 수 있는 파크뷰(2004년) 32평이 25억 9000만 원으로, 상품성을 감안하면 비싸다고 판단되지 않음

[성남] 해링턴스퀘어신흥역

출처: 네이버지도

+ 주소: 경기도 성남시 중원구 중앙동 912
+ 분양: 2024년 9월 분양
+ 입주: 2027년 12월
+ 세대수: 1972세대

★ 투자 포인트 ★

- 8호선 신흥역 도보 3분
- 이마트 인접, 신흥역 주변의 병원, 롯데시네마 등 상권 인프라 인접
- 25평 분양가 9억 5000만원이고, 2026년 1월 초 기준 분양권 매물 12억 3000만 원. 주변 신축인 산성역자이푸르지오 23평이 12억 5000만 원으로 신축인 해링턴스퀘어 신흥역의 상품성을 고려한다면 주변 대비 비싸다고 판단되지 않음

[파주] 제일풍경채운정

출처: 네이버지도

ㅣ 주소· 경기두 파주시 목동동 363

\+ 분양: 2024년 7월 분양

\+ 입주: 2027년 4월

\+ 세대수: 520세대

★ 투자 포인트 ★

- GTX-A 운정중앙역 도보 10분, 추후 삼성역까지 개통 시 30분 이내로 이동 가능

- 2026년 3월 운정중앙초·중 개교 예정

- 34평 분양가 5억 5000만 원. 2026년 1월 초 기준 주변 신축인 운정신도시아이파크 34평은 7억 2000만 원

[김포] 풍무역푸르지오더마크

출처: 네이버지도

+ 주소: 경기도 김포시 사우동 428-3
+ 분양: 2025년 11월 분양
+ 입주: 2028년 11월
+ 세대수: 1524세대

★ 투자 포인트 ★

- 김포골드라인 풍무역 도보 8분
- 이마트트레이더스와 홈플러스 인접, 풍무역 주변의 병원, 학원, 음식점 등 인프라 갖춰짐
- 33평 분양가 7억 원. 2026년 1월 초 기준 2028년 8월 입주 예정인 해링턴플레이스 풍무 33평 분양가는 7억 7000만 원

10
[부산] 써밋리미티드남천

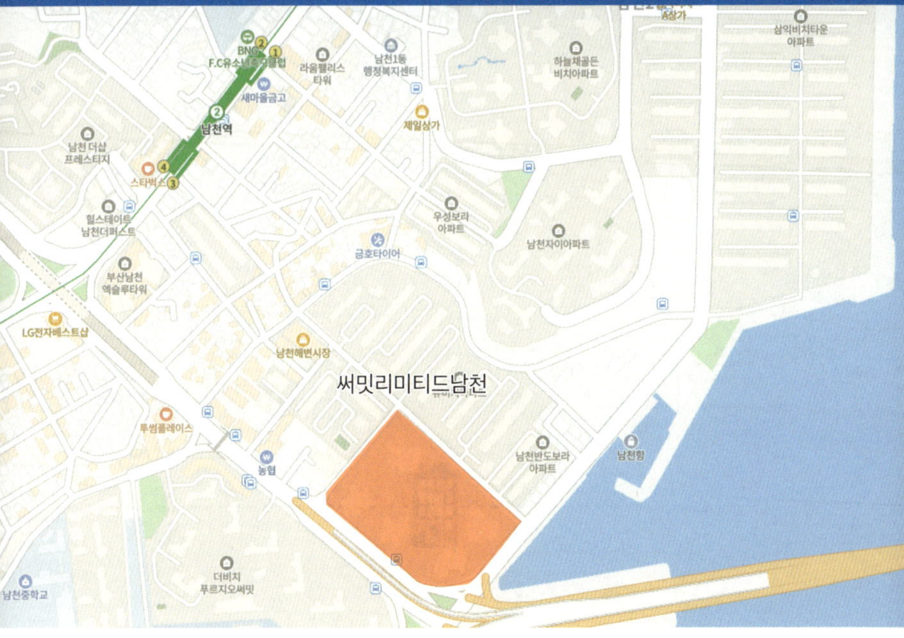

출처: 네이버지도

+ 주소: 부산광역시 수영구 남천동 545-2
+ 분양: 2025년 8월 분양
+ 입주: 2029년 7월
+ 세대수: 835세대

★ 투자 포인트 ★

- 2호선 남천역 도보 9분
- 남천역 주변 상권과 학원가 인접, 바다 뷰, 하이엔드 브랜드 신축
- 33평 분양가 15억 원. 2026년 1월 초 기준 주변 신축인 남천자이 33평이 14억 5000만 원이라 상대적으로 저렴하지는 않지만 써밋리미티드남천은 2029년 입주이기에 상품성을 고려한다면 비싸다고 판단되지 않음

나는 당첨 없이 분양권으로 새 아파트 산다

나는 당첨 없이 분양권으로 새 아파트 산다

나는 당첨 없이 분양권으로 새 아파트 산다

세빛희(김세희) 지음

다산북스

청약에 목매던 워킹맘,
새 아파트로 은퇴하다!

내 인생의 첫 집

"세희야, 이 돈으로 대파 한 단만 사 와!"

어린 시절, 내가 밖에서 친구와 놀고 있으면 엄마는 종종 베란다에서 소리치며 나를 부르곤 했다. 그리고 돈을 넣은 검정 봉지를 줄에 매달아 1층으로 내려주었다. 우리 집은 지은 지 오래된 40세대 규모의 아파트 제일 꼭대기 층이었는데, 엘리베이터가 없었기 때문에 이렇게 하는 편이 빨랐다. 그렇게 엄마가 줄을 통해 내려준 돈을 받아 들고 심부름을 다녀왔다. 혹시나 무거운 짐을 옮겨야 하는 날에는 단단히 각오해야 했다. 무거운 짐을 들고 계단을 오르려면 층마다 한 번씩 멈춰 서서 숨을 골라야 했다.

당시 뒤 베란다에는 쓰레기를 내려보내는 통로가 있어서 그곳을 통해 쓰레기를 버렸는데, 한번은 그 통로로 쥐가 들어오려고 해 간신히 빗자루를 들고 쑤시며 막은 기억이 난다. 바퀴벌레는 수시로 기어다녔고, 물을 틀면 녹물이 나오는 경우도 자주 있었으며, 수압이 낮아서 변기 물도 잘 내려가지 않은 적도 많았다. 원래 집은 다 그런 줄 알았다.

시골에서 살다 내가 다섯 살 때 대구로 이사를 온 우리 가족은 3년 가까이 월세방을 전전하며 살았다. 동네 친구와 친해질 만하다 싶으면 이사를 가야 했다. 자의든 타의든 계속 이사를 다녀야 했고, 그러다 결국 집 하나는 있어야 한다는 엄마의 결정으로 18평 구축 아파트를 6000만 원 정도를 주고 샀다. 부모님은 6000만 원도 없어서 지인에게 돈을 빌려 겨우 그곳을 샀고, 살면서 빚을 갚아나갔다. 그렇게 우리 가속은 비로소 처음으로 '내 집'에서 살게 되었다는 안도감을 느꼈다. 하지만 살면 살수록 오래되고 열악한 아파트는 점차 불편함을 가져다주는 존재가 되었다.

가장 충격이었던 것은 친구네 집에 놀러 갔다가 모든 집이 우리 집 같지 않다는 사실을 알았을 때였다. 학교에 들어가면서 우리집 주변으로 새 아파트들이 지어졌고, 새 아파트로 이사 가는 친구들도 많았다. 그때부터 집으로 친구를 초대할 수 없게 되었다.

'혹시나 친구들이 내가 이렇게 오래된 아파트에 산다고 놀리면 어떡하지?'

어린 마음에 이런 생각이 들면서 우리 집이 부끄럽게 느껴졌고, 어느 순간부터 친구들을 집에 데려오지 않게 되었다. 언니는 나보다 먼저 친구들을 집으로 초대하지 않았다. 월세방을 전전하다 겨우 얻은 첫 집은 너무나 소중했지만, 점점 불편함과 부끄러움의 대상이 되어가고 있었다.

어영부영하다
격차만 벌어진다

첫 집에 산 지 10년이 되었을 무렵, 외벌이인 아버지의 월급으로 엄마는 그동안 열심히 돈을 모았다. 그리고 드디어 새 아파트를 분양받게 되었다. 아직도 처음 새 아파트로 이사하던 날이 기억난다. 모든 것이 새것이었다. 새 아파트에는 지하 주차장도 있었고 아파트 안에 놀이터도 있었다. 예전 집은 방이 너무 좁아서 우리 반에서 키가 제일 컸던 나는 다리를 쭉 뻗고 누울 수도 없었다. 그래서 항상 대각선으로 발을 뻗고 자야 했다(아무래도 그때 자세가 많이 안 좋아진 것 같기도 하다).

하지만 새 아파트는 방이 넓어서 두 다리를 쭉 뻗고 편하게 잠을 잘 수 있었다. 책상도 넣을 수 있었다. 남들에게는 당연했던 것이 우리 가족에게는 처음이었기에 무척 행복했다. 어느 날 학교를 마치고 우리 집을 바라보는데 아파트에서 번쩍번쩍 빛이 나는 것 같았다. 그제야 친구들도 마음껏 초대할 수 있었다. 처음 살게 된 새 아파트는 존재만으로도 나에게 행복을 주는 대상이었다.

그래서 만약 내가 결혼하고 집을 마련하게 된다면 무조건 새 아파트를 사겠다고 생각했다. 이미 새 아파트의 편리함을 맛보았기 때문에 구축 아파트에서는 살고 싶지 않았다. 결혼할 때는 돈이 부족해서 전세로 시작해야 했지만 그래도 늘 새 아파트에 내 집을 마련하는 상상을 했다.

주변에서 새 아파트를 사기 위해시는 청약을 해야 한다고 하기에 결혼 후에는 4년 동안 청약만 넣었다. 당첨될 날을 꿈꾸며 꾸준히 청약에 도전했지만, 내 욕망은 와르르 무너져 내렸다. 단 한 번도 당첨되지 못했기 때문이다.

나 역시 모두가 갖고 싶어 하는 좋은 단지에만 청약을 넣었다. 그보다 못한 아파트는 성에 차지 않아 마음을 내려놓기가 쉽지 않았다. 그런 단지들은 당연히 청약경쟁률이 높아서 매번 당첨되지 못했다. 하지만 '언젠가는 되지 않을까?'라는 헛된 희망 때문에 계속 무주택을 유지하며 청약에만 매달렸다.

그렇게 어영부영 아무것도 하지 못한 채 4년이 흘렀을 무렵, 갑자기 전세를 살던 곳의 집주인에게 연락이 왔다.

"집을 팔려고 하니까 이번 달까지 집 좀 비워주세요."

"네? 너무 갑작스러운데요…"

갑작스럽게 집을 나가야 하는 게 당시에는 정말 막막했다. 내 집이 아닌 곳에서는 언제든 쫓겨날 수 있다는 공포를 경험한 순간이었다. 하지만 그 덕분에 전세살이와 끝도 없던 청약에 대한 희망 고문을 끝내고 집을 사기로 마음먹었다. 청약은 포기하고 당시 준공된 지 4년 정도 된 아파트를 대출받아 샀다. 친정 부모님과 같은 아파트여서 아이를 맡기기 좋다는 장점도 있었지만, 무엇보다 신축 아파트라는 점이 가장 좋았다. 지은 지 얼마 되지 않아 인테리어는 전혀 하지 않아도 되고, 손 볼 곳도 없었다. 그렇게 그곳에서 7년을 살았다. 7년을 눌러앉다 보니 어느새 새 아파트였던 그곳은 10년이 넘는 구축이 되었다.

새 아파트를 사서 구축이 될 때까지 살면서 알게 된 것은, 나뿐만 아니라 사람들은 기본적으로 새 아파트를 좋아한다는 사실이었다.

내가 살던 아파트가 준공된 지 7년 정도 되었을 때 주변에 새 아파트들이 지어지기 시작했다. 같은 아파트에 살던 엄마들은 갑자기 집을 팔고 새 아파트로 갈아타기 시작했다.

"옆에 새로 짓는 아파트 있잖아, 우리 거기 분양받으려고. 다른 엄마들도 간다던데 생각 없어?"

"글쎄… 좀 비싸지 않아? 나는 여기가 살던 데라 편하기도 하고. 사실 지금보다 더 대출금 갚을 엄두도 안 나."

나는 이 집에서 평생을 살 거라고 생각했던 터라 주변에서 하나둘씩 이사를 갈 때만 해도 별생각이 없었다. 그냥 살던 대로 살면서 직장 다니며 열심히 돈 벌면 되지 않을까 하는 생각이었다. 그런데 어느 순간 새 아파트와 내가 살던 구축 아파트의 가격 격차가 점점 벌어지더니 그 아파트는 1년도 되지 않아 1억 원이 넘게 올랐다. 그제야 7년째 오르지 않는 우리 집이 아쉬워 보이기 시작했지만, 새 아파트는 그 사이에도 계속 올라 더 이상 내가 가진 돈으로 갈 수 없는 곳이 되어버렸다.

게다가 새로 지어진 아파트 주변으로 살기 편리하고 좋은 인프라가 형성되는 것을 보면서 어느샌가 '나도 그곳에 살고 싶다'라는 생각이 스멀스멀 피어올랐다. 결국 집값이 오르는 건 수요의 힘 때문이었다. 그곳에 살고 싶은 마음이 바로 그 수요다. 그 마음이 가격을 밀어 올리고 그렇지 못한 곳과 가격 격차를 벌리면서 상승한다. 그것이 새 아파트의 힘이라는 것을, 그리고 하루라도 빨리 사야 한다는 것을 그때 깨달았다.

처음으로 맛본
분양권의 위력

나는 스물네 살 때부터 직장 생활을 했고 결혼을 해도 당연히 맞벌이를 해야 한다고 생각했다. 하지만 아이들이 태어나니 힘에 부치기 시작했다. 아침 7시에 일어나서 부랴부랴 출근 준비를 하고 자는 아이 뒤통수만 보고 출근하기 일쑤였다. 아침부터 아이 봐주러 오신 부모님께는 죄송한 마음이 가득했고, 자다 일어나서 엄마가 없는 걸 확인하고 또 울면서 어린이집에 갈 아이를 생각하며 늘 무거운 마음으로 출근했다. 어떨 땐 출근하지 말라며 다리를 붙잡고 우는 아이를 두고 현관문을 닫아야 했고, 퇴근길에 엄마가 보고 싶다고 우는 아이의 전화가 올 때면 밀리는 도로에 차를 버리고 집으로 뛰어가고 싶은 심정이었다.

하루하루가 그렇게 흘러갔다. 주말은 평일에 못 놀아준 아이들에

　　　　　　　　　　　　　　　　　　　　　　　　프롤로그

대한 보상으로 놀이공원은 못 가더라도 공원 산책이라도 하고 외식을 해야 했다. 그 모든 시간이 다 각자의 자리를 지키고 있었기에 다른 것이 들어갈 틈이 없었다. 늘 치열하게 살았지만 뭐 하나 제대로 되는 일은 없는 것 같은 느낌이었다.

나는 태생적으로 게으른 사람이었다. 시간이 부족하면 더 일찍 일어나면 되지만 그럴 필요성을 느끼지 못했고 늘 늦게 자고 아침에 겨우 일어났다. 결혼하고 나서는 남편과 수다를 떨거나 밤늦게까지 예능프로그램을 보다가 12시가 넘어서 잠들고 아침 7시에 일어나 급하게 출근 준비를 했다. 9시까지 출근이었지만 늘 그 시간에 딱 맞춰서 출근하거나 가끔 출근 시간을 넘겨 직장 상사의 눈총을 받기도 했다.

그랬던 내가 부동산에 투자하기로 결심했다. 구축이었던 우리 집과 새 아파트의 격차를 느끼고 지금 당장 투자하지 않으면 안 되겠다는 위기감이 들어서였다. 하지만 그럴 만한 시간이 없었기에 겨우겨우 기상 시간을 당겨서 새벽 기상을 하기 시작했다. 그 시간에 부동산 공부를 하고 주말에 가족들과 임장을 다니기 시작했다. 하지만 직장을 다니지 않는 사람과 비교하면 내가 쓸 수 있는 절대적인 시간 자체가 적었다.

그런 나에게 가장 적합했던 투자가 바로 분양권 투자였다. 투자를 한 이후에 최대한 신경 쓰지 않아야 했다. 내 머릿속은 직장 생활과 아이들 양육으로 가득 차 있었기 때문에 다른 것이 비집고 들어올 틈이 거의 없는 상황이었다. 그런데 분양권 투자는 보일러 고쳐주고, 도배 새로 해주고, 행여 공실이 될까 봐 전전긍긍하는 기축 아파트 갭투자보다 훨씬 신경 쓸 게 적었다. 그래서 나는 새 아파트가 될 분양권을 사기 시작했다.

부동산에 대해 잘 몰랐던 나는 처음에는 내가 사는 지역부터 도전했다. 평소에 관심 있던 동네에 새로 입주하는 아파트가 있었다. 분양 당시 두 자릿수 이상 경쟁률이 나올 만큼 인기가 많았던 곳이었다. 이런 곳도 입주장에는 잔금을 치르지 못해 급매로 내놓는 매물이 있을 수 있다는 친구의 이야기를 듣고 네이버 부동산 매물 알림을 신청해 놓고 수시로 확인했다.

그러다 다른 매물과 비교해서 1억 원 정도 저렴하게 나온 매물을 찾게 되었다. 급매물이 뜨자마자 둘째를 유치원에 데려다주고 매물을 올린 부동산에 연락해서 현장으로 달려갔다. 급매일수록 행동이 빨라야 다른 사람에게 뺏기지 않기 때문이다. 그 분양권은 분양가에 프리미엄을 합한 금액이 다른 분양권 매물보다 1억 원 정도 저렴했지만, 프리미엄 자체만 2억 원이었다. 분양가에 2억 원의 프리미엄을 더 얹어서 사는 것이 과연 맞을지 고민이 되었다.

　　　　　　　　　　　　　　　　　　　　　　　　

"프리미엄 2억 원? 너무 비싼데?" "거기 그 정도 아니야."

주변 지인들도 프리미엄 2억 원을 주고 사는 건 과하다고 했다. 하지만 분양권은 프리미엄이 중요한 게 아니라 내가 총 얼마를 주고 사는지가 더 중요하다. 총매매가격을 비교해 보니 다른 매물에 비해 훨씬 저렴했다. 그렇게 주변의 반대를 무릅쓰고 매수했고, 바로 입주할 상황이 되지 않아 전세를 맞췄다.

신기하게도 전세를 맞추고 나서 세입자에게 연락 오는 일이 거의 없었다. 하자가 있어도 세입자가 알아서 하자센터에 접수해서 수리를 받았다. 나의 역할은 그런 세입자에게 고마움을 표시하는 것이었다. 직장 생활과 육아를 병행하면서도 전혀 힘들지 않았다. '내가 지금 투자를 하고 있는 게 맞나?'라는 생각이 들 정도였다. 또한 프리미엄은 높았지만 다른 물건보다 싸게 샀기 때문에 그만큼의 수익이 보장되었고, 분양권이 새 아파트가 된 이후에 가격은 더욱 올랐다. 하나를 사더라도 제대로 된 걸 사서 장기로 보유하니 스트레스 없이 꾸준히 수익을 낼 수 있었다.

분양권 투자로 확신을 얻은 나는 본격적으로 새 아파트가 될 분양권을 사기 시작했다. 미분양 분양권, 미계약 분양권, 초반 프리미엄이 붙은 분양권을 가리지 않고 샀다. 계속 분양권에 투자했던 또 다른 이유는 당시 종잣돈이 부족했기 때문이다. 돈을 모으는 동안 내가 눈여겨보고 있던 아파트들은 계속 가격이 상승했다. 준공된 아파트를 살 정도의 돈은 안 되었지만 미분양 분양권의 경우는 분양가의 10%인 계약금만 있으면 매수가 가능했기에 투자금이 적은 나도 살 수 있었다. 아이들 키우면서 갑작스럽게 돈 들어갈 데가 많아 큰돈을 묶어둘 수 없던 나에게 가장 좋은 투자가 바로 분양권을 사는 것이었다.

그래서 처음으로 3000만 원 정도 신용대출을 받아서(당시는 지금보다 금리가 낮았다) 미분양 분양권을 샀고, 그것을 시작으로 본격적으로 분양권에 투자하기 시작했다. 매수한 분양권들은 처음에는 분양권 소유권이전등기를 하기 전에 매도하려고 했지만 분양권 양도세에 중과세율이 적용되면서 팔기가 어려워졌고, 팔아봤자 크게 실익이 없다고 판단했다. 그래서 대부분 소유권이전등기를 한 후 전세를 맞췄다.

이렇게 새 아파트에 투자하면서 나의 자산은 예전과 비교도 안 될 정도로 불어났다. 다른 투자자에 비해 주택 수가 많은 건 아니었지만 그 도시에서 똘똘한 새 아파트들을 가진 덕분에 그렇게 간절히 바라던 퇴사를 할 수 있었다. 3000만 원으로 부동산 투자를 시작한 지 5년 만이었다.

사실 분양권에 눈을 뜨기 전에는 멋모르고 투자했다가 실패를 맛본 적도 있다. 구축 아파트를 잘못 사서 전세도 못 맞추고 잔금을 치르고 급하게 매도하기도 했고, 수도권 오피스텔을 덜컥 분양받았다가 마피로 겨우 판 적도 있다. 당시에는 힘들었지만, 그 경험들로 인해 분양권 투자가 정답이라는 생각을 더더욱 굳히게 되었다.

지금도 누군가는 어디에 투자해야 할지 몰라 조급한 마음에 잘못된 곳에 투자해 후회하고 있을 수도 있고, 어렵고 힘들다는 이유로 집 사는 것을 미루다 결국 집값이 올라 포기했을 수도 있다. 그런데 청약에 당첨되는 것도 아니고 분양권을 직접 매수해 집을 마련하라니? 듣기만 해도 피곤하고 복잡할 것 같다는 생각이 들 수도 있다.

하지만 결국 집을 사는 사람과 못 사는 사람의 가장 큰 차이는 바로 여기에 있다. 외부 상황에 연연하지 않고 본인의 상황에 집중해서 남들보다 단 한 가지라도 더 배우고 하나의 무기라도 더 갖춰 절실하게 움직이는 것. 규제가 풀리면, 혹은 시장이 좋아지면 살 것이라는 핑계로 더 이상 내 집 마련을 미루지 말고 규제의 틈새를 파고들 수 있는 분양권이라는 나만의 무기를 갖추길 바란다. 이 책에 나오는 분양권 투자 방법을 통해 모두가 똑똑하고 행복하게 내 집을 마련하길 진심으로 바란다.

김세희(세빛희)

차 례

3부 실전
전략을 갖고 분양권에 투자하라

4부 돈이 될 분양권은 어디에 있을까

1부

새 아파트로 가는 가장 빠르고 정확한 방법, 분양권

1장

왜 지금 분양권으로 집을 사야 할까?

청약 당첨 없이
새 아파트 사는 가장 좋은 방법

사람들은 누구나 새 아파트에 살고 싶어 하고, 되도록 저렴하게 사고 싶어 한다. 새 아파트를 싸게 살 수 있는 가장 좋은 방법은 청약이었다. 하지만 최근 청약 시장은 결코 저렴하지 않다. 어느새 분양가가 점점 상승하더니 이제는 30평대를 10억 원에 분양하는 게 저렴하게 느껴질 징도다. 2022년 12월에 분양했던 올림픽파크포레온 84타입 분양가는 13억 원 정도였다. 당시에는 고분양가 논란이 일어 1순위 일부가 미달되었다.

2024년 5월에 분양했던 서대문센트럴아이파크도 1순위 일부 전형에서 미달이 났다. 당시 서울 신규 분양단지들의 경쟁률이 대부분 두 자릿수 이상 나왔던 것과는 비교된다. 가장 큰 이유는 입지

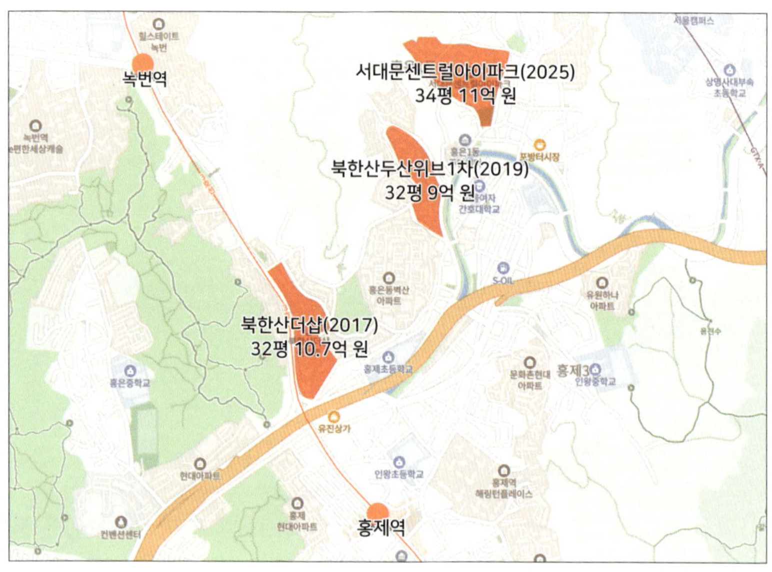

서대문센트럴아이파크 분양 당시 주변 신축 비교
(출처: 네이버 지도)

대비 고분양가라고 판단되었기 때문이다.

홍제역에 더 가까운 북한산더샵 32평이 10억 7000만 원이고, 북한산두산위브 1차 32평이 9억 원이었던 것과 비교하면 서대문센트럴아이파크 33평의 분양가 11억 원은 비싸다고 볼 수 있다. 이처럼 요즘은 분양가상한제 지역이 아닌 이상 무조건 저렴하게만 분양하지 않는다. 혹은 입지에 따라 고분양가임에도 치열한 경쟁이 벌어지기도 한다. 2025년 9월 분양한 철산역자이 84타입 분양가가 15억 원 정도였지만 1순위 완판이 되었다. 이제는 고분양가에 대한 기준도 점점 높아지고 있는 것이다.

하늘의 별 따기인
로또청약 당첨

분양가상한제가 적용되는 단지는 주변 시세보다 10억 원 이상 저렴하게 분양을 하기도 하지만, 로또청약이라 불리는 만큼 경쟁률이 어마어마하다. 갈수록 높아지는 분양가와 로또단지에 대한 쏠림현상으로 청약 당첨은 나와는 거리가 먼 이야기가 되어가고 있다.

분양가상한제는 집값이 너무 비싸지지 않도록 정부가 아파트 분양 가격의 상한선을 정해주는 제도로, 가격 상승이 우려되는 지역과 공공택지에 적용된다. 2026년 1월 현재 우리나라에서 분양가상한제가 적용되는 곳은 서울 서초구, 강남구, 송파구, 용산구와 공공택지에서 분양하는 곳이다. 하지만 경쟁이 너무 치열해서 당첨되기가 하늘의 별 따기다.

2025년 11월 서울시 서초구 반포동에 분양했던 반포래미안트리니원은 분양가상한제가 적용되는 단지로, 24평 분양가가 20억 원 정도였다. 당시 바로 인접한 아크로리버파크 24평의 시세가 40억 원 정도였으니 당첨만 되면 20억 원 가까이 시세차익을 얻을 수 있었다. 로또청약이라는 말이 과언이 아닐 정도였기에 청약 신청자가 엄청나게 몰리면서 평균 청약경쟁률이 237:1을 기록했다.

2025년 11월에 분양했던 성남시 수정구 복정동의 복정역에피트는 분양가상한제가 적용되는 아파트로, 33평 분양가가 12억 원 정도였다. 당시 이 단지 인근의 위례센트럴자이 33평이 19억 원 정도였기에 당첨되면 7억 원의 시세차익을 얻을 수 있었다. 이에 따라

반포래미안트리니원 분양 당시 가격 비교
(출처: 아실)

구분	반포래미안 트리니원	래미안 원펜타스	아크로 리버파크	래미안 원베일리
면적	78m²(23평)	79m²(24평)	80m²(24평)	80m²(24평)
가격	20억 8800만 원	35억 원 (2024년 9월 7층 실거래가)	40억 원 (2025년 6월 12층 실거래가)	42억 5000만 원 (2025년 8월 12층 실거래가)
평당가	9078만 원	1억 4583만 원	1억 6666만 원	1억 7708만 원
입주	2026년 8월	2024년 8월	2016년 8월	2023년 8월
세대수	506세대	641세대	1612세대	2990세대
거리	기준	537m	718m	964m

복정역에피트 분양 당시 기준 가격 비교

(출처: 아실)

구분	복정역 에피트	위례역 푸르지오4단지	위례역 푸르지오6단지	위례 센트럴자이
면적	112m²(34평)	109m²(33평)	109m²(33평)	112m²(34평)
가격	12억 4900만 원	17억 원 (2025년 10월 8층 실거래가)	16억 5000만 원 (2025년 10월 7층 실거래가)	19억 5000만 원 (2025년 10월 10층 실거래가)
평당가	3673만 원	5151만 원	5000만 원	5909만 원
입주	2028년 4월	2017년 10월	2017년 10월	2017년 7월
세대수	315세대	208세대	265세대	1413세대
거리	기준	647m	710m	883m

수요가 몰리면서 평균 청약경쟁률이 36:1을 기록했다.

앞으로도 고분양가로 책정되는 단지들이 많아지면서 분양가상한제가 적용되어 상대적으로 저렴한 아파트에 대한 청약 수요는 더 많아질 것으로 보인다. 하지만 수요가 몰리는 곳은 당첨이 쉽지 않은 것이 현실이다. 이런 상황에서 분양권이 좋은 대안이 될 수 있다. 분양권은 당첨을 기다리거나 치열한 경쟁을 하지 않고도 살 수 있기 때문이다. 마이너스피 분양권, 미분양 분양권은 잘만 선별한다면 남들보다 더 저렴하게 살 수 있다. 아울러 1~2년 전에 분양했던 곳들은 지금보다 분양가도 저렴하다. 프리미엄이 붙어 있더라도 분양가와 프리미엄을 합한 가격이 최근 분양하는 단지보다 더 저렴한 곳도 많다.

경쟁 없이 분양권으로 새 아파트 사기

그렇다면 분양권을 어떻게 경쟁 없이 살 수 있을까? 우리는 이제부터 자금 마련 등을 이유로 더 이상 견디지 못하고 분양권 시장에 나왔거나 분양되지 못한 물건을 찾아내는 방법을 배울 것이다. 분양권을 사는 방법은 뒤에서도 더 자세히 다루겠지만, 대표적으로는 입주장 급매를 노리는 방법이 있다.

분양권의 경우 입주하는 시기에 매물이 일시적으로 몰린다. 이때 정해진 입주 시기까지 잔금을 치러야 하는데, 전세를 맞추지 못해 자금을 마련하지 못했거나 잔금을 치를 여력이 없는 사람들의 물건이 급매로 나오는 때도 있다. 잔금을 치르지 못할 경우 연체이자는 계속 쌓이고, 이를 견디지 못한 사람들의 물건이 많이 나온다. 요즘은 계약 포기를 하고 싶어도 분양회사에서 해주지 않는 경우도 많아서 잔금을 치를 때까지 연체이자를 내야 하고, 신용점수에도 영향을 줄 수 있다.

또 2025년 6월 27일에는 서울과 수도권에서 입주 시기에 전세를 맞출 경우 전세 세입자의 전세대출을 제한하는 규제까지 나왔다. 그래서 이제는 전세를 맞추기가 더욱 까다로워졌다. 대출을 받으면 6개월 이내에 실입주를 해야 하는데, 만약 규제 전에 분양권을 사서 입주 시기에 임대를 놓으려고 계획했던 2022~2025년 6월 27일 이전에 분양한 매물이라면 앞으로 급매로 나올 가능성이 높다.

누군가에게는 이 시기가 지옥이다. 어떻게든 탈출하기 위해 마이너스 프리미엄으로 분양권을 던지려고 할 것이다. 하지만 우리에게는 기회가 된다. 자금 계획만 잘 세운다면 이 시기를 활용해 신축으로 입주할 일만 남은 분양권을 저렴하게 살 수 있는 것이다. 나 역시 입주장 급매를 활용해서 좋은 분양권을 건졌던 경험이 많아 입주장 시기에는 더욱 주의를 기울이고 매물을 살펴보는 편이다.

분담금 폭등! 재개발 재건축의 매력이 떨어지고 있다

새 아파트에 들어가는 방법은 청약 외에도 분양권과 입주권이 있다. 그중에서도 내가 분양권을 콕 집어 추천하는 이유는 입주권의 매력이 점점 떨어지고 있기 때문이다. 우선 분양권과 입주권의 차이부터 알아야 이 둘을 구분할 수 있다. 분양권은 말 그대로 일반분양 절차를 통해 청약에 당첨된 이들이 얻게 된 권리를 말한다. 반면 입주권은 재개발 재건축의 단계를 거쳐온 조합원들이 관리처분인가 이후에 얻게 된 새 아파트에 입주할 권리를 뜻한다.

무엇보다 입주권은 초기 투자금이 많이 든다. 초기 투자금으로 대략 총매매가의 60~70% 정도는 필요하다. 하지만 분양권은 분양가의 10%에 프리미엄을 합한 금액만 있으면 살 수 있기 때문에 입주권을 사는 것보다 돈이 적게 들고, 잔금을 치를 때까지 시간적 여유가 더 많기 때문에 자금이 부족한 사람들에게는 분양권이 훨씬 유리하다. 결국 돈이 부족한 사람은 입주권보다 분양권을 선택할 수밖에 없다.

입주권보다 분양권이 더 좋은 이유

예전에는 입주권에 대한 수요가 더 많았다. 가장 큰 이유는 안전마진 때문이다. 일반분양을 하고 보통 3년 정도 지나면 아파트가 준공된다. 하지만 재개발 재건축의 경우 '안전진단 → 정비구역 지정 → 추진위원회 구성 → 조합설립인가 → 시공사 선정 → 사업시행인가 → 조합원 분양 → 관리처분계획인가 → 이주 및 철거 → 착공 → 일반분양 → 준공 → 정산'의 긴 여정을 기친다. 조합원들이 이렇게 긴 시간을 견딜 수 있었던 이유는 단계마다 안전마진이 확보되어 있기 때문이다. 하지만 최근 공사비 급등으로 이런 안전마진의 이점이 줄어들고 있는 게 문제다.

2024년에 이슈가 되었던 서울시 노원구 상계동 상계주공5단지가 있다. 이 단지는 현재 재건축 사업시행인가 단계로 상계주공 단지 중에서 재건축 속도가 가장 빠르다. 하지만 기사에 실린 내용을 보면 전용 31m²를 가진 소유자가 전용 84m²를 받으려면 5억 원 정도의 추가 분담금을 내야 한다는 추정치가 나왔다. 너무 큰 추가 분담금 탓에 조합원들은 시공사인 GS건설에 시공사 선정 취소 통보를 했고, 시공사 재선정 절차를 밟는 진통 끝에 2년 만에 한화로 시공사가 변경되었다. 이 구역뿐만 아니라 서울시 송파구 잠실 진주 아파트 재건축 단지도 공사비를 세 차례나 인상하면서 조합원들의 분담금이 인상되었다. 조합원 분담금은 33평 기준 최소 1억 3000만 원 정도로 추정된다.

공사비 급등으로 조합원들의 추가분담금에 대한 부담이 늘어나는 구역이 많아지고, 공사가 중단되는 곳도 늘어나는 상황이다. 곧 입주를 앞둔 사업장에서 입주가 지연되는 상황도 벌어진다. 2025년 7월 입주 예정이었던 서울시 성동구 행당동의 라체르보푸르지오써밋의 경우 행당7구역 조합과 대우건설 간의 공사비 분쟁으로 입주가 지연될 위기에 처했었다. 이에 따라 공사비 증액 문제로 소송을 진행했고 다행히 서울시에서 정비사업 코디네이터를 파견해서 양측의 합의를 끌어내 문제를 해결할 수 있었다. 하지만 앞으로 공사비 상승으로 인해 재개발 재건축 사업장에서 이런 일은 비일비재하게 일어날 것이다. 그렇게 되면 피해는 고스란히 입주민들에게 돌아간다. 바로 입주를 못 하기 때문에 임시 거처를 찾아야 하고, 만약 실입주하지 않고 임대 계약을 한 경우라면 전세 계약 취소로 인한 위약금을 물어야 할 수도 있다.

사업이 지연될수록 공사비는 더 늘어나고 이로 인해 추후 조합원들이 부담해야 할 분담금도 늘어나게 된다. 이뿐만이 아니다. 10.15 부동산 대책으로 재건축은 조합설립 이후, 재개발은 관리처분인가 이후에 조합원 지위 양도가 제한된다. 즉, 마음대로 팔 수 없다는 뜻이다.

반면 분양권은 분양권 상태에서는 매도 시 양도세율이 높기는 하지만 전매제한만 지나면 팔 수 있다. 자금 여력이 된다면 입주 시기에 잔금을 치르고 주택으로 바뀐 후 2년을 보유하면 1주택 상태에서 비과세, 그게 아니더라도 기본세율을 적용해서 팔 수 있다는 강점이 있다.

이처럼 재개발 재건축 앞으로 시대가 더 위축될 수밖에 없고, 사업 지연으로 인한 분담금이 증가할 가능성도 커졌다. 분담금이 늘어나면 그만큼 더 비싸게 사야 하니 굳이 재개발 재건축으로 부동산을 사야 할 이유가 없어지는 것이다.

초기 투자금이 적게 드는
분양권 투자

재개발 재건축 입주권의 경우 초기 투자금이 많이 든다는 것도 한계다. 진행 단계에 따라 다르지만 보통 입주권을 매수할 때는 권리가액, 프리미엄, 분담금의 10%를 모두 더한 금액이 필요하다. 반면 분양권은 분담금이 없고 가격이 확정되어 있다. 분양권을 전매할 때는 보통 분양가의 10%인 계약금에 프리미엄을 합친 금액만으로 살 수 있다.

직접 가격을 비교해 보면 더 와닿는다. 2025년 12월에 입주한 광명시 광명자이더샵포레나의 34평 입주권 매물과 일반 분양권 매물을 비교해 보자. 입주권 초기 투자금은 '권리가액 + 프리미엄 + 분담금 10% − 이주비 대출'로 계산하면 된다. 이 단지의 경우 '4억 7000만 원 + 6억 8000만 원 + 400만 원 − 1억 8000만 원'으로 계산하면 초기 투자금은 9억 7000만 원 정도다. 이사비나 옵션비가 있다면 금액이 추가된다. 이사비 1400만 원, 옵션비 270만 원 정도를 추가하면 대략 9억 9000만 원의 초기 투자금이 든다.

일반 분양권 매물은 어떨까? 34평 일반분양가가 10억 4000만 원 정도였고 현재 프리미엄은 1억 5000만 원, 분양 옵션 가격은

5700만 원이다. 이 분양권의 총매수 가격은 분양가 + 프리미엄 + 옵션비(발코니 확장비 + 옵션 비용)를 모두 더한 12억 5000만 원 정도다. 분양권을 전매할 때 필요한 투자금은 '계약금(분양가의 10%) + 프리미엄 + 옵션비의 10%'이니 '1억 400만 원 + 1억 5000만 원 + 570만 원'을 모두 더하면 2억 6000만 원 정도다.

즉, 입주권을 사려면 9억 9000만 원이 필요하지만 일반 분양권은 2억 6000만 원만 있으면 된다. 무려 7억 3000만 원의 차이가 나는 것이다. 이렇듯 입주권과 분양권은 초기 투자금에서 큰 차이가 나기 때문에 자금이 넉넉하지 않다면 내 돈이 적게 묶이는 분양권을 선택할 수밖에 없다.

분양권은 중도금 대출을 받으면 따로 돈이 들어가지 않고 입주 시기에 잔금 대출을 받아서 기존의 중도금 대출과 잔금을 상환하면 된다. 이때 추가적으로 내 돈이 더 필요할 수 있지만, 이미 매수를 하는 시점에 내가 얼마를 주고 분양권을 사는지 확실히 알 수 있기 때문에 잔금 납부 때까지 그 돈을 준비할 수 있다. 추가적인 분담금이 들지 않아 입주 때까지 자금을 확보할 시간적 여유가 있는 것이 장점이다. 또 입주 날짜가 이미 정해져 있기 때문에 내가 정한 날짜에 입주를 하거나 임대를 줄 수도 있다. 그만큼 재개발 재건축 투자에 비해 불확실성이 줄어든 투자가 가능하다.

이런 점들을 고려한다면 내가 당첨 여부를 결정할 수 없는 청약이나, 사업이 지연될 우려와 추가 분담금에 대한 부담이 있는 재개발 재건축보다 분양권으로 눈을 돌리는 게 좋다. 앞으로도 자재비 상승 등으로 공사비가 오르며 분양가는 더 높아질 수밖에 없다. 이 책을 통해 상대적으로 저렴한 분양권을 찾는 방법을 배워 새 아파트를 마련하도록 하자. 기회가 오기만을 하염없이 기다리거나 불확실하고 변동이 많은 사업이 진척되길 기다리며 전전긍긍하느니 확실한 분양권으로 더 늦기 전에 내 집을 마련하는 게 지금처럼 집값이 계속 오르는 시기에는 더 나은 선택이다.

규제의 시대, 똘똘한 한 채
트렌드는 더 강해진다

2025년 이재명 정부가 출범한 지 얼마 되지 않아 6월 27일 대출규제, 9월 7일 공급 대책이 나왔고, 10월 15일에는 추가 부동산 대책까지 연달아 나왔다. 특히 10.15 부동산 대책은 서울 전체, 경기도 12개 지역을 조정지역, 투기과열지역, 토지거래허가구역으로 묶을 만큼 강력했다. 삽사기 내가 사는 집이 규제지역으로 묶인 실거주자, 서울 수도권 내에서 더 좋은 급지로 갈아타기를 고려하던 1주택자, 지방에 있는 집을 팔아서 서울에 한 채라도 사두고 싶었던 지방 1주택자들은 강력한 규제에 당황하면서도 앞으로 어떻게 집을 사야 할지 막막함을 느낄 것이다.

규제는 오히려
풍선효과를 낳는다

하지만 첫 번째 규제인 6.27 대출규제, 두 번째 규제인 9.7 공급 대책이 나왔을 때까지도 규제로 인해 집값이 하락하기는커녕 성동구, 마포구, 강동구, 동작구, 광진구, 과천, 분당, 광명 등 서울 상급지와 경기도 선호 지역은 급등했다. 10.15 부동산 대책이 나왔을 때도 사람들은 오히려 묶인 지역들이 정부가 찍어준 상급지라며 더 큰 관심을 보이기 시작했다.

규제가 나와도 사람들이 더 집을 사려고 하고, 집값이 오히려 오르는 현상이 벌어지는 이유는 우리가 이미 몇 년 전에 경험한 학습효과의 영향도 적지 않다. 2021년 8월에는 서울, 수도권, 지방 광역시까지 일부 중소도시를 제외한 전국 대부분 지역이 규제지역으로 묶였었다. 그럼에도 2022년 미국의 금리 인상 전까지 집값은 폭발적으로 상승했다. 규제를 해서 집값이 잡힌 것이 아니라 급격한 금리 인상이라는 강력한 외부 요인으로 거래가 경직되면서 집값이 하락한 것이다. 결국 집값은 정책과 같은 규제로 잡히기는 어렵고 오히려 역효과를 초래할 수도 있음을 우리는 그때 이미 경험했다.

집값은 본연의 가치인 수요와 공급의 원리에 의해 하락과 상승을 반복한다. 부동산 가격 상승에 영향을 주는 가장 큰 요인은 결국 수요와 공급이다. 공급이 줄면 수요는 더 몰릴 수밖에 없다. 신축이 희소해질수록 신축을 갖고 싶어 하는 사람들의 욕망은 더 커진다. 그리고 사람들은 지금 당장 입지가 좋은 곳의 새 아파트를 사서 좋은 인프라를 누리며 살고 싶어 한다. 그것을 몇 년 뒤로 미루고 싶어 하지는 않는다. 결국 내가 원하는 곳에 충분한 공급이 빠른 시일 내에 이뤄지지 않는 한 기존 신축에 대한 수요는 더 커질 수밖에 없을 것이다.

앞으로 최소 4~5년은 전국적으로 공급이 거의 없고, 공급이 있더라도 주변에 아파트가 없어 상권, 학원가, 교통망 등 인프라가 부족한 곳이 대부분이다. 2025년 9월 7일에 발표된 공급 대책을 보면 2026년부터 2030년까지 향후 5년간 총 135만 호를 착공하겠다고 했다. 하지만 보통 착공 후 준공까지 3년 가까이 소요된다는 점을 감안하면 앞으로 4년간은 공급이 매우 부족할 것이라고 예상할 수 있다.

최근까지 부동산 경기 악화로 건설사들도 인허가를 미뤄온 점, 잇따른 규제로 재개발 재건축 사업에 차질이 생기는 점 등으로 인해 공급부족 문제는 점점 더 심각해질 수밖에 없다. 그렇다면 인프라가 잘 조성되어 있는 기존 분양권, 기존 신축에 대한 니즈가 더더욱 강해질 것이다.

규제 전 분양한
아파트를 노려라

부동산 대책으로 인해 1주택자 전세대출 한도가 수도권, 규제지역에서 2억 원으로 제한되었다. 이렇게 되면 1주택이 있는 사람은 집을 한 채 더 추가로 사기가 힘들어질 것이고, 그럼 오히려 기존 1주택을 팔고 더 똘똘한 상급지로 갈아타는 수요가 늘어날 것이다. 또는 투자와 실거주를 완전히 분리해서 본인은 월세로 살고, 흐름이 좋은 곳의 똘똘한 한 채에 투자해 임대를 주는 수요도 늘어날 것으로 보인다. 결과적으로 추가 주택을 더 살 수 없도록 규제하는 정책이 나오면 나올수록 똘똘한 한 채를 선호하는 현상이 더 강화될 것이다.

집값이 잡히지 않을 경우 이재명 정부가 집권하는 한 규제는 계속해서 나올 가능성이 크다. 이런 상황에서 사람들은 더더욱 똘똘한 한 채를 사서 버티는 전략으로 갈 것이고, 딱 한 채만 살 수 있다면 웬만하면 신축을 사서 장기로 보유하려고 할 것이다. 그러니 지금은 분양권에 주목해야 한다. 이미 준공이 된 신축, 준신축 아파트보다 분양권은 앞으로 준공이 될 아파트이기 때문에 상품성이 훨씬 좋다. 이 시기를 버텨내기에도 분양권만큼 좋은 것이 없다.

10.15 부동산 규제로 묶인 서울 수도권에도 내 집 마련을 하거나 갈아타기를 할 수 있는 기회가 아직 있다. 10월 15일 이전에 입주자모집공고를 한 단지는 기 분양권 소유자가 1회에 한해 전매할 수 있다. 그럼 당장은 그런 분양권들이 시장에 나올 가능성이 크다. 입주 시점 이후에 실거주할 수만 있다면 이런 분양권을 노려보는 것도 좋다.

아울러 규제지역 지정 이후에 입주자모집공고를 한 단지들은 3년간 전매가 제한된다. 이 말은 곧 앞으로 3년간 우리가 원하는 서울 수도권에서 거래가 가능한 분양권들이 새로 나오기가 힘들어진다는 것이다. 이로 인해 거래가 가능한 규제 이전의 분양권들의 가치는 시간이 갈수록 상승할 것이고, 비로 지금이 그런 물건을 잡을 타이밍이다. 이 기회를 절대 놓치지 않았으면 한다.

매수보다 중요해진
매도의 기술

나도 처음부터 분양권에 투자해 새 아파트만 샀던 것은 아니다. 투자를 막 시작했을 때는 돈이 부족했기 때문에 구축 아파트를 사기도 했다. 하지만 처음 집을 보러 갔을 때, 이건 아니라는 것을 단번에 직감했다.

"베란다 바닥이 불룩 나와 있네요? 여기저기 수리를 많이 해야 할 것 같아요…."

"집값에서 수리비만큼 빼드릴게요. 그래도 이 근방에서는 여기가 그나마 상태 좋은 곳이에요."

"그래도 올 인테리어를 해야 할 수준인데…"

낡을 대로 낡은 집이었기에 손봐야 할 곳이 한두 군데가 아니었다. 게다가 전체적으로 집이 어두워 보이는 것도 문제였다. 천장과 벽면이 만나는 부분이나 벽과 바닥이 만나는 곳은 틈새를 막아주는 몰딩 작업을 하는데, 예전에는 대부분 원목 색깔로 했기 때문이다. 요즘 새 아파트는 마이너스 몰딩으로 만들어 몰딩이 안쪽으로 들어가 보이지 않게 하는 경우가 많다. 그만큼 집이 더 밝고 넓어 보이며 깔끔하다.

지금은 대부분 베란다 확장이 다 되어서 나오지만 10년 전만 해도 베란다 확장은 선택사항인 경우가 많았고 그 이전에는 베란다 확장을 하지 않는 곳이 더 많았다. 내가 사려고 했던 구축 아파트도 베란다가 있었는데 베란다 확장을 하면 집이 훨씬 넓어 보이기 때문에 확장 공사까지 추가로 해야 했다.

그렇게 받은 인테리어 견적이 당시 4000만 원 정도였다. 물가가 오른 지금은 거의 배 이상이 될 것이다. 구축 아파트의 경우는 실거주를 하지 않고 임대를 주더라도 인테리어가 필수다. 임차인들이 인테리어가 된 곳을 더 선호하기 때문이다. 인테리어를 하기 전에도 몇 군데 업체를 방문해서 직접 상담을 받아야 했기에 그만큼 내 시간을 써야 했다.

인테리어 견적까지 다 받고 계약했지만 계속 뭔가 찝찝했다. 당시 계약했던 아파트의 연식이 10년이 넘었다. 내가 이곳에서 5년을 살면 연식은 15년이 되고, 10년을 살면 20년이 되는 것이었다. 시간이 갈수록 구축 아파트는 점점 더 낡아지고 가치가 떨어진다는 사실이 내내 마음을 짓눌렀다.

'내가 팔고 싶을 때 제대로 팔리기는 할까?'

두려움이 엄습했다.

'인테리어에 큰돈을 들일 바에 그냥 좀 더 비싸더라도 새 아파트를 사면 어떨까?'하는 데까지 생각이 미치게 되었다. 부랴부랴 인테리어 업체를 찾아가 정말 죄송하다는 말씀을 드리고 계약금을 포기한 채 계약을 파기했다. 구축 아파트는 잔금을 치른 후 최대한 빨리 매도하려 했지만, 잘 팔리지 않아 힘겹게 팔았던 경험이 있다.

집을 살 때는
팔 때까지 생각해야 한다

요즘은 집을 여러 채 사기가 어렵다. 취득세는 완화될 기미가 보이지 않는다. 비규제지역은 2주택까지 취득세 중과가 되지 않지만 규제지역은 2주택부터 취득세 중과 8%가 적용되므로 2주택 이상 늘리기 어렵다. 그래서 사람들은 최대한 똘똘한 한 채 또는 좀 덜 똘똘해도 두 채까지만 가지려 하고, 그럴수록 상품성이 좋은 새 아파트에 대한 수요는 더 늘어날 것이다.

나 역시 같은 생각이다. 한 채만 살 수 있다면 이왕이면 새 아파트를 사는 게 좋다. 지금은 내가 원할 때 집을 팔기도 어려운 시장이다. 집이 하나라면 2년 보유 후 비과세를 받을 수 있지만, 혹시나 비규제지역에서 실거주하지 않거나 투자용으로 집을 하나 더 갖고 있고 그 집을 임대를 놓은 경우라면 다르다. 계약갱신청구권으로 인해 2년 임대 계약이 종료되더라도 임차인이 2년 더 재계약을 요구할 수 있기 때문에 총 4년 정도 보유해야 할 수도 있다. 예전보다 보유 기간이 길어졌기 때문에 그럴수록 상품성이 좋은 물건을 사야 한다. 새 아파트는 상품성이 좋기 때문에 매도도 수월하다.

아파트는 살 때부터 팔 때를 생각해야 한다. 잘 사야 잘 팔 수 있다. 집값이 영원히 오르지는 않는다. 결국 오르다 조정을 받는 하락기가 온다. 언제 하락기가 올지는 아무도 모른디. 2022년 급격한 금리 인상으로 인해 집값이 그 정도까지 하리라고 예상했던 사람은 많지 않을 것이다. 하지만 하락장에서도 상품성이 좋고 수요가 많은 새 아파트는 구축 아파트에 비하면 상대적으로 하락 폭이 작았다. 즉, 새 아파트는 하락하더라도 어느 시점에서는 가격 방어가 된다는 말이다. 또 구축 아파트에 비해 거래가 잘되기 때문에 어떻게든 팔고 나올 수 있었다.

하지만 입지가 좋지 않은 구축 아파트는 새 아파트에 비해 가격 하락 폭도 컸고 무엇보다 매도가 잘되지 않았다. 상대적으로 적은 투자금으로 살 수 있었던 구축 아파트를 잘못 사서 아직도 팔지 못해 골치 아파하는 투자자들이 많다. 집은 팔리지 않고 매매가도 오르지 않는데 전세가는 하락하면서 역전세가 발생하는 경우도 있다. 집값은 오르지도 않는데 돈은 돈대로 들어가는 악순환이 계속되는 것이다.

새 아파트는 하락기에도
가격 방어가 된다

사람도 나이가 들수록 아픈 곳이 늘어나듯 아파트도 마찬가지다. 꼭 매도까지 고려하지 않더라도 연식이 오래될수록 수리할 곳이 생긴다. 조명등 교체처럼 간단한 건 별문제가 안 되지만 녹물, 누수, 보일러 고장 등 수리 비용도 점점 커진다. 돈도 돈이지만 수리를 위해 업체도 알아보고 견적도 받아야 하고 수리하는 날은 시간을 비워야 하기 때문에 여러모로 골치가 아프다.

하지만 새 아파트는 신경 쓸 게 없다. 하자가 발견되면 3년까지는 무상 수리가 가능하므로 사진 하나 찍어서 하자센터에 접수하면 된다. 3년이 지났다 하더라도 구축 아파트보다는 손이 덜 간다. 또한 주차 문제에 시달리지 않아도 된다는 점이나 조경과 커뮤니티 시설이 잘 갖춰져 있다는 점, 아파트 구조에 선택지가 많다는 점 등 새 아파트의 장점은 굳이 말하지 않아도 누구나 잘 알 것이다.

사실 이러한 장점보다 더욱 중요한 건 내 돈을 지켜준다는 점이다. 새 아파트일수록 가격 방어가 잘된다. 만약 같은 입지에 신축 아파트와 구축 아파트가 있다면 뭐가 더 비쌀까? 당연히 신축 아파트가 더 비싸다. 가격에는 입지뿐만 아니라 수요가 반영되기 때문이다. 그래서 하락기를 겪더라도 신축 아파트가 구축 아파트보다 덜 떨어지고, 상승장에서도 더 빨리 반등한다.

2017년 준공된 서울시 성북구 장위동 꿈의숲코오롱하늘채34평은 2023년 7월 9억 원에 서래되있지민, 2025년 10월 기준 10억 8500만 원으로 1년 만에 거의 2억 원이 올랐다. 반면 바로 옆에 있는, 2008년 준공된 꿈의숲대명루첸은 2023년 8월 8억 3500만 원에 거래되었지만 2025년 12월 기준 9억 3500만 원으로 같은 기간 1억 원 정도 올랐다.

이 시기에 부동산 사무소에 연락해 봤는데, 신축 아파트 단지들

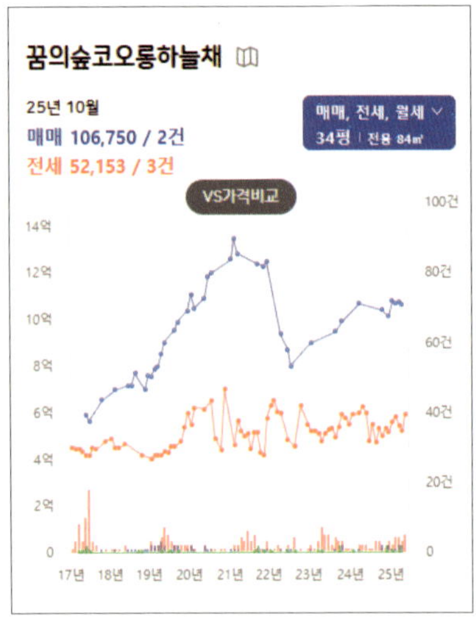

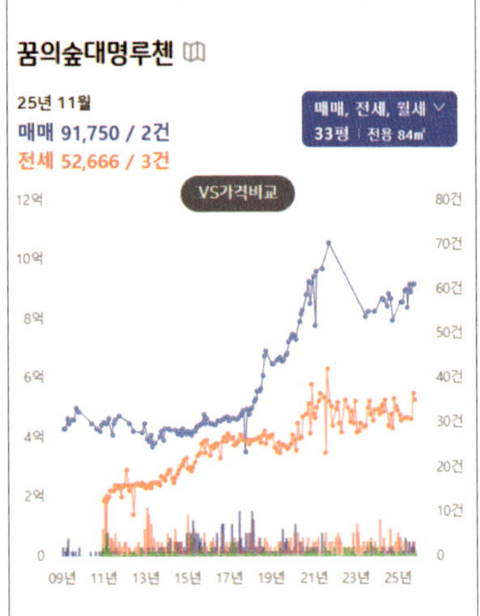

꿈의숲코오롱하늘채와 꿈의숲대명루첸 시세
(출처: 아실)

은 거래량이 급증하고 부동산 소장님도 바빴다. 그러나 구축 아파트가 있는 동네는 상대적으로 너무 조용했다.

이렇게 같은 입지를 공유하는 단지더라도 연식에 따라 반등 속도가 다르다. 금리 인상으로 인해 하락 후 다시 반등을 시작할 때 가장 먼저 움직인 것은 신축 아파트였다. 많은 이들이 어차피 아파트를 많이 살 수 없다면 하나라도 제대로 된 것을 사서 오래 보유하자고 생각했기 때문이다. 이런 수요가 결국은 신축 아파트의 가격부터 밀어 올린다. 결국 시장이 움직일 때 신축이 가장 먼저, 그리고

가장 확실하게 가치를 드러내기 때문에 기왕이면 신축을 사겠다는

믿음은 앞으로도 더욱 강화될 수밖에 없다.

2장

누구보다 먼저 똑똑한 분양권을 고르는 법

무순위, 미분양 물건도
돈이 되나요?

분양권에 투자는 해보지 않았을지라도 '미분양의 무덤' '미분양의 늪' 같은 단어를 쓴 기사들을 심심치 않게 봤을 것이다. 분양에서 1순위, 2순위까지 마감이 되지 못하면 잔여세대를 두고 무순위 청약을 한다. 무순위 청약까지 갔는데도 소진되지 않으면 미분양으로 남게 된다.

"이런 물건은 안 좋은 거 아닌가요?"

미분양, 무순위 물건들은 사람들이 별로 관심을 가지지 않아 무가치한 것이라 생각해 이렇게 물을 수도 있지만, 이런 물건도 잘만 선별한다면 청약통장을 쓰지 않고, 프리미엄 없이 분양가 그대로 좋은 물건을 잡는 기회로 활용할 수 있다.

결혼 당시 내가 사는 지역은 미분양의 무덤이라 불릴 정도로 미분양이 많았다. 나와 비슷한 시기에 결혼했던 동기들도 굳이 내 집 마련을 하지 않고 전세를 들었다. 나도 그랬다. 하지만 유일하게 당시 미분양 아파트를 매수해서 내 집 마련을 한 지인이 있었다. 나중에야 그 지인이 승리자라는 사실을 깨달았다. 그 아파트는 2009년 33평 기준 2억 5000만 원 정도였는데 2025년 11월 현재는 5억 5000만 원 정도로 3억 원 정도 상승했다.

대구 달서구에 지인이 매수한 아파트 시세
(출처: 아실)

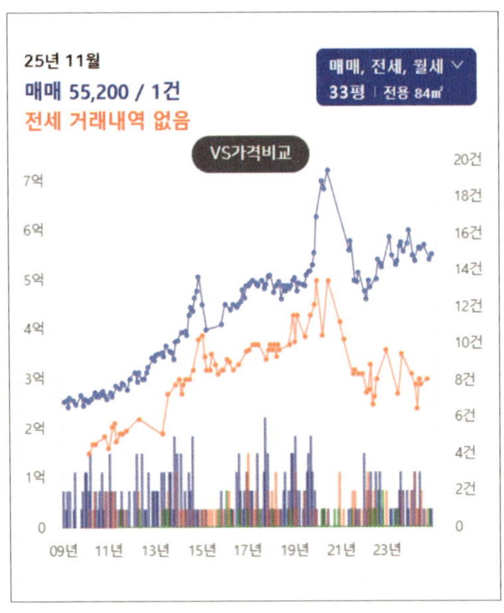

그때 미분양 물건으로라도 집을 마련하지 않았다면 그 동기는 아직도 내 집 마련을 하지 못했을 테고 이런 수익도 얻지 못했을 것이다. 나 역시 이제 와서 고백하자면, 전세로 살던 시절 갑자기 집을 팔겠다며 나가달라고 했던 그 집주인이 너무나 고맙다. 당시에는 원망스러웠지만 그때 그런 일이 없었다면 아직도 전세를 살면서 돈이 없어 집을 못 산다고만 생각하고 있었을 것이다.

무순위, 미분양의 차이

먼저 무순위 청약과 미분양의 차이부터 알아보자. 무순위 청약은 청약경쟁률이 1:1은 넘었지만 계약 포기 등으로 계약까지 성사되지 못한 물건이 남은 경우로, 일명 '줍줍'이라 부르며 청약홈에서 잔여 물량에 대한 청약을 실시한다. 미분양은 무순위 청약 단계까지 갔으나 소진되지 않고 남은 물량을 말한다. 1, 2순위 청약경쟁률 또는 무순위 청약에서 경쟁률이 1:1 미만일 때 분양사에서 선착순으로 분양한다. 미분양 분양권은 모델하우스에 연락하면 타입별, 층별 남은 수량을 대략 알 수 있고, 그 뒤 일정을 예약하여 방문하면 상담사가 남아 있는 물량을 상세히 안내해 주고 현장에서 계약할 수

무순위, 미분양 비교

	무순위	미분양
내용	청약경쟁률이 1:1을 넘은 경우	무순위 청약까지 갔으나 소진되지 않고 남은 물량
청약통장	x	x
조건	19세 이상 무주택자	x
동호수 지정	불가능	가능
청약 시 주택 수 포함 여부	포함	미포함

있다.

이들 모두 청약통장은 별도로 필요하지 않지만, 무순위 청약의 경우는 만 19세 이상 무주택자(2025년 6월 10일 이후 무순위 청약 신청 자격을 무주택자로 제한하는 '주택공급에 관한 규칙 개정안'이 시행되었으며, 기초지방자치단체장이 지역 사정을 고려해 거주지 요건의 경우 제한을 둘 수 있으니 주의해야 한다)만 가능하며 추첨제이기 때문에 동호수를 직접 지정할 수 없다.

하지만 미분양은 누구나 살 수 있고 동호수 지정이 가능하다. 또한 미분양은 청약 시 주택 수에 포함되지 않지만, 무순위 청약에 당첨되면 청약 시 주택 수에 포함된다는 것이 다르다.

특히 미분양은 무순위 청약까지 갔음에도 소진되지 않고 남은 물량이라니, 좋지 않은 물건일 것 같은 느낌에 꺼리는 사람들도 있다. 여기에서는 많은 사람이 오해하고 있는 미분양 물건에 대해 자세히 알아보자.

미분양은 영원하지 않다

많은 사람이 미분양이 영원할 거라 생각한다. 미분양된 단지는 좋지 않은 물건이니 절대 사면 안 된다고 생각하는 사람도 있다. 하지만 그렇지 않다. 해당 도시의 흐름이 좋지 않아 미분양이 나는 경우가 더 많다. 다시 말해 흐름이 좋아지면 다시 살아난 수요로 인해 미분양은 급소진된다.

미분양은 입지가 좋은 곳에도 발생할 수 있다. 2022년 5월 대구 수성구 만촌3동에 만촌자이르네가 분양했다. 이곳은 대구 수성구 범어4동 다음으로 대표적인 학군지다. 그만큼 수요가 많은 곳이다. 하지만 이 단지는 1순위 전체에서 미달이 났다. 가장 큰 원인은 상대적으로 비싼 분양가 때문이었다.

만촌자이르네 분양가는 32평 기준으로 11억 원 정도였다. 2019년

만촌자이르네 청약경쟁률

(출처: 아실)

타입	공급	순위		접수건수	경쟁률 (미달세대)	당첨가점		
						최저	최고	평균
77	124	1순위	해당	20	(△104)	-	-	-
			기타	4	(△100)	-	-	-
		2순위	해당	9	(△91)	-	-	-
			기타	3	(△88)	-	-	-
84A	272	1순위	해당	243	(△29)	-	-	-
			기타	34	1.17	-	-	-
		2순위	해당	94	-	-	-	-
			기타	28	-	-	-	-
84B	211	1순위	해당	42	(△169)	-	-	-
			기타	3	(△166)	-	-	-
		2순위	해당	17	(△149)	-	-	-
			기타	4	(△145)	-	-	-

에 지어진 바로 옆의 만촌삼정그린코아에듀파크 33평이 8억 원 정도였던 것을 감안하면 분양가가 비쌌다고 볼 수 있다.

게다가 분양 당시 대구의 흐름이 좋지 않았기 때문에 이 가격을 받아줄 수요가 그만큼 적었다. 미분양이 소진되지 않자 2023년 4월에 할인 분양을 진행했다. 기존 분양가의 17~25%를 할인해 주었고 기존 분양자에게도 할인을 적용해 줬다. 추가로 중도금 대출 무이

만촌자이르네 분양 당시 기준 가격 비교

(출처: 아실)

구분	만촌자이르네	만촌삼정그린 코아에듀파크	만촌자이르네	만촌화성 파크드림3차
면적	108m² (32평)	99m² (30평)	107m² (32평)	111m² (33평)
가격	11억 5654만 원	7억 9900만 원 (2019년 11월 8층 실거래가)	8억 9022만 원 (2023년 12월 3층 실거래가)	8억 9400만 원 (2023년 10월 12층 실거래가)
평당가	3614만 원	2663만 원	2781만 원	2709만 원
입주	2023년 1월	2019년 11월	2023년 1월	2016년 4월
세대수	607세대	774세대	607세대	410세대
거리	기준	38m	기준	501m

자, 계약금 정액제 조건을 내걸면서 미분양이 모두 소진되었다.

84타입 기준으로 할인 분양을 적용하면서 분양가가 인근 신축 아파트와 비슷한 8억 원대까지 내려왔다가 이왕이면 브랜드 단지에 상품성이 더 좋은 물건을 사자는 수요가 몰리기 시작하며 2023년 10월에 미분양이 급소진되었다.

미분양이 100% 소진되면서 할인 분양까지 진행했던 만촌자이르네의 가격은 계속 상승 중이다. 2025년 12월에는 13억 5000만 원에

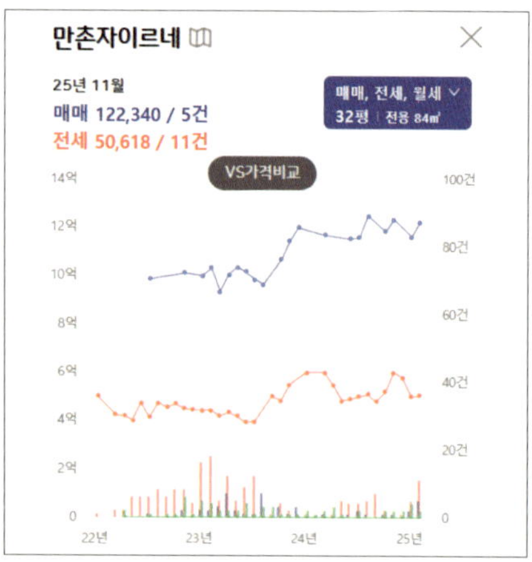

만촌자이르네 시세
(출처: 아실)

거래되기도 했다. 이를 통해 영원한 미분양도 없고 미분양 물건 역시 상승한다는 것을 알 수 있다.

미분양도 수요가 있으면 오른다

미분양 물건을 살 때는 수요를 체크하는 것이 중요하다. 아무거나 사도 오른다고 생각하면 절대 안 된다. 수요를 확인하는 방법은 기본적으로 다음과 같다.

첫 번째, 플랫폼이나 카페에서 분양권을 검색해 본다

가장 먼저 분양한 지역의 카페나 맘카페, 무료 부동산 플랫폼에서 해당 분양권을 검색해 본다. 미분양이 났어도 사람들의 관심을 받는 단지는 장점과 단점 등을 이야기하는 게시글이 자주 올라온다. 맘카페에서 활동하는 엄마들의 경우 아이 교육에 관심이 많으므로 늘 더 좋은 환경에서 아이를 키우고 싶어 한다. 그래서 해당 지역에 새 아파트가 분양을 하거나 미분양이 났을 때도 수시로 카페에 들어가서 확인해 본다.

또는 애플리케이션 '호갱노노'에서 '분양 예정'을 누르고 '이야기'에 가도 해당 분양권에 대한 다양한 의견들을 볼 수 있다. 100% 다 믿으면 안 되지만 어느 정도 참고는 할 수 있을 것이다.

두 번째, 직접 모델하우스에 가본다

직접 모델하우스에 가서 남아 있는 물건도 확인하고 타입별 구조를 확인하며 수요를 체크할 수 있다. 하지만 이때 주의할 점이 있다. 모델하우스에서 상담을 해주는 상담원의 목적은 어떻게든 계약을 하게 만드는 것이다. 실제로 한 지인은 그냥 재미 삼아 모델하우스에 갔는데 상담원이 온갖 감언이설로 설득하기 시작했다는 것이다. 그 지인은 아이가 둘이었는데 늘 층간소음 때문에 연락이 올까 봐 조마조마했다고 한다. 그런데 남아 있는 물건 중 아래층이 공용 공간이라서 층간소음 걱정이 없을 것이라는 상담원의 이야기를 듣고 그 자리에서 바로 계약을 하고 나왔다. 막상 계약하고 나서 그 아파트를 바라보니 상대적으로 주변 단지 대비 비싼 분양가였고 입지적으로 선호하는 곳이 아니었다는 것을 깨닫고 후회했다는 이야기를 들었다. 그러니 모델하우스에 가보는 것은 좋지만 그때는 꼭 자기만의 기준을 갖고 상담원의 말에 흔들리지 않아야 한다.

세 번째, 이전 달 대비 미분양이 급감하는 단지를 찾는다

상대적으로 이전 달 대비 물량이 급격하게 감소한다는 것은 그만큼 사람들이 그 단지에 관심을 가지고 있다는 이야기다. 미분양도 수요가 많이 몰리는 곳부터 소진되기 때문이다. 나 역시 이런 방법으로 지방의 미분양 분양권을 매수했다.

내가 보고 있던 지방의 미분양 분양권은 한 달 만에 326개에서 146개로 180개가 감소했다. 그만큼 수요가 많이 몰렸다는 증거다. 이것을 보고 분양회사에 연락했더니 이미 중층 이상 매물은 소진되고 중층 이하 매물만 남아 있었다. 이 정도 시기가 되면 미분양 분양권을 매수했거나 분양을 받은 사람들이 피를 붙여서 부동산에 내놓기 시작한다. 이때는 피를 주고 좀 더 괜찮은 매물을 살 것인가

당시 매수한 미분양 분양권의 업체별 미분양 현황

유형		분양내용	분양결과		
		규모별	총분양	미분양 가구수	
(민간/공공)	(임대/분양)	(전용 m²)	가구수	전월	당해월
민간	분양	84.996	164	106	81
		84.8621	179	96	31
		84.969	191	54	13
		111.7134	77	15	6
		114.8366	140	37	10
		114.9353	68	18	5
소계			814	326	146
민간	분양	69.0000	27	8	7
		84.0000	103	80	80
소계			130	88	87
민간	분양	84.9908	254	9	9
		71.9824	286	42	42
		59.9166	279	15	15
		71.9987	129	0	0
소계			942	66	66

아니면 저층이라도 좀 더 저렴한 미분양 분양권을 계약할 것인가 고민이 된다.

만약 이런 상황이라면 꼭 미분양 물건을 고집하지 않아도 된다. 피를 좀 더 주고서라도 동과 층이 더 괜찮은 매물을 사는 것을 추천한다. 아무래도 상승할 때는 컨디션이 더 좋은 곳이 더 많이 오르기 때문이다. 팔 때도 원하는 가격을 받기 좋다.

내가 이 물건에 투자했을 때는 조망이 확실히 나오는 앞 동 매물을 사고 싶었는데 부동산에는 그 매물이 나와 있지 않았다. 그래서 앞 동을 포기하고 뒤 동이지만 조망이 가려지지 않는 매물을 매수했다. 뒤 동이라도 앞뒤가 막히지 않은 매물은 수요가 많다. 실제로 임대를 내놓을 때도 다른 뒤 동 매물보다 먼저 계약할 수 있었다.

미분양 분양권을 매수하는 나만의 기준

미분양 분양권을 매수할 때는 나만의 기준을 세워두고 투자한다. 만약 이 조건에 100% 부합하지는 않더라도 남아 있는 미분양단지들을 비교해서 상대적으로 더 좋은 곳을 사면 된다.

1. 지방이라도 상급지여야 할 것
2. 주변에 백화점, 대형 마트, 공원처럼 입지적으로 좋은 요소를 갖추고 있을 것

3. 브랜드 대단지여야 할 것

한번은 상급지 갈아타기를 한 후 소액으로 투자할 곳을 찾았던 적이 있다. 당시는 분양권을 매수하더라도 취득세, 양도세를 계산할 때 주택 수에 포함되지 않았고 전매를 하더라도 1년을 보유하면 일반과세로 팔 수 있었기 때문에 분양가의 10%만 있으면 가능한 분양권 투자가 인기 있었다. 나 역시 소액으로 더 투자를 해보고 싶었기 때문에 분양권을 알아봤다.

당시 가용할 수 있는 투자금은 5000만 원 정도였다. 하지만 웬만한 분양권들은 프리미엄이 많이 붙어 있어 그 돈으로는 어림도 없었다. 그러다 지방에 미분양이 난 분양권을 찾게 되었다. 궁금해서 현장을 가봤더니 주변에 백화점과 대형 마트도 있고 무엇보다 큰 공원이 있어서 아주 쾌적했다. 구축들만 있는 곳에 새 아파트가 들어서기 때문에 희소성이 있다고 판단했다. 그리고 브랜드 대단지라는 점도 마음에 들었다.

미분양이 난 이유를 찾아보니 33평 분양가가 4억 원이 넘었는데, 그 도시에 사는 사람들은 고분양가라 판단한 것이었다. 그래서 나도 바로 매수를 하지 않고 미분양이 줄어드는지 체크했다. 매달 체크를 해보니 미분양 수가 눈에 띄게 줄어들고 있었다. 분명히 수요가 있다고 판단했다. 모델하우스에 연락하니 이미 중층 이상은 소진이 되고 저층만 남아 있다고 했다. 혹시나 해서 인근 부동산에 연락해 보니 이미 프리미엄이 붙고 있었다.

이때부터 치열한 고민이 시작됐다. 프리미엄을 주고 좀 더 좋은 동, 좋은 층의 매물을 살지, 저층이라도 미분양이 난 물건을 살지 선택해야 했다. 그때 수중에 돈이 더 있었다면 프리미엄을 좀 더 주고서라도 좋은 매물을 샀을 것이다. 그런 곳이 확실히 더 많이 오른다. 하지만 당시 나는 돈이 부족했기 때문에 저층 미분양 분양권을 사기로 결심했다. 남아 있는 것 중 6층이 제일 높은 층수였고 뒤 동이었지만 정원 뷰가 너무 예뻐서 매수를 결정했다. 모델하우스에서 계약을 하니 스타일러도 선물로 받았다.

원래는 1년 정도 지나서 전매할 계획이었다. 하지만 갑자기 분양권 양도세율이 중과된다는 발표가 났고, 그렇게 되면 팔아도 큰 실익이 없었다. 그래서 어쩔 수 없이 소유권이전등기를 하면서 전세를 놓고 2년 뒤 일반과세로 팔기로 결심하고, 입주 때 전세를 주었다. 첫 세입자가 중간에 이사를 가서 전세를 새로 맞추었고 계약갱신청구권이 생기면서 갱신신청을 해서 이 물건은 아직 보유 중이다.

이 단지의 33평 분양가는 4억 4000만 원 정도였다. 매수 당시에는 계약금의 10%인 4000만 원 정도만 있으면 됐다. 미분양으로 매

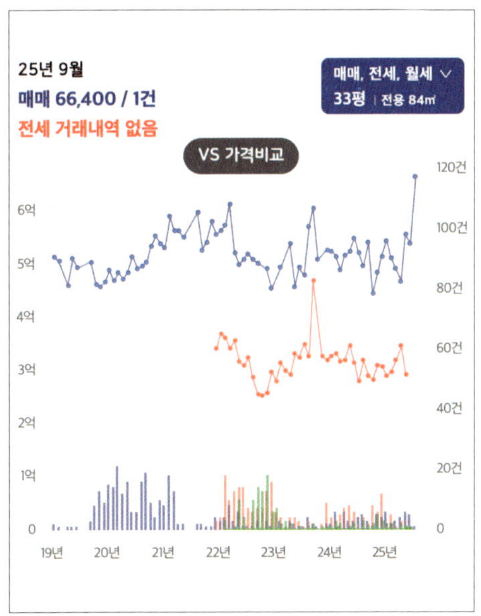

수한 뒤에는 소유권이전등기를 하면서 전세를 맞추었다. 2025년 11월 기준으로 6억 6000만 원에 거래되었으니 분양가 기준으로 2억 원 이상 상승한 셈이다. 이렇게 미분양 분양권도 잘 사면 오른다. 지금도 충분히 기회가 있으니 잘 찾아보자.

미분양 물건 찾는 법

미분양 물건을 찾는 방법을 구체적으로 알아보자. 우선 미분양이 어떤 단지에 있는지 확인하기 위해 지자체 홈페이지에서 업체별 미분양 현황을 확인해야 한다. 보통 시청 홈페이지나 도청 홈페이지에 가서 검색창에 '미분양'이라고 검색하면 찾을 수 있다. 단, 서울의 미분양 물건은 '서울부동산정보광장' 홈페이지(https://land.seoul.go.kr:444/land/)에서 볼 수 있다. 만약 수원의 미분양이 궁금하다면 경기도청 홈페이지에 가서 '미분양'으로 검색하면 된다.

업체별 미분양 현황 자료는 매월 업데이트된다. 최근 자료를 클릭하면 엑셀로 된 첨부파일이 나온다. 2025년 12월 기준 경기도 업체별 미분양 현황 자료를 보면 고분양가 분양으로 미달된 곳을 제외하고는 대부분 이

경기도청 홈페이지에서 확인한 미분양 정보

(출처: 경기도청 홈페이지)

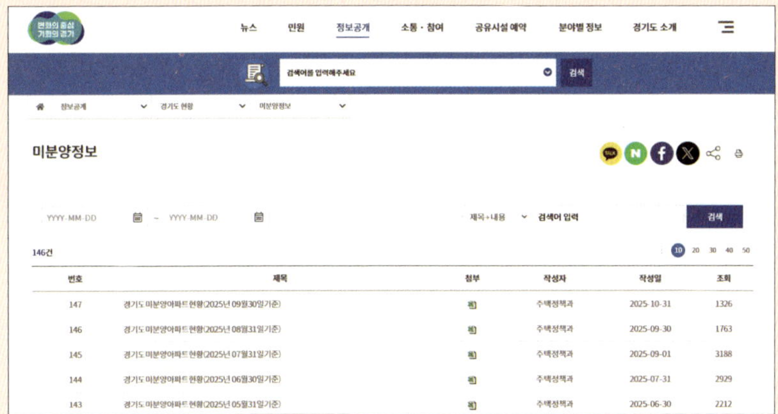

업체별 미분양 현황 총괄표

(출처: 경기도청 홈페이지)

□ 경기도 민간/분양 미 분양주택 현황 (총괄)-기재된 숫자는 분양되지 않은 주택 수를 의미함

시군별	전월대비 미분양 증감현황	민간 분양 주택('25. 09월 30일 기준)					민간 분양 주택('25. 08월 31일 기준)				
		계	전용 40㎡이하	전용 40-60㎡	전용 60-85㎡	전용 85㎡초과	계	전용 40㎡이하	전용 40-60㎡	전용 60-85㎡	전용 85㎡초과
경기도	799	12,656	255	896	10,384	1,121	11,857	340	933	9,463	1,121
수원시	0	0	0	0	0	0	0	0	0	0	0
용인시	0	452	244	11	185	12	452	244	11	185	12
고양시	-5	68	ı	0	66	1	73	3	0	69	1
성남시	0	55	6	45	4	0	55	6	45	4	0
화성시	1	66	0	48	15	3	65	0	47	15	3
부천시	-4	144	0	17	127	0	148	0	18	130	0
남양주시	-3	352	0	143	9	200	355	0	143	9	203
안산시	0	0	0	0	0	0	0	0	0	0	0
평택시	-428	3,769	0	351	2,965	453	4,197	0	377	3,336	484
안양시	-9	61	4	57	0	0	70	4	57	9	0
시흥시	-4	25	0	20	5	0	29	0	22	7	0
김포시	1,225	1,873	0	0	1,871	2	648	0	0	646	2
파주시	0	1	0	0	0	1	1	0	0	0	1
의정부시	305	662	0	38	486	138	357	83	19	98	157
광주시	-129	485	0	45	375	65	614	0	46	568	0
광명시	0	6	0	5	1	0	6	0	5	1	0
하남시	1	3	0	0	0	3	2	0	0	0	2
군포시	0	0	0	0	0	0	0	0	0	0	0
오산시	0	4	0	0	4	0	4	0	0	4	0

새 아파트로 가는 가장 빠르고 정확한 방법, 분양권

전 달보다 미분양이 감소하고 있음을 알 수 있다.

그리고 지역별·업체별 미분양 현황을 통해 해당 지역에서 전달 대비 이번 달에 몇 개가 줄었는지를 체크하면 된다. 아파트명이 직접적으로 나오진 않지만, 소재지에 나오는 주소를 카카오지도나 네이버 지도 또는 구글에서 검색하면 해당 아파트명을 확인할 수 있다.

수원시 업체별 미분양 현황
(출처: 경기도청 홈페이지)

□ 경기도 민간부문 미분양 현황 ('24.05.31. 기준)

지역			소재지	사업자 (전화번호)			유형		분양내용	분양결과			분양 승인일	계약 마감월	입주예정 (준공)월	준공여부 (준공/미준공)	지구명 (OO지구)	택지종류 (민간/공공)
도	시	구(동,읍)		시공사 (전화번호)	시행사	분양상담	(민간 /공공)	(임대 /분양)	규모별 (전용 m²)	총분양 가구수	당해월 ('24.05.15)	당해월 ('24.05.31)						
경기도			합계							54,132	9,088	8,876						
	수원시	권선구	경기도 수원시 권선구 권선동 1340	HDC현대산업개발㈜ (02-2008-9629)	HDC현대산업개발㈜ (02-2008-9629)	HDC현대산업개발㈜ (02-2008-9629)	민간	분양	84A	51	0	0	2022-08	2022-09	2024-11	미준공	권선지구	민간
									84B	24	1	1						
									84C	28	3	4						
									84D	25	2	2						
			소 계							128	6	7						
		권선구	경기도 수원시 권선구 오목천동319-1번지 일동	에스지씨 이테크건설 02-489-9000	신한자산신탁 02-2055-0000	오목천역 더리브 031-296-7788	민간	분양	84A	39	20	20	2023-08	2023-10	2026-02	미준공	해당없음	민간
									84B	39	28	28						
									84C	70	58	58						
									84D	18	17	17						
									84E	18	3	3						
									84F	17	7	7						
			소 계							201	133	133						
		권선구	경기도 수원시 권선구 서둔동 817-72번지	삼성물산㈜	삼성물산㈜ 02-742-7994	삼성물산㈜ 02-742-7994	민간	분양	48A	22	0	0	2023-12	2024-01	2026-08	미준공	해당없음	민간
									48B	9	0	0						
									59B	62	0	0						
									59C	108	0	0						
									71A	196	0	0						
									71B	45	0	0						
									84A	676	0	0						
									84B	58	0	0						
									101	58	0	0						
			소 계							1,234	·	·						
		지 역 총 계								1,563	139	140						

2024년 5월에 수원의 미분양은 수원아이파크시티10단지, 오목천역더리브, 매교역팰루시드 3개 단지였다. 이 중 매교역팰루시드는 당시 미분양이 모두 소진되었다. 똑같이 미분양이 있더라도 미분양 물량은 수요가 더 많은 곳부터 줄어들게 된다. 그만큼 이 단지에 대한 수요가 상대적으로 더 많았음을 확인할 수 있다.

미분양을 매수하는 것이 고민될 때는 이렇게 매달 업체별 미분양 현황을 확인하면서 상대적으로 더 많이 줄어드는 단지를 확인하는 것이 좋다. 이 외에는 직접 분양회사에 연락해서 남아 있는 물량을 정확하게 파악해야 한다. 너무 소량으로 남아 있는 경우라면 회사에서 임대하려고 남겨둔 물량일 수도 있다. 물량이 많이 남아 있더라도 저층인지, 중층 이상인지, 계속 소진되는지 파악해 보자.

이렇게 알게 된 정보는 나만 알게 되는 정보다. 홈페이지에 나오는 자료는 누구나 볼 수 있지만 내가 손품을 열심히 팔아서 알게 된 자료는 나만의 소중한 자료가 되어준다. 이를 통해 어떤 단지에 더 많은 수요가 몰리는지 확인하면서 상대적으로 더 좋은 미분양 분양권을 매수할 수 있다.

무순위 청약 확인하는 법

무순위 청약도 놓치지 말고 확인하자. 무순위 청약은 청약홈에서 일정을 확인한 후 신청하면 된다. 무순위 청약은 수요가 없는 곳뿐만 아니라 인기가 많은 단지에서도 나올 수 있다. 동호수 지정을 받았는데 마음에 들지 않아 계약을 포기하는 경우, 잔금까지 치를 여력이 안 되는 경우 등이다. 무순위 청약에 관심을 가지면 분양 조건에 해당하지 않아 청약조차 할 수 없었던 곳들에서도 좋은 기회를 얻을 수 있다.

무순위 청약을 할 때 주의점은 일반 청약보다 계약금, 잔금 납부 일정이 빠르다는 것이다. 2025년 7월에 무순위 청약을 한 올림픽파크포레온을 보자. 서울 강동구 둔촌동에 입주하는 올림픽파크포레온의 경우 무순위 청약에서 4가구를 모집하는 데 22만 명 이상 몰려 5만 6000:1이라는

청약홈에서 확인한 무순위 청약 일정

(출처: 청약홈)

올림픽파크포레온 무순위 청약경쟁률

(출처: 청약홈)

청약접수 경쟁률

□ 올림픽파크 포레온(무순위 2차)

주택형	공급세대수	접수건수	경쟁률	청약결과
039.9500A	1	46,425	46,425.00	청약접수 종료
059.9900A	1	69,106	69,106.00	청약접수 종료
084.9800E	2	109,162	54,581.00	청약접수 종료

경쟁률이 나왔다. 그만큼 많은 관심이 쏠리며 치열했다는 것을 확인할 수 있다. 중요한 건 추후 계약금 및 잔금 일정이다.

올림픽파크포레온 계약금 및 잔금 납부 일정

(출처: 청약홈)

■ 공급금액 표 (단위 : ㎡, 세대, 원)

주택형 (주거전용 면적기준)	약식표기	동별/라인별	층구분	잔여 세대수	아파트 분양가격			계약금 (10%)	잔금(90%)
					대지비	건축비	계	계약시	2025.10.21
039.9500A	39A	308동 10호	5층	1	424,417,280	269,982,720	694,400,000	69,440,000	624,960,000
059.9900A	59A	105동 3호	22층	1	642,921,280	408,978,720	1,051,900,000	105,190,000	946,710,000
084.9800E	84E	316동 4호	15층	1	790,464,960	502,835,040	1,293,300,000	129,330,000	1,163,970,000
084.9800E	84E	405동 1호	2층	1	755,443,200	480,556,800	1,236,000,000	123,600,000	1,112,400,000

이 단지 59타입 무순위 청약에 당첨되면 계약금(분양가 약 10억 5000만 원의 10%)으로 당장 1억 원 정도가 필요하다. 기간 내에 납부하지 못할 시 당첨이 취소될 수 있으므로 계약금 납부 일정을 꼭 미리 체크해야 한다. 게다가 이 단지는 2025년 10월 21일까지 잔금을 치러야 하므로 잔금에 대한 계획도 반드시 필요했다.

6.27 대책과 10.15 규제로 잔금 대출은 규제지역에서 KB시세의 40%, 비규제지역에서 KB시세의 60%까지 가능하다. 서울 수도권의 경우 아무리 소득이 높아도 대출은 6억 원까지만 가능하며 그마저도 규제지역의 경우 시가 15억 원 이하는 6억 원까지, 시가 15억 원 초과~25억 원 이하는 4억 원까지, 시가 25억 원 초과는 2억 원까지만 대출이 가능하다.

만약 올림픽파크포레온 59타입 무순위에 당첨됐다면 분양가가 약 10억 5000만 원이므로 계약금 1억 원과 잔금 약 9억 5000만 원 중에서 대출로 받을 수 있는 6억 원을 제한 3억 5000만 원이 잔금 납부 때 더 필요하다(이곳의 경우 잔금에 대한 집단 대출 신청 기간이 끝난 뒤 공고가 올라온 것으로, 집단 대출이 아예 불가할 수도 있다. 정확한 대출 한도는 반드시 계약 전 대출 상담을 통해 확인하기 바란다).

실입주하지 않고 전세나 월세 임대를 놓는 방식으로 계획을 세울 수도 있지만, 서울과 수도권에서는 6.27 규제로 인해 전세를 줄 경우 세입자가 전세대출을 받을 수 없다. 따라서 전세대출을 받지 않는 세입자만 받을 수 있다. 규제 전보다 전세를 맞추기가 힘들어진 것이다. 월세를 놓는 것 또한 장벽이 높아졌다. 규제 전에는 보통 잔금 대출을 받고 월세 세입자를 받았지만 6.27 규제로 인해 잔금 대출을 받으면 6개월 이내에 실입주를 해야 한다.

그래서 요즘은 월세보다 보증금이 상대적으로 높은 반전세 매물이 늘고 있다. 당시 올림픽파크포레온 25평 반전세 매물은 보증금 4억 원에 월세 220만 원 정도였다. 59타입 무순위에 당첨되어서 반전세로 임대를 낮출 경우 분양가가 10억 5000만 원이므로 계약금 1억 워과 보증금 4억 원을 제하면 내 돈 5억 5000만 원이 필요하다. 이 경우엔 실입주하는 것보다 반전세로 맞출 때 더 많은 현금이 필요하다.

대출규제로 서울 수도권에서 무순위로 당첨될 경우 이전보다 잔금을 마련하기가 힘들어졌기 때문에 자금 계획을 꼭 미리 세우고 무순위 당첨에 도전하기 바란다.

좋은 단지는
분양 초반이 가장 싸다

프리미엄 주고 살 때
알아야 할 것

초반 프리미엄, 일명 초피는 전매제한이 풀리고 나서 초반에 프리미엄을 주고 분양권을 사는 것을 의미한다. 초피를 주고 분양권을 살 때는 그 지역이 상승하는 초입에 사는 것이 좋다. 분양권을 사고 난 이후에도 계속 프리미엄이 붙을 가능성이 높기 때문이다. 그렇다면 상승 초입임을 확인하는 방법은 뭘까? 매매지수, 전세지수, 미분양, 입주물량 같은 지표를 확인하면 알 수 있다.

매매지수와 전세지수가 저점을 찍고 확실히 반등했고, 미분양이 급감하고, 향후 입주물량이 감소하는 곳은 앞으로도 계속 상승할 가능성이 높기 때문에 이런 곳의 분양권은 초기에 살수록 좋다.

화서역파크푸르지오

A는 수원시 장안구 정자동에 2018년 5월 분양했던 화서역파크 푸르지오를 초반 프리미엄을 주고 매수했다. 2018년 12월에 25평 분양권을 분양가 4억 1000만 원, 프리미엄 9200만 원을 주고 총매

화서역파크푸르지오 시세
(출처: 아실)

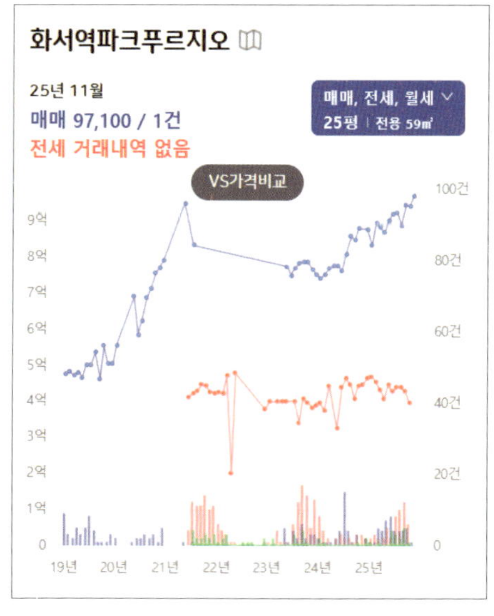

매가격 5억 원 정도에 매수했다. 그리고 입주장 때 4억 3000만 원에 전세를 맞춰서 총투자금은 7000만 원 정도 들었다. 2025년 12월 기준 25평은 9억 9100만 원에 실거래되며 매수한 시점보다 4억 9000만 원 정도 상승했다.

이때 수원의 흐름은 어땠을까? 수원의 매매지수를 살펴보면 A가 매수한 시점인 2018년 12월쯤부터 수원은 거의 바닥을 다지고 상승하려는 분위기였다.

입주물량도 2018년부터 줄어들기 시작했고, 2018년 12월 분양권을 매수할 당시에는 미분양도 거의 없는 편이었다.

화서역파크푸르지오 분양 당시 수원시 장안구는 상승 초입이라

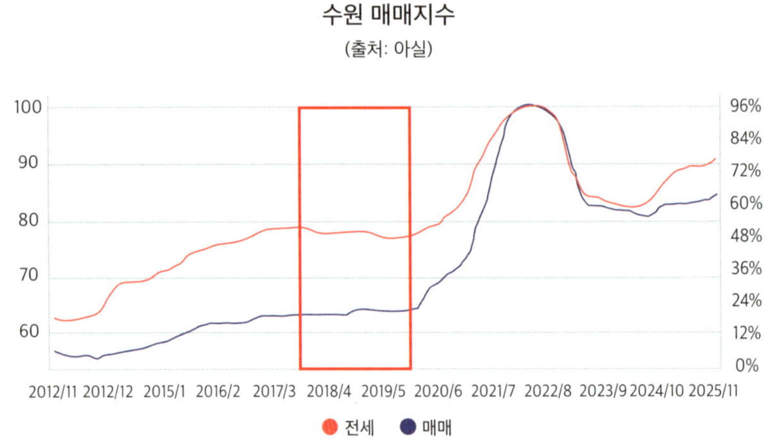

수원 매매지수
(출처: 아실)

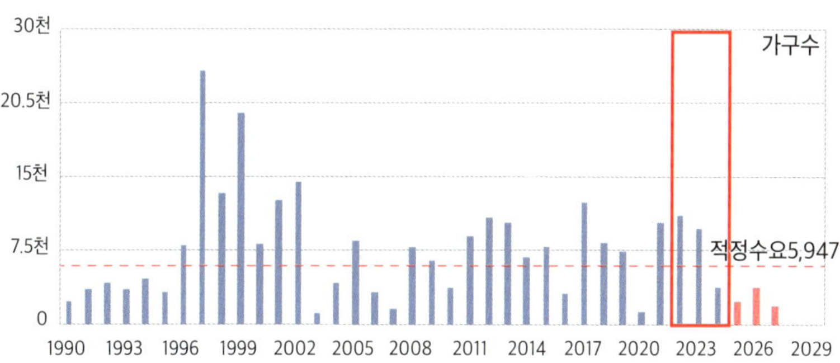

수원 입주물량
(출처: 아실)

수원 미분양
(출처: 아실)

매수 시점에 리스크가 없었다고 판단할 수 있다. 이처럼 상승하는 지역의 분양권이라면 일찍 살수록 더 저렴하게 살 수 있다.

시흥 목감레이크푸르지오

시흥의 목감레이크푸르지오는 2015년 5월에 분양했다. B는

2016년 7월에 이 단지 24평을 분양가 2억 4000만 원, 프리미엄 3000만 원, 옵션 등 기타 비용 3000만 원으로 총 3억 원에 매수했다. 그리고 2024년 5월에 4억 7000만 원에 매도해서 총 1억 7000만 원의 수익을 남겼다.

매수 당시 시흥의 흐름을 보자. 매매지수를 보면 시흥은 2014년부터 상승을 시작했고 B가 매수한 시점인 2016년은 본격적으로 상승하던 시기였다. B는 군포시 산본의 구축 소형 아파트에 살고 있

목감레이크푸르지오 시세
(출처: 아실)

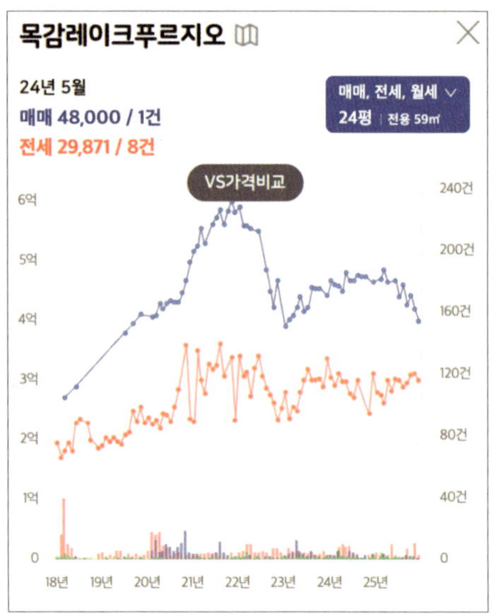

시흥 매매지수
(출처: 아실)

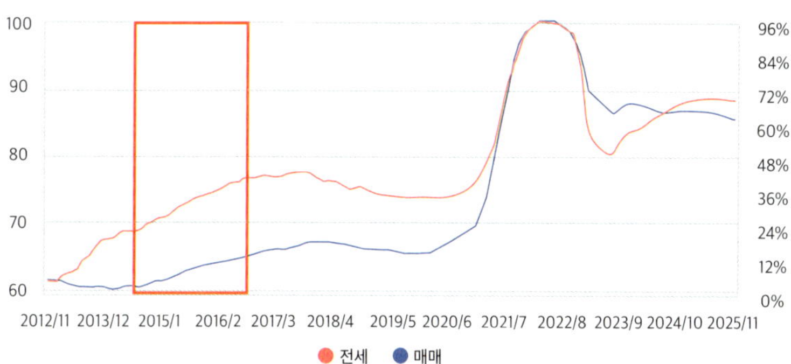

시흥 입주물량
(출처: 아실)

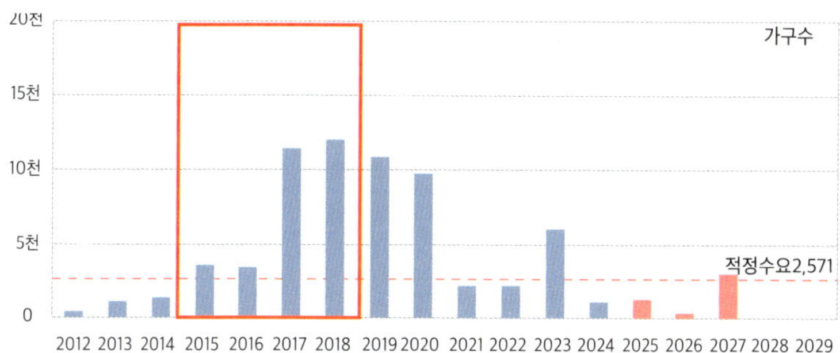

시흥 미분양
(출처: 아실)

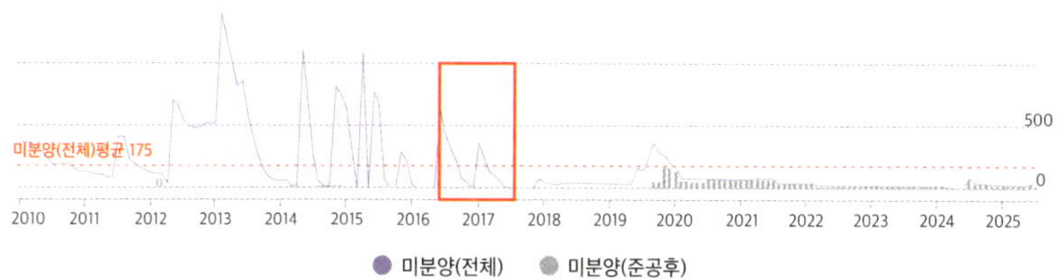

새 아파트로 가는 가장 빠르고 정확한 방법, 분양권

었다. 당시 집값이 2억 5000만 원이었는데 이 단지를 3억 원에 매수했다. 신축인데도 큰돈을 보태지 않고도 갈 수 있었고 당시 시흥에 예정된 입주물량이 상당히 많았음에도 어차피 오랫동안 실거주할 생각이었기 때문에 사는 동안 조금이라도 오르면 된다는 생각으로 이곳을 선택했다.

2017년부터 2020년까지 시흥시에는 공급이 많았다. 향후 입주물량은 몇 년간 많았지만 미분양은 오히려 줄어들고 있었다. 그만큼 이곳에 대한 수요가 증가하고 있었음을 알 수 있다. 실제로 B가 매수한 이후 가격이 상승했다.

창원 마산합포구 분양권

2021년, 당시 나는 지방에 있는 분양권을 매수하기 위해 여러 지역을 살펴보고 있었다. 여러 지역의 매매가와 전세가를 보며 분석하던 중, 창원이 눈에 들어왔다.

마침 창원 마산합포구는 2020년 10월 이후 저점을 찍고 반등을 시작했다. 그런데 2019년 이후 입주물량은 급감하고 있었다. 이게 무슨 뜻일까? 새 아파트에 대한 수요는 있지만, 입주물량이 부족해 더욱 경쟁이 치열해지고, 적은 물량에 사람들이 몰리며 가격이 더 오를 가능성이 높다는 뜻이다. 실제로 창원의 미분양은 2020년 2월

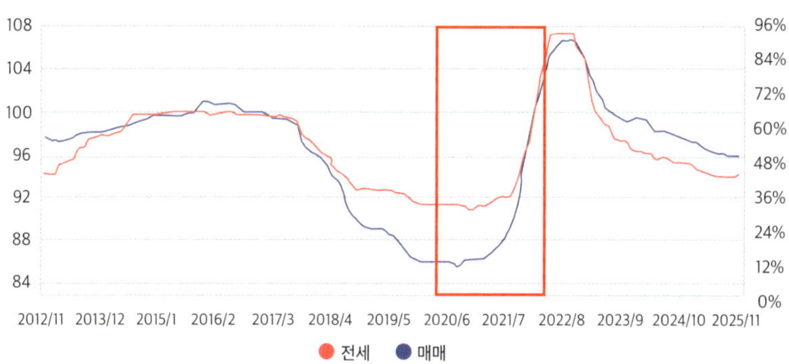

창원 매매지수
(출처: 아실)
108
104
100
96
92
88
84
96%
84%
72%
60%
48%
36%
24%
12%
0%
2012/11 2013/12 2015/1 2016/2 2017/3 2018/4 2019/5 2020/6 2021/7 2022/8 2023/9 2024/10 2025/11
전세 매매

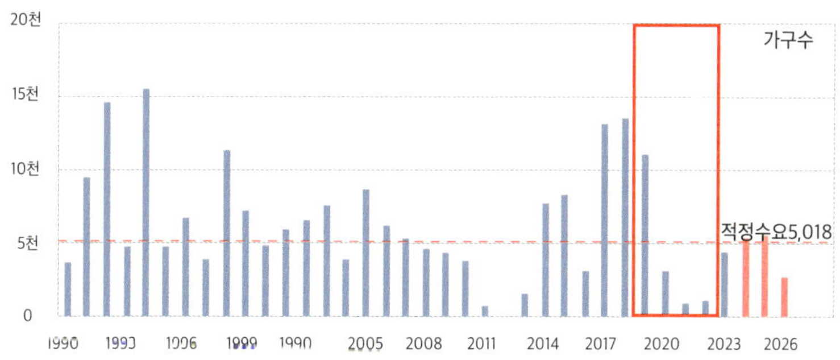

창원 입주물량
(출처: 아실)
20천
15천
10천
5천
0
가구수
적정수요5,018
1990 1993 1996 1999 1990 2005 2008 2011 2014 2017 2020 2023 2026

창원 미분양
(출처: 아실)
미분양(전체)평균 2186
2.5k
2010 2011 2012 2013 2014 2015 2016 2017 2018 2019 2020 2021 2022 2023 2024 2025
미분양(전체) 미분양(준공후)

이후 본격적으로 급감하기 시작했다.

이 단지는 2021년 4월 분양 당시 33평 기준 3억 2000만 원에 분양했는데, 나는 전매제한이 풀리고 초반 프리미엄 7000만 원 정도를 주고 총 3억 9000만 원에 매수했다. 투자금은 계약금 3000만 원, 프리미엄 7000만 원으로 총 1억 원이 들어갔다.

이 단지는 전매제한이 풀리자마자 매수했는데, 매수하고 얼마 지나지 않아 분양회사에서 옵션 신청을 하러 방문하라고 했다. 어차

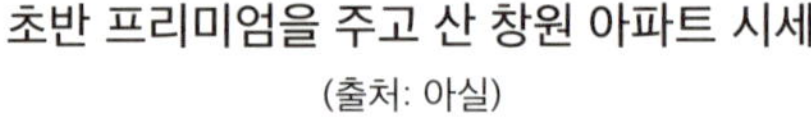

초반 프리미엄을 주고 산 창원 아파트 시세
(출처: 아실)

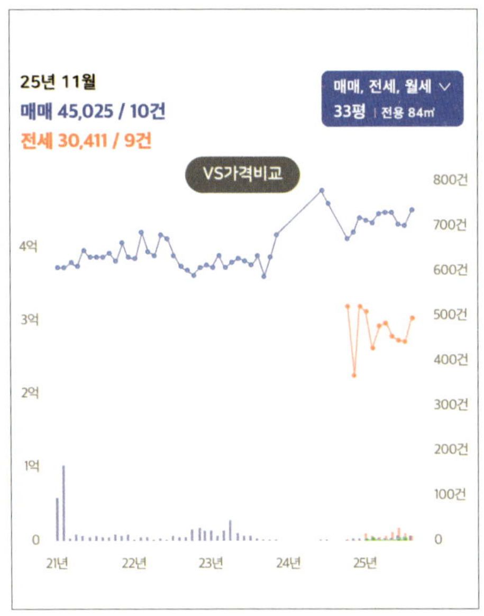

피 실거주가 아니고 전세를 줄 생각이라서 옵션은 시스템 에어컨만 신청해 대략 600만 원이 추가로 들었다. 이곳은 2025년 11월 기준 4억 5000만 원 정도에 거래가 되었고, 최근 창원은 바닥을 찍고 상승하려는 모습을 보이고 있다.

이처럼 초반 프리미엄을 주고 살 때는 그 지역이 상승 초입인지, 향후 리스크가 있는지 잘 확인해 보자. 상승 초입에 있는 좋은 분양 단지는 빨리 살수록 이득이다.

입주장 급매를
노려보자

분양 초반에 사지 못했다면 입주장 급매를 노리는 것도 좋은 방법이다. 분양권을 갖고 있는 사람이 모두 실입주를 목적으로 산 건 아니다. 투자를 목적으로 사는 사람도 많다. 그런데 입주장이 다가왔을 때 잔금을 치를 준비가 안 된 사람들은 급매로 매물을 내놓을 수밖에 없다. 그래서 입주장 때는 급매 물건이 나올 확률이 높은데, 가격이 싼 만큼 나오자마자 바로 계약될 정도로 사람들의 관심도 높으니 입주장 급매 물건을 사고 싶다면 계속해서 보고 있다가 물건이 나왔을 때 바로 계약할 수 있도록 준비하고 있어야 한다.

잔금을 치를 여력만 된다면 입주장 급매는 분양권을 싸게 살 수 있는 기회가 된다. 입주장 급매를 살 때도 그 지역의 흐름은 중요하다. 내가 산 이후로도 가격이 상승해야 하기 때문에 앞에서 살펴본 것처럼 매매지수와 입주물량, 미분양으로 먼저 지역의 흐름을 체크한다.

입주장 분양권 급매로 산
첫 아파트

하루는 지인 C에게 오랜만에 연락이 왔다.

"입주장 분양권 급매가 나왔는데 이 정도 가격이면 괜찮은 거야?"

당시는 2017년으로, 수원시 권선구 호매실동에 입주하는 입주장 분양권 급매가 나왔을 때였다. 확인해 보니 33평 분양권을 4억 원이 채 되지 않는 가격으로 살 수 있었다. 대부분 구축 아파트만 있었던 이곳에 계속 새 아파트가 들어서는 상황이었는데, 그중에서도 C가 선택한 아파트의 입지가 가장 좋았고 향후 신분당선 연장 호재까지 있었다. 그래서 나는 안 할 이유가 없다고 답했다.

당시 2014년에 준공된 인근 기축 아파트 33평의 가격이 3억 4000만 원 정도였다. 이 가격에 6000만 원만 더 보태면 4년 더 신축이고 홈플러스와 같은 대형 상권, 신분당선 연장 호재가 있는 곳을 살 수 있었기 때문에 미래 가치가 더 낫다고 판단했다.

과연 그 판단은 맞았을까? 2014년에 준공된 기축 아파트는 2025년 11월 기준 5억 2000만 원에 거래된 반면, C가 매수한 아파트는 7억 6000만 원에 거래되며 큰 격차가 벌어졌다. 2017년에는 두 단지가 6000만 원밖에 차이가 나지 않았지만, 지금은 2억 4000만 원의 차이가 나게 된 것이다.

첫 내 집 마련을 아주 성공적으로 한 C는 지금도 매우 만족해하고 있다. B는 입주할 때 보금자리론 고정금리로 대출을 받았기 때문에 금리 인상으로 대출금리가 상승했을 때도 크게 영향을 받지 않았다. 4억 원이 채 되지 않는 가격으로 매수했던 아파트는 고점 8억 6000만 원을 찍고 이후 하락했지만 최근 7억 5000만 원에 거래되었다. 매수한 가격보다 3억 5000만 원 정도는 오른 것이다. 만약 고점을 회복한다면 약 4억 5000만 원 정도의 수익이 발생한다고 볼 수 있다.

만약 C가 아직도 내 집 마련을 하지 않았다면 과연 같은 기간에 적금만으로 3억 원이 넘는 돈을 모을 수 있었을까? 그만큼 부동산에 투자했을 때 자산의 상승 속도는 그 어떤 투자보다 더욱 빠르다는 것을 알아야 한다.

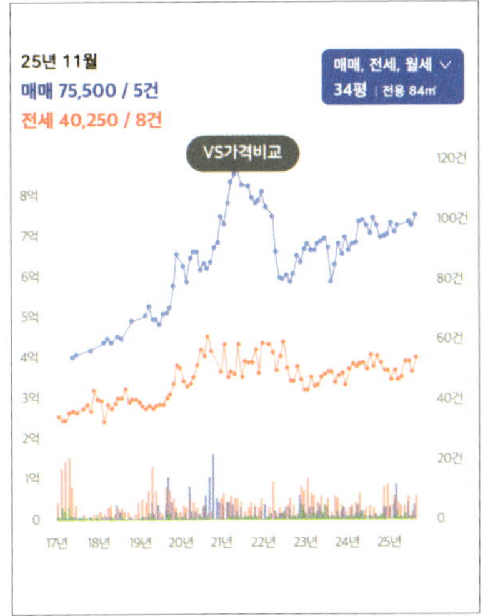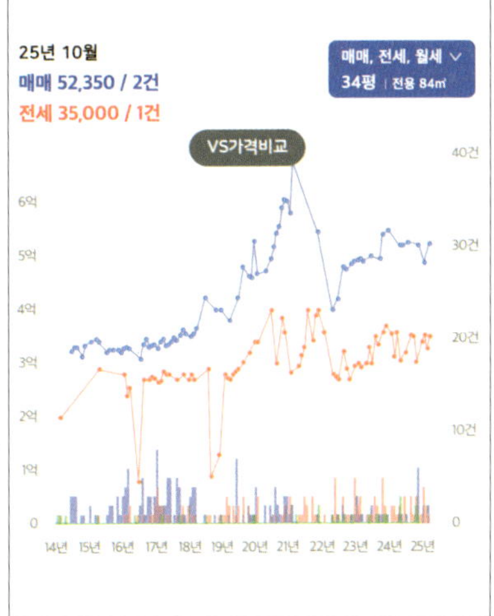

**2014년에 준공된 인근 아파트와
지인이 첫 집으로 매수한 아파트 시세 비교**

(출처: 아실)

만약 내가 산 아파트 가격이 떨어지면 어떻게 하냐고? 집을 사기 전부터 떨어질 걱정은 하지 말자. 지역과 단지를 제대로 분석해서 괜찮은 곳을 사면 그런 걱정은 덜 수 있다. 내가 살고 싶은 곳부터 보면 된다. '나중에 아이가 생기면 여기서 아이를 키워도 좋을까?' 처럼 내 입장에서 생각해 보면서 나라면 어디에 살고 싶은지, 내가 사려는 집이 그러한 조건을 충족하는지 먼저 따져보자. 살 때부터 팔 때를 생각하고 사면 안 팔릴 것 같은 곳을 사지 않을 수 있다.

내 집 마련과 수익 창출을 동시에 이루고 싶다면 분양 초반 혹은

입주장을 노려보자. 가장 중요한 것은 관심이다. 시간이 날 때마다
네이버 부동산을 들여다보자. 분명 그 안에 내가 찾는 좋은 분양권
이 있을 것이다.

입주장 급매로 분양권을 살 때 알아야 하는 것

실제 지역의 매매지수, 입주물량, 미분양 등을 확인하며 입주장 급매를 살 때 어떤 것을 확인해야 하는지 자세히 살펴보자. 2019년 상반기에 나는 대구 수성구에 입주하는 입주장 분양권을 매수했다. 당시 대구는 2018년부터 반등하기 시작했고, 내가 사는 곳 근처였기 때문에 그곳의 분위기를 꾸준히 체크할 수 있었다.

그래서 관심 있던 분양권을 사기 위해 모바일 네이버 부동산 앱에 알림 신청을 해놓았고, 매물이 뜰 때마다 바로 확인하며 물건을 살폈다. 그러던 중, 다른 매물보다 1억 원 이상 저렴한 매물이 뜬 것이었다! 물건을 본 나는 바로 부동산으로 달려갔다.

"사장님! 네이버 부동산에서 보고 왔는데요. 이 물건 아직 있나요?"

"어? 방금 올렸는데 엄청 빨리 오셨네요. 일단 들어오세요."

입주장 급매를 노리는 사람은 나뿐만이 아니었기에 바로 결정해야만 했다. 다행히 나처럼 바로 달려온 사람은 없었는지(?) 그 매물을 계약할 수 있었다. 역시나 입주는 다가오는데 잔금을 치를 여력이 없어 급매로 내놓은 것이었다. 그렇게 1억 원이나 싸게 물건을 구할 수 있었다.

"다른 매물에 비해 엄청 싸게 잘 사신 거예요. 지금도 다른 분들한테 계속 연락이 오고 있어요."

그렇게 2019년 상반기에 입주 예정인 아파트를 35평 기준 분양가 4억 원, 프리미엄 2억 원을 주고 총 6억 원에 매수할 수 있었다. 당시 프리미엄 2억 원이라고 하면 사람들은 왜 그 많은 프리미엄을 주고 사냐는 반응이었다.

하지만 당시 나오는 매물의 매매가는 거의 7~8억 원 정도였다. 그런 매물과 비교해도 1억 원 이상 저렴했다. 다른 매물과 비교해 봐도 그렇고, 당시 대구의 상황을 봐도 당분간은 계속 상승할 신호가 보였기에 2억 원의 프리미엄을 주더라도 사지 않을 이유가 없었다.

2019년 대구의 매매가격지수를 보면 매매지수와 전세지수 모두 상승 중이다. 2017년 8월경 저점을 찍고 상승했다. 내가 이 분양권을 매수한 2019년 이후로 대구는 급상승했다는 것을 알 수 있다.

2019년 당시 미분양을 보면 평균 이하로, 리스크가 없었다는 것을 알 수 있다. 그만큼 대구에 수요가 많았음을 의미한다. 2016년을 기점으로 대구의 입주물량은 계속 감소했었다. 대구의 매매지수 그래프로 봤을 때 아직 대구가 고점을 찍지 않았다는 것, 미분양과 공급물량 리스크가 없었기 때문에 대구 지역에 투자해도 되겠다고 판단했다.

대구 매매가격 지수
(출처: 아실)

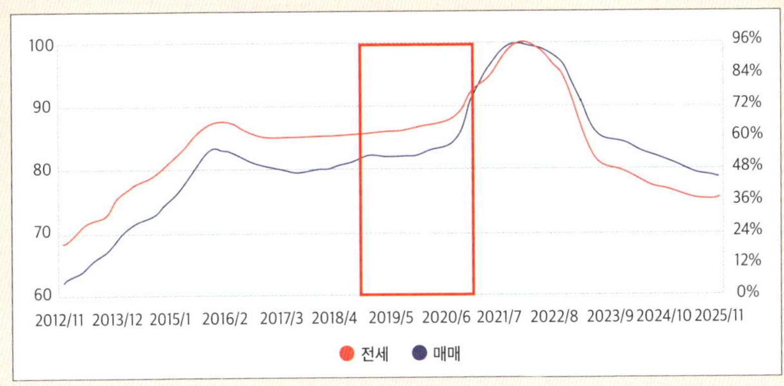

대구 미분양
(출처: 부동산지인)

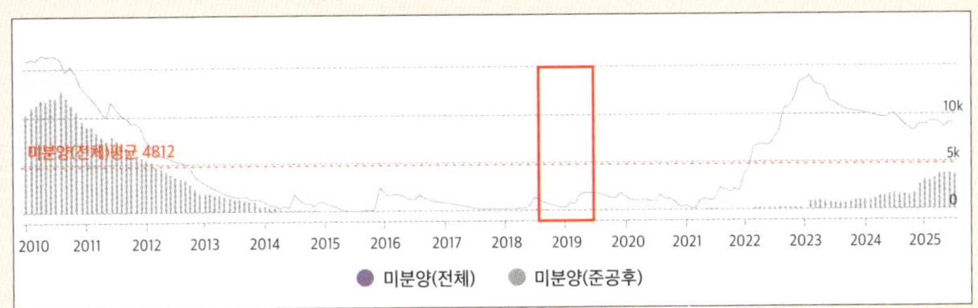

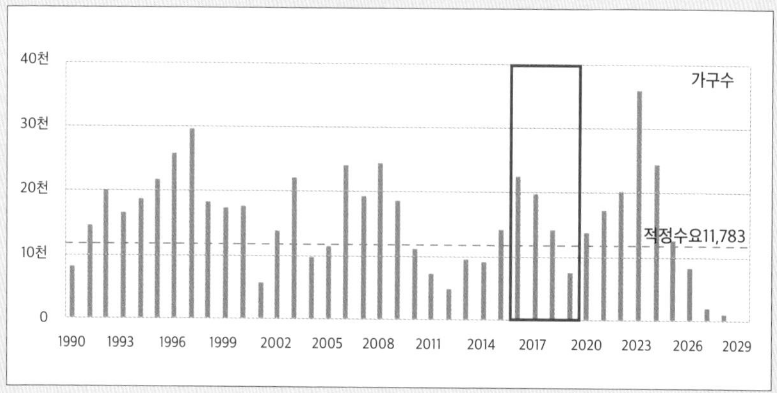

지역을 선정했다면 분양권을 찾아야 한다. 분양권을 찾는 방법은 부동산지인이나 아실 사이트의 입주물량 메뉴에서 검색하거나 네이버 부동산에서 '아파트 분양권'을 선택하고 찾으면 된다.

목록을 보면서 입지와 가격, 입주 날짜, 투자금 등을 계산해 본다. 입지를 판단할 때 가장 먼저 구별로 순서를 정할 수 있어야 한다. 구별 대장 아파트의 가격을 비교하면 순서를 정할 수 있다. 대장 아파트의 가격은 아실 사이트 순위 분석에서 30평대로 정한 후 가격을 비교하면 된다.

구별로 검색하면 구 안에서 동별 입지를 대략 파악할 수 있다. 가격으로 순서를 정할 수 있는 이유는 가격에 입지와 수요가 반영되기 때문이다. 사람들은 원하는 아파트라면 돈을 더 주고서라도 사려고 한다. 이렇게 확인하면 수성구의 범어동과 만촌동이 가장 상위에 있음을 알 수 있다.

아파트 입주물량 리스트
(출처: 아실)

APT 입주물량 출처 : 분양물량조사

위치	단지명 —	입주년월 ∨	총세대수 —
대구 수성구 범어동	범어자이르네	2028년 9월	103세대
대구 북구	대구금호워터폴리스대방디에트르	2027년 7월	641세대
대구 북구 학정동	두산위브더제니스센트럴시티	2027년 6월	1,098세대
대구 달서구 본동	더샵달서센트엘로(주상복합)	2026년 6월	272세대
대구 북구 칠성동	대구역센트레빌더오페라(주상복합)	2026년 4월	245세대
대구 남구 대명동	대명자이그랜드시티	2026년 4월	2,023세대
대구 동구 신천동	힐스테이트동대구센트럴(주상복합)	2026년 4월	481세대
대구 동구 신천동	벤처밸리푸르지오	2026년 4월	540세대
대구 달서구 본리동	달서푸르지오시그니처(주)	2026년 3월	993세대
대구 수성구 범어동	범어자이(주상복합)	2026년 2월	399세대
대구 북구 칠성동	힐스테이트칠성더오페라(주상복합)	2026년 2월	577세대
대구 남구 대명동	힐스테이트대명센트럴2차(주상복합)	2026년 2월	977세대
대구 남구 대명동	e편한세상명덕역퍼스트마크(주상복합)	2026년 1월	1,758세대
대구 달서구 본동	달서롯데캐슬센트럴스카이(주)	2025년 12월	481세대
대구 수성구 범어동	대구범어아이파크2차	2025년 11월	490세대
대구 남구 대명동	영대병원역골드클래스센트럴(주)	2025년 11월	660세대
대구 동구	e편한세상동대구역센텀스퀘어	2025년 11월	322세대
대구 중구 공평동	더샵동성로센트리엘(주상복합)	2025년 11월	392세대
대구 동구 신천동	더팰리스트데시앙	2025년 10월	418세대
		총 세대수	12,870세대

순위 분석하기

(출처: 아실)

특히 수성구는 학군지다. 수성구에서 가장 선호하는 학교는 범어4동에 있는 경신고등학교와 만촌3동에 있는 대륜고등학교다. 이 외에도 학업성취도와 대학 진학률이 높은 중고등학교가 범어4동과 만촌3동에 밀집되어 있다. 학원가도 이곳에 몰려 있다.

당시 나는 수성구 범어동에 있는 신축 아파트와 분양권 중 어디에 투자할지 고민하고 있었다. 당시 A 아파트의 33평이 6억 원 정도였다. 전세가는 3억 8000만 원으로, 2억 4000만 원 정도면 매수할 수 있었다. 이곳은 수성구 범어동이기는 하지만 동구와 맞닿아 있었다. 무엇보다 수성구 내에서 선호하는 학군이 아니었기 때문에 고민이 되었다.

A 아파트의 경우 2021년 3월에 고점 10억 원을 찍었고 2025년 11월에 7억 원 정도에 거래되었다. 2019년에 그 단지를 매입했다면 1억 원 정도의 차익을 볼 수 있었을 것이다.

수성구 중동에 있는 또 다른 B 분양권과 비교했을 때도 고민이 되었다. 이 단지는 2020년 1월에 준공된 단지로 2019년 상반기에 33평 기준 분양가 4억 7000만 원, 프리미엄 1억 3000만 원으로 6억 원 정도에 매수할 수 있었다.

대구 수성구 범어동 A 아파트
(출처: 아실)

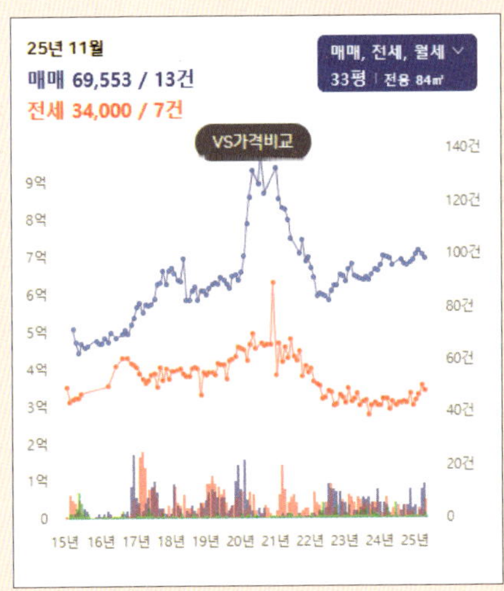

대구 수성구 중동의 경우는 신천과 맞닿아 있지만 아직은 주변 환경이 범어동, 만촌동에 비해 쾌적하지 못한 편이다. 최근에 새 아파트가 많이 들어서고 있지만 수성구 내 학군이나 학원가 밀집 지역과는 다소 거리가 있었기 때문에 이런 점을 고려해서 매수하지 않았다.

B 아파트는 2020년 12월에 9억 원으로 고점을 찍었고 2025년 11월에 6억 원 정도에 거래되었다. 2019년 가격과 현재는 동일하다. 나는 이 두 아파트와 비교해 본 후 최종적으로 당시 수성구에서 입주장에 있던 C 분양권을 매수했다.

대구 수성구의 C 분양권은 33평 분양가 4억 2000만 원에 프리미엄

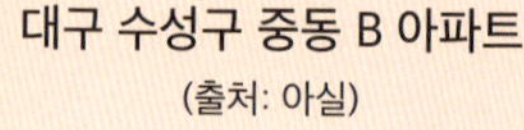

대구 수성구 중동 B 아파트
(출처: 아실)

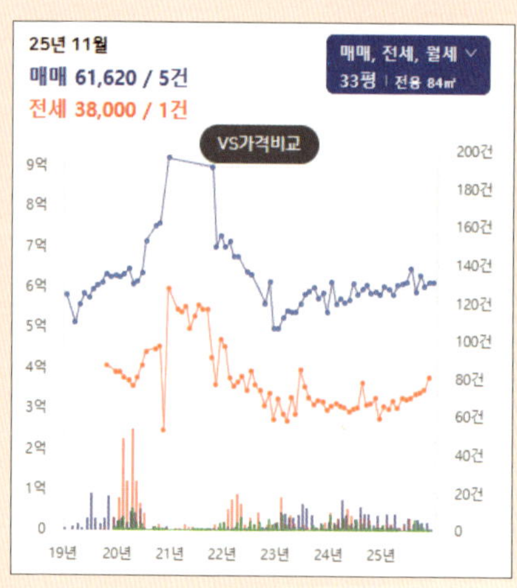

1억 8000만 원으로, 6억 원 정도에 매수가 가능했다. 총매매가가 앞의 두 단지와 비슷했기 때문에 고민을 많이 했다. A 아파트와 비교하면 연식이 4년 정도 더 새것이라는 점, B 아파트와 비교하면 수성구 학군지에 더 인접하고 쾌적하다는 점이 장점이었다. 그리고 그 외에도 앞으로 실현될 확정된 호재 등을 감안하여 C 분양권을 선택했다. 결과는 어떻게 됐을까?

현재 대구의 부동산 시장은 계속 하락하고 있다. 이런 분위기 속에 2025년 11월 기준 8억 원 정도에 거래되었다. 그 이전의 고점은 11억 원 정도로, 다른 곳에 비해 이 단지가 더 상승 여력이 있다고 볼 수 있다. 이

대구 수성구 C 분양권
(출처: 아실)

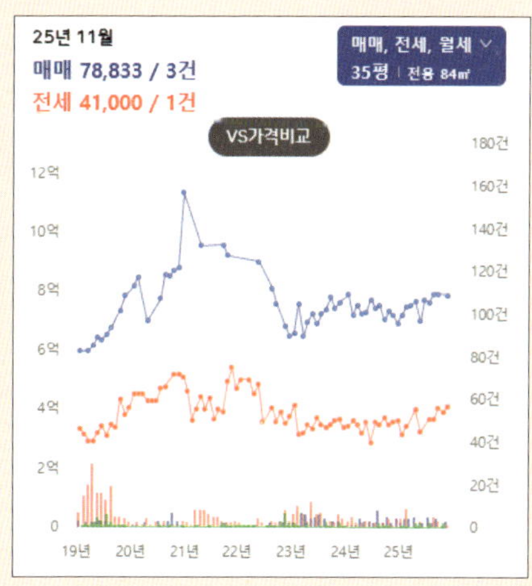

아파트는 6억 원에 매수했고 최근 거래된 가격이 8억 원 정도이므로 매수 이후 2억 원 상승했다. 다시 고점을 회복한다면 4억 원 이상 수익을 올릴 수 있을 것으로 보인다.

현재 대구의 분위기가 좋지 않다는 것을 감안하더라도 같은 구 안에서도 입지에 따라 가격 상승 여력에 차이가 있음을 알 수 있다. 이렇듯 같은 지역 내의 신축이고 가격이 비슷하더라도 추후 상승 여력은 입지에 따라 차이가 있기 때문에 잘 비교해서 고르도록 하자.

입주장 분양권으로 1억 원 이상 수익 내기

또 다른 아파트를 예로 살펴보자. 수원시 장안구 정자동에 분양했던 북수원자이렉스비아는 2024년 3월에 입주했다. 내 지인 K는 입주장에 이 단지 24평 분양권을 매수했다. 분양가 4억 7000만 원, 프리미엄 1억으로 총 5억 7000만 원에 매수할 수 있었다. 당시 수원시의 흐름이 어땠는지 확인해 보자.

수원시 장안구는 2024년 1월 이후 저점을 찍고 반등하기 시작했다.

2024년에 미분양은 평균 이하로 리스크가 없었다. 수원 입주물량 역시 2022년 이후 평균 이하로 감소하기 시작했다. 이 단지는 2025년 8월 기

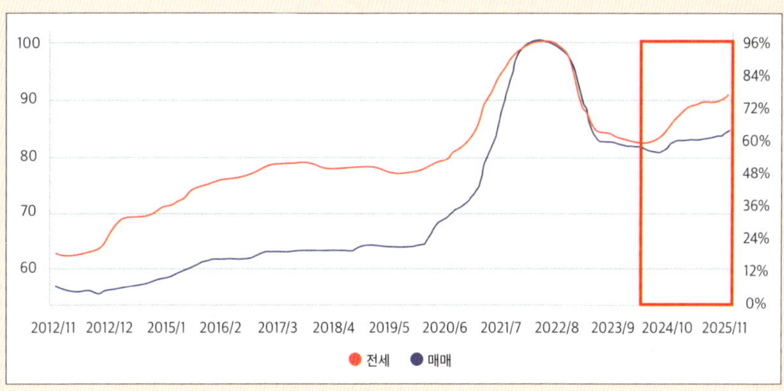

수원시 장안구 매매지수
(출처: 아실)

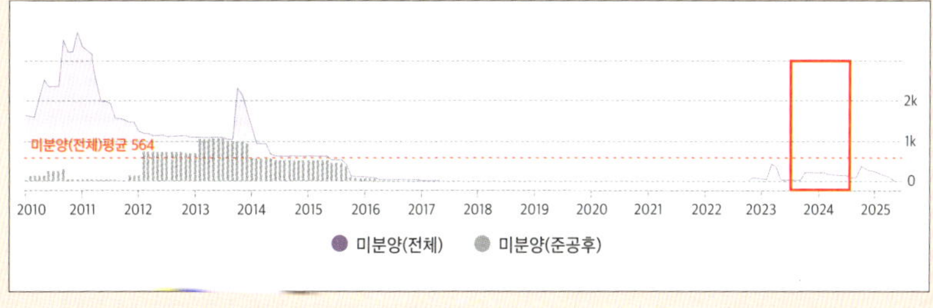

수원시 미분양
(출처: 아실)

준 7억 3000만 원 정도에 거래되었다. 입주장에 5억 7000만 원에 매수했으니 최근까지 1억 6000만 원 정도 상승했다.

　분양권은 분양 초반에 비해 시간이 갈수록 비싸지기 때문에 입주장 시기의 가격이 비싸 보일 수 있다. 하지만 입주장에라도 샀기 때문에 이 정

수원 입주물량
(출처: 아실)

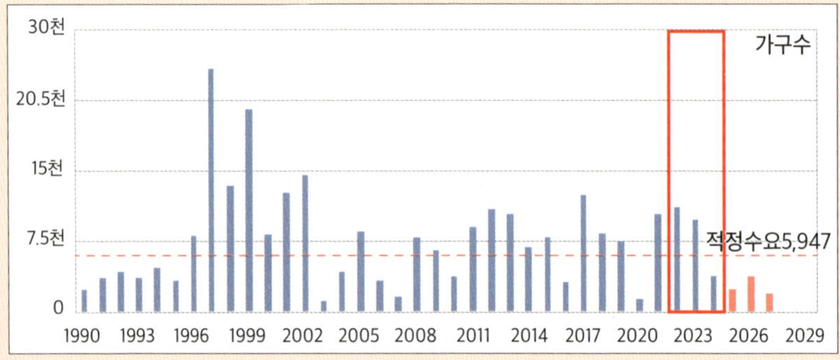

북수원자이렉스비아 시세
(출처: 아실)

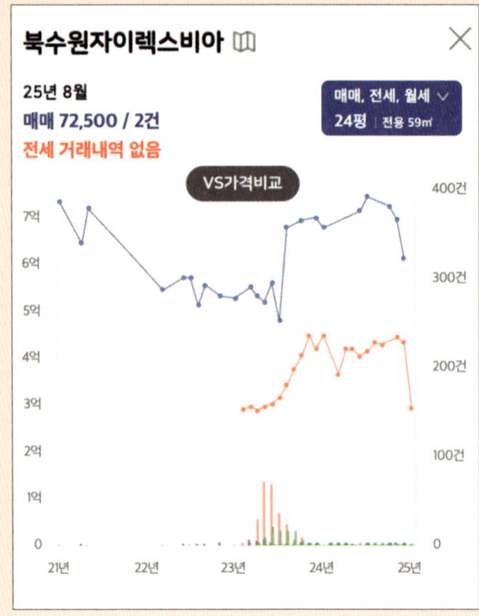

도의 수익을 얻을 수 있었다. 분양 초반에 사지 못했다고 해서 실망할 것은 없다. 입주장 시기의 기회를 노리되, 그 지역의 흐름뿐만 아니라 주변 신축, 주변 분양권 등과 비교해서 꼼꼼히 따져보고 사기를 바란다.

마피라고 무조건
저렴하진 않다

"이 물건은 마피(마이너스피)니까 사도 되나요?"

최근 오프라인 특강에서 강의를 할 때 가장 많이 받는 질문이다. 대부분 마이너스피라고 하면 무조건 싸게 사는 건 줄 안다. 하지만 절대 그렇게 생각하면 안 된다.

마피가 중요한 게 아니다. 마피를 적용하더라도 그 분양권을 총 얼마를 주고 사느냐가 중요하다. 요즘에는 고분양가 분양권이 많기 때문에 마피를 적용해도 그리 저렴하지 않은 경우가 많다. 주변 신축 아파트, 입지가 더 좋은 아파트들과 계속 비교해 봐야 한다.

인천 송도를 보자. 2025년 9월 기준으로 인천 송도에 여전히 마피 분양권이 있었다. 분양가는 33평 기준 8억 5000만 원 정도였고

송도자이풍경채그라노블4단지 마피 분양권 매물
(출처: 네이버 부동산)

분양 옵션 800만 원을 포함하면 마피 2500만 원을 적용해도 거의 8억 3000만 원이 된다. 그렇다면 주변의 신축 아파트와 비교했을 때는 어떨까? 2025년 6월에 입주한 송도아메리칸타운더샵 36평은 2025년 9월경 8억 3000만 원에 매물이 나왔다. 이 단지는 인천 지하철 1호선 캠퍼스타운역 초역세권이다. 당시에 가격이 비슷한 이 두 분양권 중에서 하나를 골라야 한다면 무엇을 선택하겠는가? 당연히 초역세권에 위치한 송도아메리칸타운더샵을 사지 않겠는가?

이처럼 마이너스피인지가 중요한 것이 아니라, 주변의 기축 아파트와 비교하여 이 물건이 싼지 비싼지 확인해 봐야 한다. 마이너스

송도자이풍경채그라노블4단지 가격 비교

(출처: 네이버 지도)

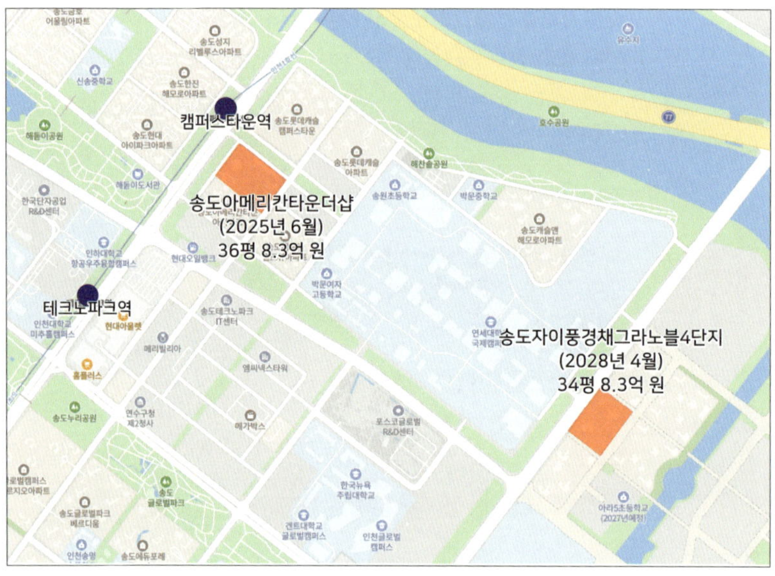

피임에도 더 좋은 입지에 있는 다른 물건과 가격이 비슷하다면 차라리 다른 물건에 투자하는 게 더 낫다.

대구를 한번 보자. 2024년 7월 당시 대구에는 마피 분양권이 많았다.

더샵동성로센트리엘은 대구의 2급지 정도 되는 중구에 있는 단지로, 2025년 11월 입주지만 당시 마피 8000만 원 정도에 분양권이 나오고 있었다. 너무 싸다고 생각할 수 있지만 계속 강조했듯이 총

더샵동성로센트리엘 마피 분양권 매물
(출처: 네이버 부동산)

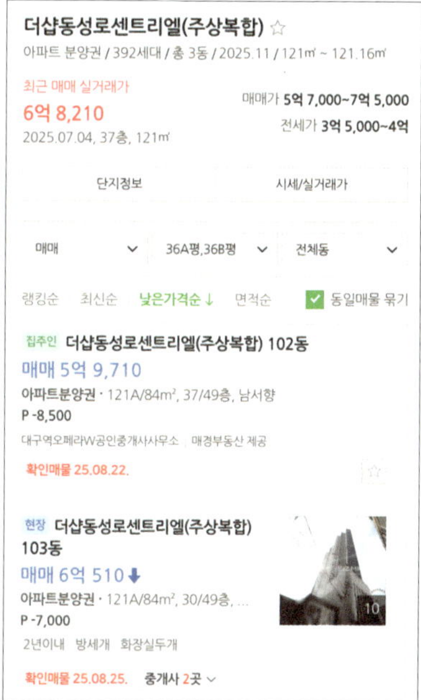

매매가를 확인해야 한다.

이 단지의 경우 33평 분양가가 6억 5000만 원 정도였다. 해당 매물은 분양 옵션이 3200만 원 정도라서 마피 8000만 원을 적용해도 총매매가는 6억 원 정도였다. 그렇다면 당시 주변 신축 아파트 가격은 어땠을까?

<h2 style="text-align:center">2024년 7월 기준 더샵동성로센트리엘과 주변 아파트 가격 비교</h2>

(출처: 네이버 지도)

이 단지와 인접한 중구 수창동과 북구 고성동에는 2023~2024년에 입주한 신축 아파트가 많다. 이 분양권의 마피를 적용한 총매매가가 당시 6억 원 정도였는데, 주변 신축의 가격이 대부분 6억 원이 안 되었다. 대구역제일풍경채위너스카이가 5억 8000만 원, 대구역오페라W가 5억 5000만 원, 대구오페라스위첸이 5억 4000만 원, 달성공원역 바로 앞에 있는 달성파크푸르지오힐스테이트가 6억 원이었다. 그렇다면 상품성이 좋다는 이유로 굳이 더 비싼 더샵동성로센트리엘을 살 필요는 없는 것이다.

　마피라고 해서 무조건 싸게 사는 것은 아님을 꼭 잊지 말자. 앞의 두 가지 예시에서 봤듯이 분양가에 프리미엄을 합한 금액을 주변 신축 아파트들, 다른 분양권과 비교해 본다면 더 좋은 물건을 찾아낼 수 있을 것이다.

2부

겁먹지 말자!
생각보다 쉬운
분양권 기본 지식

3장

분양권 투자, 어디서부터 시작할까

분양권 매수 절차
한눈에 보기

분양권이란 간단히 말해 아직 짓고 있는 새 아파트를 미리 살 수 있는 권리다. 아직 아파트가 지어지지 않은 권리 단계이기 때문에 실물은 없지만, 곧 새 아파트가 된다는 기대감이 있고 주변 시세보다 저렴하게 분양하는 경우 새 아파트를 좋은 가격에 살 수 있기 때문에 수요가 더 몰린다.

분양권은 보통 청약에 당첨되거나 전매를 통해 가질 수 있다. 하지만 청약은 당첨 여부를 내가 결정할 수 없다. 특히나 저렴한 분양가로 분양하는 경우는 경쟁률이 높기 때문에 당첨 확률이 더 떨어진다. 프리미엄이 붙더라도 추후 더 상승할 가능성이 있다고 여긴다면 전매를 통해 분양권을 매수하는 것이 더 확실한 방법이다.

분양권 전매란 아직 완공되지 않은 새 아파트를 받을 수 있는 권리를 다른 사람에게 파는 것이다. 분양권 전매를 하는 이유는 분양권에 당첨이 되었지만 사정에 의해 입주할 수 없거나 차익을 얻고 싶어서다. 인기가 많은 분양권은 전매제한이 풀리면 프리미엄이 붙기 시작한다. 또는 수요가 없거나 그 지역의 분위기가 좋지 않을 경우는 마이너스 프리미엄이 붙어 손해를 보고 팔기도 한다. 분양권 전매도 매수 타이밍을 잘 잡는다면 많이 오를 가능성이 있는 좋은 분양권을 저렴한 가격에 매수할 수 있다.

분양권 이렇게 사라

분양권을 살 때는 일반 아파트를 매수하는 것과 달리 몇 가지 중요하게 다룰 사항이 있다. 가장 먼저 분양권 전매 절차를 순서대로 살펴보자.

Step 1. 분양권 매물 확인

먼저 네이버 부동산 또는 부동산 사무소에서 분양권 매물을 확인한다. 이때 중요한 것은 정확한 프리미엄이다. 분양권에 프리미엄이 붙는 경우는 처음 분양가보다 그 가치가 상승했을 경우다. 결국 사려는 사람들이 많아졌다는 의미다. 특히 기존 신축보다 저렴한 가격으로 분양한 단지의 경우 전매제한이 풀리면 분양권에 수요가 몰리고, 수요가 몰리면 프리미엄이 올라가 가격이 오른다. 혹은 입지가 안 좋은 곳에 있는 물건이 고분양가로 분양할 경우, 상대적으로 입지가 더 좋은 분양권의 가격이 더 낮거나 비슷하다면 그 분양권의 프리미엄이 상승하기도 한다.

프리미엄은 지역의 흐름과도 연관이 있다. 어떤 지역이 계속 상승한다면 매수 심리가 강해지기 때문에 그 지역에 있는 분양권의 프리미엄 또한 상승한다. 하지만 분양권 매물의 프리미엄을 확인할 때 주의할 점은 프리미엄을 그대로 믿으면 안 된다는 것이다. 실거래, 손피거래, 다운거래 방식에 따라 실제 프리미엄이 달라질 수 있기 때문에 매물을 올린 부동산에 꼭 확인하는 것이 중요하다.

만약 마음에 드는 분양권을 찾았다면 어떤 방식으로 거래될지까지 확인해야 한다. 보통 분양권 거래는 실거래, 손피거래, 다운거래로 이뤄진다. 실거래는 많이들 알고 있듯, 정상 가격에 사고팔아 실제 거래된 가격 그대로 신고하는 것이다. 그런데 손피거래, 다운거래는 익숙하지 않은 사람도 있을 것이다. 손피거래란 다른 말로 양도세 매수자 부담 방식이다. 즉 매수자가 매도자의 양도세까지 대신 부담하는 거래 방식으로, 이전까지는 판례에 의해 합법으로 여겨졌지만 2024년 11월 7일 국세청에서 손피 판례 해석을 달리하면서 지금은 현장에서 손피거래가 거의 이뤄지지 않고 있다.

다운거래는 실제 거래하는 금액보다 낮은 금액으로 계약서를 작성하는 방식이다. 다운거래는 불법이다. 거래 방식은 반드시 매도자와 사전 협의를 봐야 하지만 불법으로 거래하는 경우 추후에 적발됐을 때 오히려 더 큰 손해를 볼 수 있기 때문에 다운거래는 권하지 않는다.

Step 2. 중도금 대출 승계 여부 확인

분양권은 계약금, 중도금, 잔금으로 세 번에 걸쳐 대금을 지급한다. 중도금은 보통 대출을 받아 납부하는데, 분양권 전매를 할 경우 매도인의 중도금 대출을 매수자가 승계한다. 그렇다고 해서 모두가 중도금 대출 승계를 받을 수 있는 것은 아니다. 경제 활동을 하고 있는지를 가장 중요하게 보고 개인의 신용도도 영향을 줄 수 있기 때문에 미리 분양사에 중도금 대출 은행을 물어보고 유선이나 현장 방문을 통해 대출 승계가 가능한지 확인해야 한다. 중도금 대출은 분양회사에서 집단 대출 은행을 정하기 때문에 정확한 정보는 모델하우스에 문의해야 한다. 유선으로도 상담이 가능하니 꼭 미리 확인하도록 하자.

Step 3. 중도금 대출 이자 협의

중도금 대출의 경우 무이자와 유이자가 있다. 유이자의 경우 입주할 때 한 번에 낸다. 보통은 매수자가 내지만 이것도 협의는 가능하다. 이자를 매도자가 일괄 지급하는 경우도 있다.

Step 4. 분양계약서 꼼꼼하게 체크

분양권은 아직 준공되지 않았기 때문에 등기부등본이 없다. 이런 약점을 이용해 분양권 사기도 더러 발생하기 때문에 더 조심해야 한다. 그러니 분양계약서상 나오는 수분양자와 매도자가 일치하는지 분양회사에도 연락해서 꼼꼼하게 확인하자. 신분증의 진위 여부도 꼭 확인해야 한다. 정부24 사이트에 가면 주민등록증 진위 여부를 확인할 수 있다.

Step 5. 본계약 전 가계약

가계약은 본계약을 하기에 앞서 해당 물건을 다른 사람에게 팔지 못하게 미리 잡아두는 효과가 있다. 보통 계약금 중 일부를 송금하는데, 이 부분은 서로 협의를 통해 정하면 된다. 가계약도 본계약과 같은 효력이 발생하므로 신중하게 해야 한다.

Step 6. 본계약

가계약 후 약속한 날에 부동산에서 만나 본계약서를 작성한다. 이때 매도인은 분양계약서, 발코니 확장 및 옵션 계약서를 지참한다. 분양계약서를 보면서 명의자 인적 사항, 옵션 사항 등을 꼼꼼하게 확인한다. 이미 분양회사에 납부한 계약금, 중도금을 확인하고 연체 사실이 있는지도 확인한다. 만약 매도인과 매수인 간 협의 사항이 있다면 특약 사항으로 작성하면 된다. 요즘은 이중계약 방지를 위해 분양계약서 원본을 부동산에 보관하기도 한다.

Step 7. 부동산 실거래 신고

부동산 실거래 신고는 계약일로부터 30일 이내 거래 당사자 또는 중개사가 부동산거래관리시스템을 통해서 해야 한다. 부동산 실거래 신고필증은 중도금 대출 승계, 명의변경, 취득세와 양도세 납부 시 필요하기 때문에 꼭 체크해야 한다.

Step 8. 중도금 대출 승계와 명의변경

분양권 거래 잔금 날이 명의변경일이 된다. 요즘은 분양회사에 미리 명의변경일을 예약해야 한다. 가장 먼저 해당 날짜에 중도금 대출 승계를 위해 은행에서 매도자와 만나게 된다. 만약 매도자가 중도금 대출을 받지 않았다면 매수자는 승계를 받을 수 없다. 이때는 매수자가 직접 자비로 자납을 해야 하기 때문에 매도자가 중도금 대출을 받았는지도 미리 체크해야 한다.

유선상으로 중도금 대출 승계 여부를 체크했음에도 실제 당일에 대출 승계가 되지 않는 상황이 발생할 수도 있다. 이를 대비해서 계약서에 '중도금 대출 승계 불가 시 본계약을 무효로 하고 계약금은 조건 없이 반환한다'라는 특약을 걸어두면 이런 위험을 미리 방지할 수 있다.

또한 분양권 거래는 계약이다. 계약을 하면 인지세가 발생한다. 인지세는 우체국, 은행에서 발급받거나 전자수입인지 사이트에서 구매가 가능하다. 인지세를 납부하지 않으면 가산세가 발생할 수 있으니 꼭 챙기길 바란다.

대출 승계 처리에는 시간이 꽤 소요될 수 있으므로 웬만하면 오전에 일찍 만나는 것을 추천한다. 승계 처리가 끝나면 중도금 대출 승계확인서를 받아서 분양회사 모델하우스에 방문하면 된다. 매도인이 분양계약서 뒷면에 매도인, 매수인 인적 사항을 추가로 작성하며, 매수자가 매도자에게 잔금을 지급하면 분양권 명의변경 절차가 마무리된다. 명의변경 절차가 마무리되었다면 변경된 공급계약서를 중도금 대출 승계를 받은 은행에 전달해 줘야 한다.

Step 9. 양도소득세 신고

분양권의 경우 매도일이 속한 말일부터 2개월 이내에 매도인의 주소 관할 세무서에 양도세 신고를 한다. 예를 들어 2026년 1월 15일에 잔금을 지급받았다면 양도소득세 예정신고 및 납부 기한은 2026년 3월 30일까지다. 만약 신고·납부 기한이 토요일·일요일·공휴일·근로자의 날이라면 그날의 다음 날을 기한으로 한다. 양도소득세 신고를 기한 내에 하지 않으면 가산세가 발생하므로 꼭 챙기자. 양도소득세 신고는 세무서에 가지 않더라도 국세청 홈택스에서도 가능하다.

분양권 거래를 한 번도 해보지 않은 사람이라면 용어부터 절차까지 헷갈릴 수 있다. 인지세나 중도금 대출 후불 이자처럼 명확하게 누가 부담해야 한다고 정해지지 않은 것들도 있기 때문에 미리 이런 절차를 숙지하고 있다면 손해 보지 않고 적극적으로 협상해 볼 수 있을 것이다.

특히 자주 하는 실수는 당연히 중도금 대출이 승계된다고 생각하는 것이다. 중도금 대출이 승계되지 않는 경우가 생각보다 빈번하게 발생한다는 것도 유의하여 알아두어야 한다. 분양권은 아직 실체가 없는 '권리'일 뿐이기 때문에 더 꼼꼼하게 체크해야 한다. 세상에는 좋은 사람도 많지만 나를 속이려는 사람도 많다. 그래도 분양권 거래는 다른 부동산 계약에 비하면 어렵지 않은 편이다. 두려워하지 말고 이 절차를 미리 숙지한 다음 직접 부딪쳐 보자.

분양권 매물
조사하기

분양권 매물은 어떻게 찾을 수 있을까? 최근 4년 동안 분양권 스터디를 운영하면서 내가 알게 된 사실은 분양권 매물을 어떻게 찾는지조차 모르는 사람이 정말 많다는 것이다. 저평가된 분양권이 많았음에도 찾는 방법을 몰라서 주변의 아무 분양권이나 사놓고 후회하는 사람도 있었다.

분양권 매물을 조사하는 방법은 정말 간단하다. 분양권은 결국 새 아파트에 입주할 권리이기 때문에 입주물량을 체크하면 언제 입주하는지, 세대수는 얼마인지 간단히 확인할 수 있다. 지금부터는 무료 플랫폼에서 어떻게 분양권을 확인하는지 알아보자.

첫째, 입주물량 확인하기

용인 입주물량

(출처: 아실)

APT 입주물량 출처 : 분양물량조사

위치	단지명 --	입주년월 ∨	총세대수 --
경기 용인 처인구	힐스테이트용인마크밸리	2027년 12월	660세대
경기 용인 처인구 남동	용인푸르지오원클러스터1단지	2027년 8월	1,681세대
경기 용인 처인구 포곡읍	용인둔전역에피트	2027년 7월	1,275세대
경기 용인 처인구 삼가동	두산위브더제니스센트럴용인	2027년 3월	568세대
경기 용인 처인구 역북동	역북서희스타힐스프라임시티	2027년 3월	912세대
경기 용인 기흥구 서천동	영통역자이프라시엘	2026년 12월	472세대
경기 용인 처인구 포곡읍	용인에버랜드역칸타빌	2026년 11월	348세대
		총 세대수	5,916세대

용인 입주물량

(출처: 부동산지인)

⌂ 지역별 아파트

기준년월 📅 2025-09   📅 2027-12   [검색]

#총계 9단지 8,244세대

#아파트 8단지 6,294세대   #아파트(임대) 1단지 1,950세대

출처: 자체수집 (삼시), 단위: 만원

주택유형	단지명	소재지	입주시기	총세대수	매매시세(3.3㎡)	분양가(3.3㎡)	시공사	주변 입주	지도
아파트	동백호수공원두산위브더제니스	경기 용인시 기흥구 동백동 478-10	2025-11	378	0	1,857	두산건설(주)	◯	◯
아파트(임대)	힐스테이트용인	경기 용인시 처인구 삼가동 447-4	2025-12	1,950	0	0		◯	◯
아파트	용인에버랜드역칸타빌	경기 용인시 처인구 포곡읍 전대리 192-2	2026-11	348	0	1,721	디더블유대원 주식회사	◯	◯
아파트	영통역자이프라시엘	경기 용인시 기흥구 서천동 335-2	2026-12	472	0	2,618		◯	◯
아파트	역북서희스타힐스프라임시티	경기 용인시 처인구 역북동 89-25	2027-03	912	0	1,714	서희건설(주)	◯	◯
아파트	두산위브더제니스센트럴용인	경기 용인시 처인구 삼가동 174	2027-03	568	0	1,929	두산건설(주)	◯	◯
아파트	용인둔전역에피트	경기 용인시 처인구 포곡읍 금어리 646	2027-07	1,275	0	1,459	에이치밸디앤아이…(주)	◯	◯

페이지 1   of 1   레코드위치 1 - 9 중 9

먼저 내가 관심 있는 지역에 향후 입주하는 단지들을 찾아보자. 만약 용인에 있는 분양권을 찾고 싶다면 애플리케이션 '아실'의 '입주물량' 메뉴로 들어가 지역명에서 용인을 찾아 선택하거나 '부동산지인'에 들어가 '수요/입주' 메뉴에서 용인의 입주물량을 찾아보면 된다.

둘째, 최근 분양했던 단지 찾기

최근 분양단지들도 전매제한이 풀리면 거래가 가능하므로 미리

아실에서 확인한 최근 분양단지
(출처: 아실)

호갱노노에서 확인한 최근 분양단지

(출처: 호갱노노)

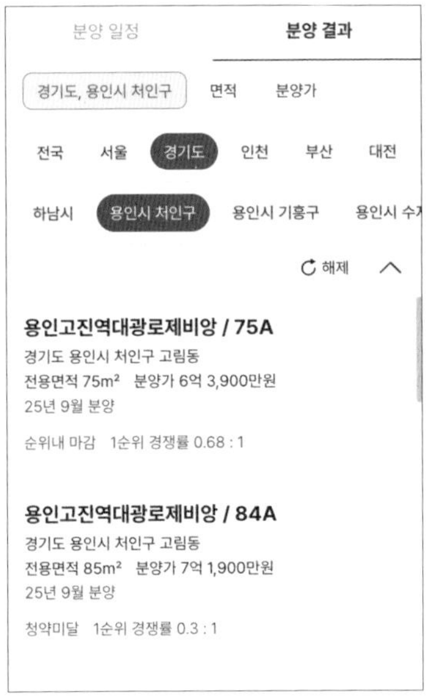

파악해 두는 것이 좋다. '아실'의 '분양' 메뉴로 들어가면 지역별 분양단지들과 분양 일정을 확인할 수 있고, '호갱노노'의 '분양' 메뉴로 들어가 '분양 결과'를 클릭하면 최근 분양단지와 청약경쟁률, 분양가 등의 정보를 볼 수 있다. 혹은 '청약홈' 홈페이지의 'APT 분양정보/경쟁률'에서 기간을 설정해 최근 분양단지들을 조회할 수 있다.

최근 분양단지를 볼 때는 청약경쟁률과 단지의 위치, 분양가를 확인하면 된다.

청약홈에서 확인한 최근 분양단지

(출처: 청약홈)

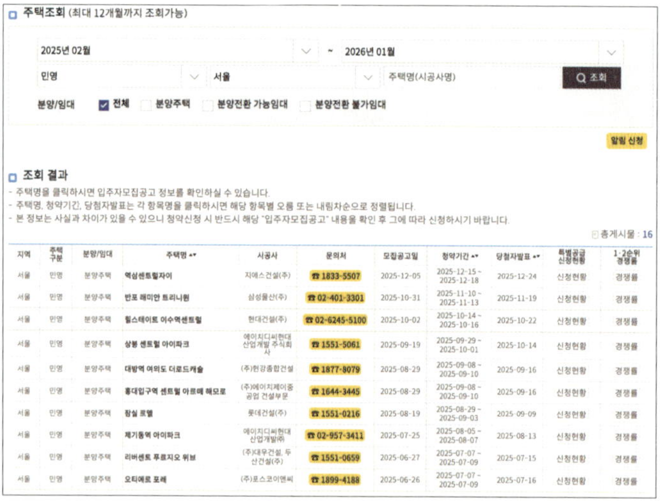

주택조회 (최대 12개월까지 조회가능)

2025년 02월 ~ 2026년 01월

민영 서울 주택명(시공사명) 조회

분양/임대 전체 분양주택 분양전환 가능임대 분양전환 불가임대

알림 신청

조회 결과

- 주택명을 클릭하시면 입주자모집공고 정보를 확인하실 수 있습니다.
- 주택명, 청약기간, 당첨자발표는 각 항목명을 클릭하시면 해당 항목별 오름 또는 내림차순으로 정렬됩니다.
- 본 정보는 사실과 차이가 있을 수 있으니 청약신청 시 반드시 해당 "입주자모집공고" 내용을 확인 후 그에 따라 신청하시기 바랍니다.

총게시물 : 16

지역	주택구분	분양/임대	주택명	시공사	문의처	모집공고일	청약기간	당첨자발표	특별공급 신청현황	1·2순위 경쟁률
서울	민영	분양주택	역삼센트럴자이	지에스건설(주)	☎ 1833-5507	2025-12-05	2025-12-15 ~ 2025-12-18	2025-12-24	신청현황	경쟁률
서울	민영	분양주택	반포 래미안 트리니원	삼성물산(주)	☎ 02-401-3301	2025-10-31	2025-11-10 ~ 2025-11-13	2025-11-19	신청현황	경쟁률
서울	민영	분양주택	힐스테이트 이수역센트럴	현대건설(주)	☎ 02-6245-5100	2025-10-02	2025-10-14 ~ 2025-10-16	2025-10-22	신청현황	경쟁률
서울	민영	분양주택	상봉 센트럴 아이파크	에이치디씨현대산업개발 주식회사	☎ 1551-5061	2025-09-19	2025-09-29 ~ 2025-10-01	2025-10-14	신청현황	경쟁률
서울	민영	분양주택	대방역 여의도 더로드캐슬	(주)현강종합건설	☎ 1877-8079	2025-08-29	2025-09-08 ~ 2025-09-10	2025-09-16	신청현황	경쟁률
서울	민영	분양주택	홍대입구역 센트럴 아르떼 해모로	(주)에이치제이중공업 건설부문	☎ 1644-3445	2025-08-29	2025-09-08 ~ 2025-09-10	2025-09-16	신청현황	경쟁률
서울	민영	분양주택	잠실 르엘	롯데건설(주)	☎ 1551-0216	2025-08-19	2025-08-29 ~ 2025-09-03	2025-09-09	신청현황	경쟁률
서울	민영	분양주택	제기동역 아이파크	에이치디씨현대산업개발(주)	☎ 02-957-3411	2025-07-25	2025-08-05 ~ 2025-08-07	2025-08-13	신청현황	경쟁률
서울	민영	분양주택	리버센트 푸르지오 위브	(주)대우건설, 두산건설(주)	☎ 1551-0659	2025-06-27	2025-07-07 ~ 2025-07-09	2025-07-15	신청현황	경쟁률
서울	민영	분양주택	오티에르 포레	(주)포스코이앤씨	☎ 1899-4188	2025-06-26	2025-07-07 ~ 2025-07-09	2025-07-16	신청현황	경쟁률

셋째, 네이버 부동산에서 거래 가능한 분양권 확인하기

네이버 부동산에 들어가서 '아파트 분양권' 칸을 체크하면 현재 분양권인 단지들만 볼 수 있다. 네이버 부동산에서는 지도로 위치를 확인하고 실제 거래 가능한 매물을 바로 확인할 수 있어 편리하다. 여기서 미분양, 분양 예정 단지들도 같이 찾아낼 수 있다.

이렇게 분양권 매물을 찾다 보면 곧 새 아파트에 입주하는 내 모습을 어렵지 않게 상상해 볼 수 있다. 그러나 이때 꼭 명심할 것이 있다. 무조건 새것이라고 좋은 게 아니라는 점이다. 또 아무리 좋아

네이버 부동산에서 분양권 매물 확인하기

(출처: 네이버 부동산)

보여도 너무 비싸면 안 된다. 부동산은 상대평가다. 분양권을 찾을

때는 최대한 많은 분양권을 보고 비교할수록 그 안에서 저평가된

보석 같은 분양권을 찾아낼 가능성이 크다는 것을 명심하고 매물을

찾아보자.

분양권을 살까,
입주권을 살까?

분양권을 사기 위해 네이버 부동산에서 매물을 찾다 보면 재개발, 재건축된 단지들은 입주권 매물도 같이 나오는 것을 볼 수 있다. 이런 상황에서는 분양권과 입주권 매물 중 어느 것에 투자해야 할까?

분양권과 입주권의 차이

분양권은 건설사가 청약을 통해 선정된 사람들에게 새 아파트를 분양해 주는 권리를 말한다. 분양권은 청약에 당첨되거나 분양권 전매를 통해 얻을 수 있다.

입주권은 재개발이나 재건축 등의 사업을 통해 기존 주택이 철거되고 새로운 아파트나 주택이 건설될 때, 기존 주택 소유자가 새로운 주택에 들어갈 수 있는 권리를 말한다.

그럼 이 둘의 차이점은 무엇일까? 먼저 분양권은 입주권보다 초기 투자 비용이 적게 든다. 분양 계약 시 보통 분양가의 10%를 계약금으로 내며, 나머지는 중도금과 잔금으로 나누어 내게 된다. 분양권 전매를 통해 매수하는 경우도 처음에는 계약금과 프리미엄을 합한 금액을 지불하고 추후 입주할 때 중도금, 잔금을 내게 되므로 목돈이 한 번에 들어가는 것이 아니기 때문에 부담이 적고 입주할 때까지 돈을 모을 시간적 여유도 있다. 분양권은 잔금을 다 치르고 소유권이전등기를 할 때 취득세를 1회 납부한다.

반면 입주권은 사업시행인가를 거쳐 관리처분계획인가를 받은 시점에 발생한다. 기존 주택 철거 여부와 관계없이 관리처분인가 때 입주 자격이 확정된다. 다만 입주 시기는 조합설립 이후부터 최종 입주까지 확정되어 있지 않다. 사업의 진행 속도에 따라 빠를 수도, 느릴 수도 있기 때문이다. 중간에 사업을 포기하는 경우도 있다.

입주권은 철거 전 감정평가를 통해 산정된 권리가액에 프리미엄이 붙는다. 단계가 진행될수록 프리미엄이 높아진다. 입주권을 살 때는 권리가액에 프리미엄을 합한 금액에 이주비 대출을 제한 금액이 필요하므로 초기 투자 비용이 분양권보다 높다. 하지만 총매매가는 보통 조합원 입주권이 더 저렴하다. 대개 조합원 분양가가 더 저렴하기 때문이다. 입주권은 일반분양 분양권보다 상대적으로 저렴한 금액에 공급을 받고 선호도 높은 동호수를 미리 선점할 수 있다는 장점이 있다. 아울러 발코니 확장비, 옵션 등을 무상으로 지원받을 수 있다.

입주권의 취득세는 기존 주택 매수 시 1회(멸실된 경우 토지분 취득세 1회) 그리고 잔금을 치르고 소유권이전등기 시 1회로, 총 2회 납부한다. 분양권과 입주권 모두 2021년 1월 1월 이후 양도소득세 계산 시 주택 수에 포함된다.

입주권 vs 일반 분양권 매물, 어떤 걸 살까?

그렇다면 입주권 매물과 일반분양권 매물이 있을 때 어떤 것을 사는 게 좋을까? 투자금을 계산해 보면 답이 나온다. 당장 목돈이 있다면 총금액이 좀 더 저렴한 입주권을 사면 되고, 목돈이 없다면 분양권을 사고 입주할 때까지 열심히 돈을 모으면 된다.

안양시 만안구에 분양했던 안양역푸르지오더샵의 매물을 직접 계산해

안양역푸르지오더샵 입주권 매물

(출처: 네이버 부동산)

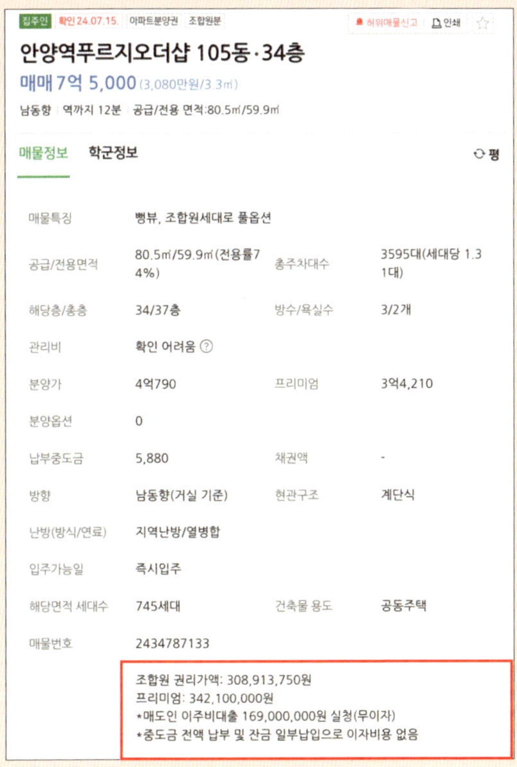

보자. 이 단지는 진흥아파트를 재건축한 단지로, 총 2736세대 중 일반분양은 총 687세대였고 2024년 10월에 입주했다. 일반분양 당시 대부분 59타입이었다. 당시 나온 매물을 기준으로 입주권의 투자금부터 계산해보자. 먼저 용어부터 알아야 한다.

분담금: 조합원 분양가 - 권리가액

권리가액: 감정평가액 × 비례율

매입원가: (조합원 분양가 + 프리미엄) 또는 (매매가 + 분담금)

초기 투자금: (권리가액 + 프리미엄 + 분담금의 10%) - 이주비 대출

이 정도만 알아도 입주권 투자금을 계산할 수 있다.

매물을 올리면서 권리가액, 프리미엄, 이주비 대출 가능 금액을 함께 적어놓는 부동산도 있다. 만약 적혀 있지 않다면 직접 부동산에 연락해서 문의해 봐야 투자금을 계산할 수 있다.

해당 매물은 조합원 분양가 4억 1000만 원, 프리미엄 3억 4000만 원으로 총매매가는 7억 5000만 원이다. 부동산에 문의했더니 권리가액은 3억 원이었다. 초기 투자금은 권리가액과 프리미엄, 분담금의 10%를 더

입주권 투자금 계산

권리가액	3억 원
(+) 프리미엄	3억 4000만 원
(+) 분담금 10%	1100만 원
(-) 이주비 대출	1억 6900만 원
(=) 초기 투자 금액	4억 8200만 원

한 금액에 이주비 대출을 빼면 나온다. 권리가액 3억 원과 프리미엄 3억 4000만 원을 더하면 6억 4000만 원이다. 이 매물은 이주비 대출로 1억 6900만 원을 받았다. 분담금은 조합원 분양가에서 권리가액을 뺀 1억 1000만 원이다. 그럼 초기 투자금은 4억 8200만 원 정도다.

이제 분양권 투자금을 계산해 보자. 일반분양권 매물은 그림에 표시한 것처럼 일반분양권이라 나와 있고, 조합원 분양보다 분양가가 비싸고 상대적으로 프리미엄이 낮다는 것을 알 수 있다.

안양역푸르지오더샵 일반분양권 매물
(출처: 네이버 부동산)

분양권의 초기 투자금은 계약금(분양가의 10%)과 프리미엄만 있으면 된다. 분양가 7억 5000만 원의 10%인 7500만 원에 프리미엄 3000만 원, 그리고 옵션을 선택할 경우 옵션가 1500만 원의 계약금 10%를 더해 분양권 전매 시 1억 650만 원 정도가 필요함을 알 수 있다.

입주권을 살 때는 초기 투자금으로 4억 8200만 원이 들지만 분양권은 1억 650만 원이 들기 때문에 자금이 많지 않은 사람에게는 분양권 투자가 유리함을 알 수 있다. 하지만 총매매가를 보면 분양권으로 투자했을 경우 분양가 7억 5000만 원에 프리미엄 3000만 원, 옵션 1500만 원을 합친 7억 9500만 원으로, 입주권보다는 좀 더 비싸다는 것을 알 수 있다.

만약 매물을 찾다가 입주권과 분양권 중에서 고민이 된다면 각 투자의 장단점 그리고 투자금까지 비교해서 본인에게 제일 나은 선택을 하길 바란다.

최신 분양단지에
답이 있다

'나는 청약통장도 없고 점수도 높지 않으니 청약하는 단지에는 관심 갖지 않아도 되겠네.'

혹시 이렇게 생각하고 있는가? 당첨될 가능성이 낮더라도 아예 관심을 놓으면 절대 안 된다. 분양권에 투자하기 위해서는 최근 분양한 주변 단지의 청약경쟁률, 분양가, 입시를 함께 확인하고 해당 분양권을 사는 게 더 낫다는 확신을 얻은 뒤 투자해야 한다. 내가 사려는 분양권의 가격이 저렴한지 판단하기 위해 최근 분양하는 단지와 분양가를 비교해 보자.

가장 먼저
입주자모집공고문부터 찾아보자

입주자모집공고문은 처음 보면 빽빽한 글씨 때문에 어렵게 느껴지지만, 중요한 정보가 모두 담겨 있다. 그래서 가장 먼저 입주자모집공고문을 통해 기본적인 정보를 파악하는 것이 중요하다. 입주자모집공고문은 아실 사이트의 분양 메뉴에서 해당 단지명을 입력하거나 청약홈 홈페이지 '분양정보/경쟁률' 메뉴로 들어가 원하는 단지를 클릭해 다운로드받아 볼 수 있다.

2024년 7월 15일에 분양한 장위6구역 재개발 단지를 예로 살펴보

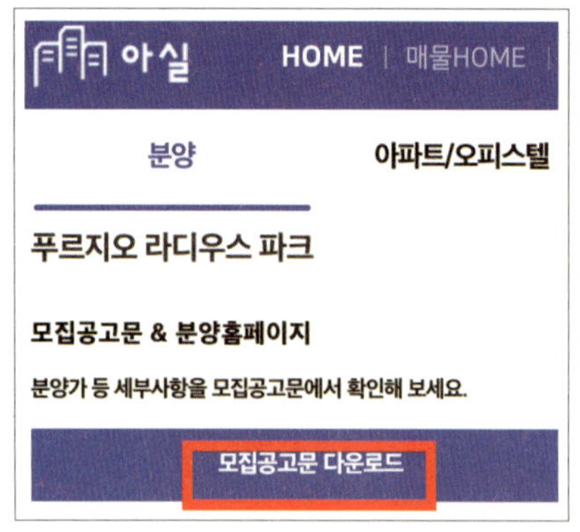
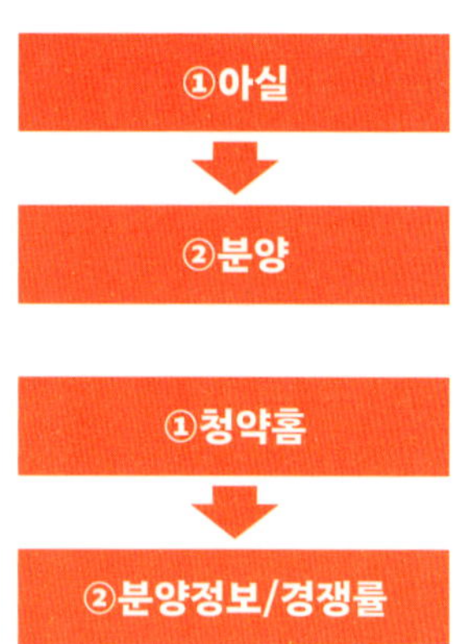

입주자모집공고문 보는 법
(출처: 아실)

장위 푸르지오라디우스파크 입주자모집공고문

푸르지오 라디우스 파크 입주자모집공고

[입주자모집공고일 : 2024년 07월 05일(금)]

※ 본 아파트 입주자모집공고의 내용을 숙지한 후 청약 및 계약에 응하시기 바라며, 미숙지로 인한 착오행위 등에 대하여는 청약자 본인에게 책임이 있으니 이점 유의하시기 바랍니다.

※ **단지 주요정보**

주택유형	해당지역	기타지역	규제지역여부
민영	입주자 모집공고일 현재 서울특별시 거주자	경기도, 인천광역시 거주자	비규제지역

재당첨제한	전매제한	거주의무기간	분양가상한제	택지유형
없음	1년	없음	미적용	민간택지

구분	입주자 모집공고일	특별공급 접수일	일반공급 1순위 접수일	일반공급 2순위 접수일	당첨자발표일	서류접수	계약체결
일정	24.07.05.(금)	24.07.15.(월)	24.07.16.(화)	24.07.17.(수)	24.07.23.(화)	24.07.25.(목) ~24.07.29.(월)	24.08.05.(월) ~24.08.08.(목)

자. 분양공고가 나오면 가장 먼저 확인해야 하는 것은 입주자모집공고문이다.

입주자모집공고문 맨 첫 장에 나오는 부분이다. 추후 이 분양권을 매수하고 싶다면 전매제한 기간을 알아야 한다. 2026년 1월 현재 서울 장위뉴타운은 규제지역에 속했지만 분양 당시만 해도 비규제지역이었고, 당첨된 날로부터 1년의 전매제한 기간이 있었다(비규제지역의 경우 분양단지마다 전매제한 기간은 차이가 있다). 이 단지의 당첨자 발표일이 2024년 7월 23일이니 이날을 기준으로 1년 뒤에 거래가 가능하다는 이야기다. 거주의무 기간이 없고 분양가상한제가 적용되지 않는다는 것도 입주자모집공고문을 통해 확인할 수 있다. 다음으로 분양가를 확인해 보자.

장위 푸르지오라디우스파크 분양가

주택형	공급 세대수	주택형 (약식표기)	동 (라인)	층	해당 세대수	공급금액			계약금(10%)	중도금(60%)						잔금(30%)
						대지비	건축비	공급금액	계약시	1회(10%) 2024.10.16	2회(10%) 2025.03.19	3회(10%) 2025.08.18	4회(10%) 2026.01.16	5회(10%) 2026.06.18	6회(10%) 2026.11.19	입주시
084.9900A	45	84A	108동3,4호 109동3,4호	2-3층	8	501,615,200	580,384,800	1,082,000,000	108,200,000	108,200,000	108,200,000	108,200,000	108,200,000	108,200,000	108,200,000	324,600,000
				4-5층	8	511,814,400	592,185,600	1,104,000,000	110,400,000	110,400,000	110,400,000	110,400,000	110,400,000	110,400,000	110,400,000	331,200,000
				6-9층	16	528,040,400	610,959,600	1,139,000,000	113,900,000	113,900,000	113,900,000	113,900,000	113,900,000	113,900,000	113,900,000	341,700,000
				10-19층	13	548,902,400	635,097,600	1,184,000,000	118,400,000	118,400,000	118,400,000	118,400,000	118,400,000	118,400,000	118,400,000	355,200,000
084.9100B	46	84B-1	108동1,2호 109동1,2호	2-3층	7	503,006,000	581,994,000	1,085,000,000	108,500,000	108,500,000	108,500,000	108,500,000	108,500,000	108,500,000	108,500,000	325,500,000
				4-5층	8	520,159,200	601,840,800	1,122,000,000	112,200,000	112,200,000	112,200,000	112,200,000	112,200,000	112,200,000	112,200,000	336,600,000
				6-9층	4	540,094,000	624,906,000	1,165,000,000	116,500,000	116,500,000	116,500,000	116,500,000	116,500,000	116,500,000	116,500,000	349,500,000
		84B-2	201동3호 202동3호 203동3호	2-3층	6	482,144,000	557,856,000	1,040,000,000	104,000,000	104,000,000	104,000,000	104,000,000	104,000,000	104,000,000	104,000,000	312,000,000
				4-6층	9	497,906,400	576,093,600	1,074,000,000	107,400,000	107,400,000	107,400,000	107,400,000	107,400,000	107,400,000	107,400,000	322,200,000
				7-9층	9	523,868,000	606,132,000	1,130,000,000	113,000,000	113,000,000	113,000,000	113,000,000	113,000,000	113,000,000	113,000,000	339,000,000
				10-19층	3	556,783,600	644,216,400	1,201,000,000	120,100,000	120,100,000	120,100,000	120,100,000	120,100,000	120,100,000	120,100,000	360,300,000
084.9500C	51	84C1-1 84C2	102동1,4호 103동4호	2-3층	6	503,006,000	581,994,000	1,085,000,000	108,500,000	108,500,000	108,500,000	108,500,000	108,500,000	108,500,000	108,500,000	325,500,000
				4-5층	6	520,159,200	601,840,800	1,122,000,000	112,200,000	112,200,000	112,200,000	112,200,000	112,200,000	112,200,000	112,200,000	336,600,000
				6-9층	12	540,094,000	624,906,000	1,165,000,000	116,500,000	116,500,000	116,500,000	116,500,000	116,500,000	116,500,000	116,500,000	349,500,000
		84C1-2	201동5호 202동5호 203동5호	2-3층	6	503,006,000	581,994,000	1,085,000,000	108,500,000	108,500,000	108,500,000	108,500,000	108,500,000	108,500,000	108,500,000	325,500,000
				4-5층	6	520,159,200	601,840,800	1,122,000,000	112,200,000	112,200,000	112,200,000	112,200,000	112,200,000	112,200,000	112,200,000	336,600,000
				6-9층	12	540,094,000	624,906,000	1,165,000,000	116,500,000	116,500,000	116,500,000	116,500,000	116,500,000	116,500,000	116,500,000	349,500,000
				10-19층	3	550,756,800	637,243,200	1,188,000,000	118,800,000	118,800,000	118,800,000	118,800,000	118,800,000	118,800,000	118,800,000	356,400,000
084.9800D	206	84D-1	102동2,3호 103동1~3호 104동1~3호 105동1~3호	2-3층	22	503,006,000	581,994,000	1,085,000,000	108,500,000	108,500,000	108,500,000	108,500,000	108,500,000	108,500,000	108,500,000	325,500,000
				4-5층	22	520,159,200	601,840,800	1,122,000,000	112,200,000	112,200,000	112,200,000	112,200,000	112,200,000	112,200,000	112,200,000	336,600,000
				6-9층	44	540,094,000	624,906,000	1,165,000,000	116,500,000	116,500,000	116,500,000	116,500,000	116,500,000	116,500,000	116,500,000	349,500,000
				10-19층	50	550,756,800	637,243,200	1,188,000,000	118,800,000	118,800,000	118,800,000	118,800,000	118,800,000	118,800,000	118,800,000	356,400,000
				20층이상	35	561,419,600	649,580,400	1,211,000,000	121,100,000	121,100,000	121,100,000	121,100,000	121,100,000	121,100,000	121,100,000	363,300,000
		84D-2	201동4호 202동4호 203동4호	2-3층	6	482,144,000	557,856,000	1,040,000,000	104,000,000	104,000,000	104,000,000	104,000,000	104,000,000	104,000,000	104,000,000	312,000,000
				4-6층	9	497,906,400	576,093,600	1,074,000,000	107,400,000	107,400,000	107,400,000	107,400,000	107,400,000	107,400,000	107,400,000	322,200,000
				7-9층	9	523,868,000	606,132,000	1,130,000,000	113,000,000	113,000,000	113,000,000	113,000,000	113,000,000	113,000,000	113,000,000	339,000,000
				10-19층	9	556,783,600	644,216,400	1,201,000,000	120,100,000	120,100,000	120,100,000	120,100,000	120,100,000	120,100,000	120,100,000	360,300,000

분양가는 타입별, 시기별로 내야 하는 금액을 자세히 볼 수 있다. 84타입 기준 분양가가 12억 원 정도다. 계약금 10%, 중도금 60%, 잔금 30%로 진행이 된다. 추후 전매제한이 풀리고 분양권을 매수하게 될 경우 필요한 자금을 계산하기 위해 총분양가는 얼마인지, 언제 얼마만큼의 돈이 필요한지 미리 확인해 두어야 한다.

다음으로 발코니 확장비를 확인해 보자. 발코니 확장비는 84타입 기준 2200만 원 정도다. 이것도 총분양가에 포함해야 한다. 발코니 확장비의 계약금, 잔금을 내는 날도 알고 있어야 그 날짜에 맞게 미리 돈을 준비할 수 있다.

장위 푸르지오라디우스파크 발코니 확장비

| 7 | 발코니 확장 및 추가 선택품목 계약 |

※ 추가 선택품목 계약은 공동주택 공급계약과 별도로 계약을 진행할 예정이며 납부금액 및 시기는 변동될 수 있습니다.(정확한 일자는 추후 통보합니다.)

▣ 발코니 확장공사 비용 (단위 : 원 / VAT포함)

구분	공급금액	계약금(10%)	잔금(90%)
		계약시	입주시
59A (59A-1, 59A-2)	16,150,000	1,615,000	14,535,000
59B	20,840,000	2,084,000	18,756,000
59C	17,250,000	1,725,000	15,525,000
59D	20,740,000	2,074,000	18,666,000
84A	22,090,000	2,209,000	19,881,000
84B (84B-1, 84B-2)	22,820,000	2,282,000	20,538,000
84C1 (84C1-1, 84C1-2)	21,870,000	2,187,000	19,683,000
84C2	22,190,000	2,219,000	19,971,000
84D (84D-1, 84D-2)	20,950,000	2,095,000	18,855,000

시스템 에어컨 옵션

6) 시스템에어컨(유상) (단위 : 원, VAT포함)

주택형	선택(안)		설치 위치	제조사	공급금액	계약금(10%)	잔금(90%)
						계약시	입주시
59A/C	2안	2대	거실 + 침실1	삼성전자	2,800,000	280,000	2,520,000
	3-1안	4대	거실 + 침실1 + 침실2 + 침실3		5,400,000	540,000	4,860,000
	3-2안	3대	거실 + 침실1 + 침실2 (드레스룸 특화 선택 시)		4,100,000	410,000	3,690,000
59B/D	2안	2대	거실 + 침실1		2,800,000	280,000	2,520,000
	3안	4대	거실 + 침실1 + 침실2 + 침실3		5,400,000	540,000	4,860,000
84A/B/C/D	2안	2대	거실 + 침실1		3,200,000	320,000	2,880,000
	3안	4대	거실 + 침실1 + 침실2 + 침실3		5,800,000	580,000	5,220,000

중도금 대출 이자 후불제 여부

▣ 계약자 중도금대출 안내
- 분양사무소 및 견본주택은 중도금 대출 금융기관이 아니므로 분양상담시 대출 가능 여부를 결정할 수 없으며, 추후 중도금 대출 금융기관의 개별 심사를 통해 대출 여부가 결정되므로 계약자는 본인의 대출불가 또는 대출축소 사항에 대하여 분양상담(전화상담 포함) 내용을 근거로 사업주체 또는 시공사에 대출 책임을 요구할 수 없습니다.
- 본 아파트는 '중도금 대출 이자 후불제' 조건으로 전체 공급대금의 60% 범위 내에서 융자알선을 시행할 예정입니다.(단, 정부정책 및 금융권 사정 등의 사유로 다소 변경될 수 있습니다.)
- 중도금 대출 이자 납부는 대출개시일부터 입주지정기간 개시일 전일(단, 매월 대출이자 납부일과 입주자정기간 개시일 전일까지 잔여일수가 20일 미만인 경우에는 마지막 대출이자 납부일까지로 합니다.)까지 발생한 대출이자에 대해서는 사업주체가 대납하고 이후부터 발생하는 이자는 계약자가 납부해야 합니다. 단, 사업주체가 대납한 이자는 계약자가 사업주체에게 잔금납부 시 함께 납부하여야 합니다.

옵션은 당첨자가 원하는 대로 신청할 수 있다. 추후 분양권을 매수하게 되면 물건마다 옵션에 차이가 있음을 알게 될 것이다. 시스템 에어컨은 거의 필수라고 보면 된다. 이 단지는 84타입 기준 시스템 에어컨이 580만 원 정도다. 분양권을 매수할 때는 시스템 에어컨 옵션이 있는 것을 사기를 추천한다.

그리고 중도금 대출 후불제 여부도 확인할 수 있다. 이자 후불제인 경우도 입주할 때 이자를 한 번에 납부하면 된다.

이렇게 먼저 필수적인 내용을 입주자모집공고문에서 확인할 수 있다.

적정한 분양가인지
스스로 판단하기

그렇다면 이렇게 찾은 단지의 분양가가 적정한지는 어떻게 알 수 있을까? '호갱노노' 사이트나 네이버 부동산에서 주변 아파트의 가격과 한눈에 비교할 수 있다. 여기서는 편의상 비교할 아파트의 금액만 지도에 표기했다.

첫째, 주변 분양단지와 비교하기

푸르지오라디우스파크의 분양가는 2025년 3월에 입주한 바로 옆 단지 장위자이레디언트의 가격보다 저렴하고 1, 6호선인 석계역과

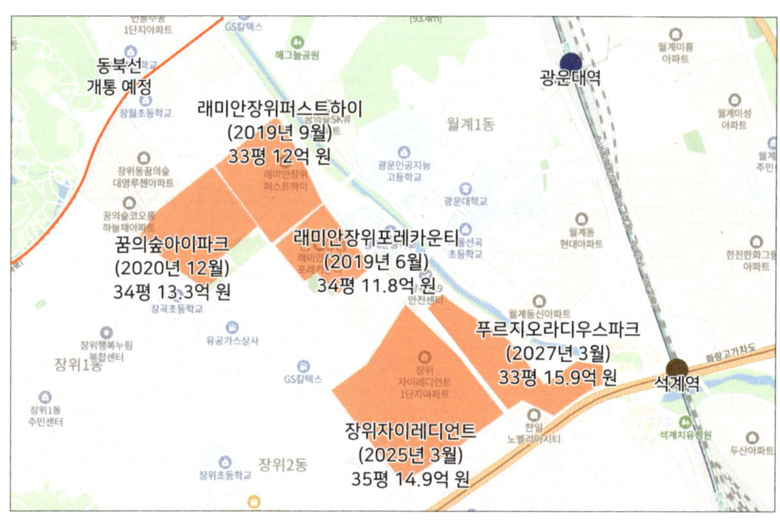

바로 인접하고 있다. 1호선을 통해 광화문 업무지구까지 30분 정도면 갈 수 있다. 선곡초등학교는 도보 10분 거리다. 석계역과 한 정거장 차이인 광운대역에는 GTX-C와 내규모 복힙개발이 예정되어 있다. 이런 점을 고려한다면 앞으로 이곳에 수요가 더 많아질 것을 예상할 수 있다.

둘째, 기존 신축 아파트와 비교하기

기존 신축 아파트들과도 가격 비교를 해봐야 한다. 2025년 11월 기준 2020년 12월에 준공된 꿈의숲아이파크 34평이 13억 3000만 원, 2020년 11월에 준공된 래미안장위퍼스트하이 33평이 12억 원이다. 이 단지들은 기존에 비역세권이었지만 2026년 7월에 바로 인접하여 동북선이 개통할 예정이다.

동북선의 장점은 강남으로의 접근성을 높여준다는 것이다. 상계역에서 왕십리역까지 이어지는데, 왕십리역에서 2호선, 5호선, 경의중앙선, 수인분당선으로 환승할 수 있다. 푸르지오라디우스파크는 분양 당시 84타입 기준 분양가가 12억 원 정도다. 2025년 10월 기준 실거래가 15억 9000만 원에 이루어지면서 프리미엄이 약 3억 9000만 원까지 붙었었다. 아무리 신축이라도 조금 비싸다고 생각된다. 그렇다면 확실한 교통 호재가 있는 주변의 신축 아파트도 충분히 다른 선택지로 고려해 볼 수 있다.

최신 분양단지와 신축 아파트 비교하기

이런 과정을 거치며 물건을 비교하다 보면 무조건 신규 분양단지만이 정답은 아니라는 것을 알 수 있다. 신규 분양단지와 기존 분양권, 신축 아파트의 가격을 비교할 줄 알면 연식이 더 새것이 아니어도 저평가된 보석 같은 아파트를 찾아낼 수 있다.

수원 효성해링턴플레이스동수원 vs 북수원자이렉스비아

2024년 5월에 분양했던 수원구 팔달구 우만동 효성해링턴플레이스동수원의 경우 34평의 분양가가 7억 7000만 원 정도였다.

이곳보다 입지가 더 좋은 곳에 있는 신축 아파트와 비교해 보자. 수원시 장안구 정자동에 2024년 3월에 입주한 북수원자이렉스비아 단지가 있다. 이곳은 학군, 학원가, 상권이 잘 갖춰진 구도심에 들어온 신축으로, 기존 인프라를 활용할 수 있다. 역세권은 아니지만

수원시 팔달구 우만동 효성해링턴플레이스동수원 분양가
(출처: 아실)

주택구분	타입	공급금액	공급세대수		
			일반	특별	계
민영	74A	67,370	28	26	54
	74B	66,900	26	28	54
	84A	77,260	14	13	27
	84B	76,820	13	14	27
계			81	81	162

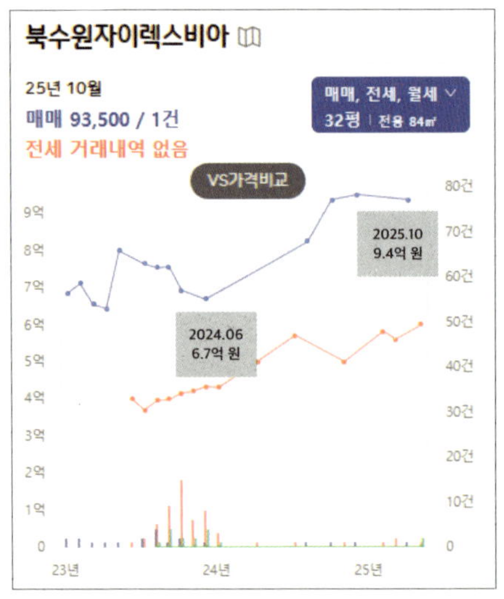

수원시 장안구 정자동 북수원자이렉스비아 시세
(출처: 아실)

추후 GTX-C 노선이 지나가는 화서역과도 인접해 있고 최근에는 화서역 인근에 스타필드가 들어와 이를 이용할 수 있다. 그런데도 2024년 7월 기준 33평을 6억 7000만 원 정도에 살 수 있었다. 분양가가 7억 7000만 원이었던 효성해링턴플레이스동수원과 거의 1억 원의 차이가 난다.

이 경우 우만동의 신규 분양단지를 사는 것보다 입지가 더 좋고 저렴한 정자동의 신축 아파트를 사는 것이 훨씬 나은 선택이다. 2025년 10월 기준 북수원자이렉스비아 33평은 9억 3500만 원으로 거의 3억 원이 올랐다. 이처럼 신규 분양단지와 신축 아파트를 비교해 보면 저평가된 신축 아파트를 찾아낼 수 있다.

부산 양정롯데캐슬프론티엘 vs 연산더샵

2024년 6월에 분양했던 부산시 부산진구 양정롯데캐슬프론티엘의 경우 34평 분양가가 9억 1000만 원 정도였다. 반면 2019년 3월에 준공된 연산더샵은 6억 7000만 원으로, 당시 두 곳이 거의 2억

양정롯데캐슬프론티엘 분양 당시 주변 단지와의 시세 비교
(출처: 네이버 지도, 호갱노노)

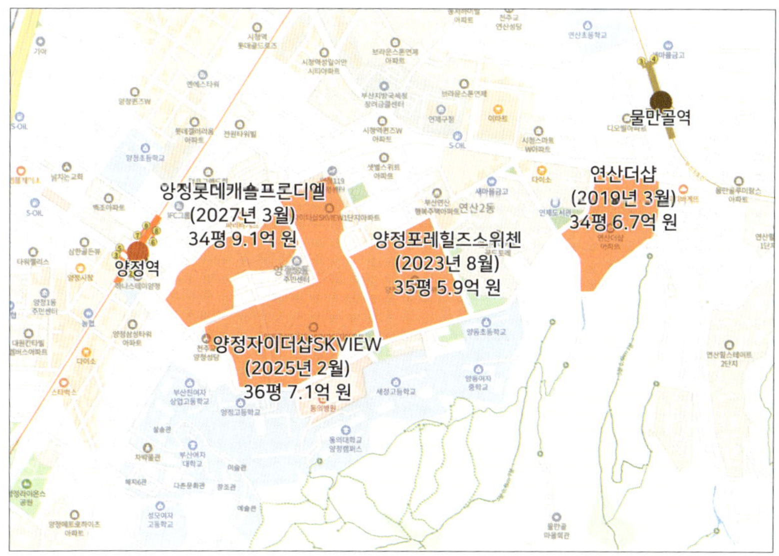

원 이상 차이가 났다.

입지가 더 좋은 신축 아파트와 비교했을 때는 어떨까? 부산시 동래구 동래래미안아이파크는 인근 명륜동에 학원가들이 밀집되어 있어 이용이 편리하며 롯데백화점, 롯데마트 등의 상권도 잘 형성되어 있다. 게다가 주변에 초, 중, 고등학교가 인접해 있어 교육 환경도 좋다.

동래래미안아이파크는 2021년 12월에 준공된 신축 아파트인데, 양정롯데캐슬프론티엘이 분양했을 당시인 2024년 6월 기준으로 봤

동래래미안아이파크와 양정롯데캐슬프론티엘 시세

(출처: 아실)

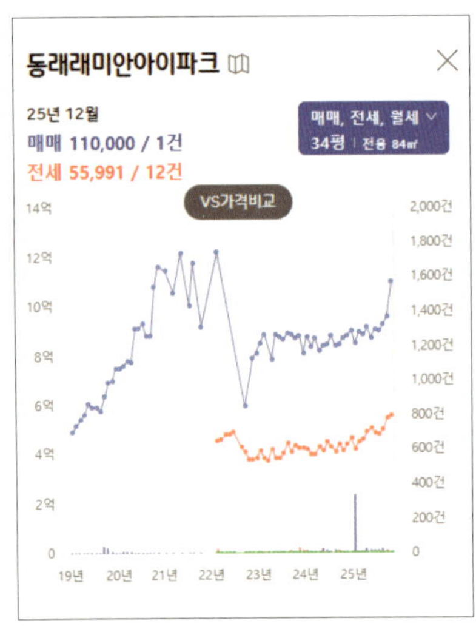

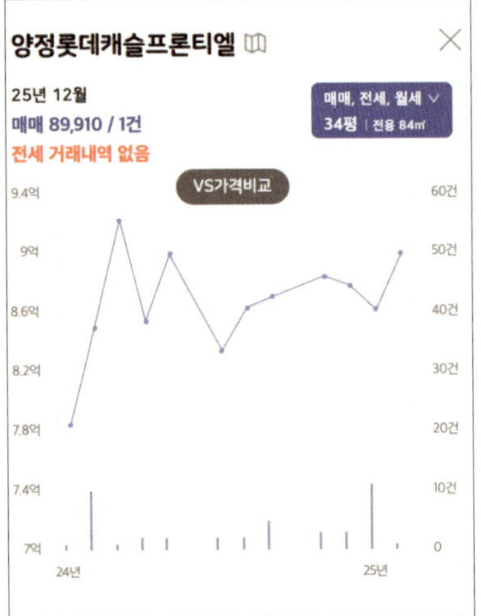

을 때 동래래미안아이파크의 34평은 8억 5000만 원으로 약 6000만 원 정도 더 저렴했다. 그렇다면 이때 양정롯데캐슬프론티엘 분양권이 아닌 동래래미안아이파크를 사는 것이 더 좋은 선택일 수 있다.

상대적으로 최근에 분양한 단지는 상품성이 더 좋은 것을 감안하더라도 주변 신축 아파트보다 가격이 비싼 경우가 더 많다. 또 이렇게 새로 분양하는 단지의 가격이 높으면 다른 아파트의 가격에도 영향을 줘 주변 아파트의 가격도 거기에 맞춰져 올라가기도 한다.

이처럼 분양권과 신축 아파트의 가격 비교는 정말 중요하다. 이 책에서는 이렇게 계속 신축 아파트와 분양권의 가격을 비교하며 싼 물건과 비싼 물건을 알아보는 눈을 기를 것이다. 이렇게 비교해 보면 저평가된 분양권도 찾을 수 있지만 저평가된 신축 아파트도 찾아낼 수 있어 투자의 선택지가 넓어진다.

4장

분양권 사려면 얼마가 있어야 할까?

분양권 투자금
계산하기

분양권을 한 번도 사보지 않았다면 구체적으로 얼마의 돈이 들어가는지 잘 모르는 경우가 많다. 미리 투자금을 예상해 두어야 나중에 돈이 부족해서 진 흘리는 상황을 피할 수 있다.

앞서 공부한 내용을 토대로 실제 분양권을 매수할 때 내 돈이 얼마나 드는지 계산해 보자. 앞서 분양권 전매 절차에서 봤듯이 분양권 거래는 매도자와 매수자가 만나 계약한다. 잔금은 보통 분양회사의 명의변경 일정을 확인하고 미리 예약한 후 지급한다. 잔금일에 중도금 대출 은행에서 만나 매도자의 중도금 대출을 매수자가 승계해야 한다. 그 뒤 모델하우스로 가서 잔금을 치르고 명의변경을 한다. 이 모든 과정이 한 달이라는 짧은 기간 안에 이루어진다.

분양가와 확장비 확인하기

분양권을 사기 위해 가장 먼저 해야 할 일은 관심 있는 분양권의 정확한 분양가를 확인하는 것이다. 가장 먼저 입주자모집공고문에서 정확한 분양가와 그 외의 정보를 모두 확인할 수 있다. 예를 들어 도안우미린트리쉐이드라는 단지를 매수하고 싶을 때, 어떻게 해야 하는지 하나씩 살펴보자.

먼저 입주자모집공고문에서 정확한 분양가를 파악한다. 분양가는 동별, 층별, 타입별로 차이가 있기 때문에 잘 비교해야 한다. 도안우미린트리쉐이드 84A형의 분양가는 6억 3000만 원으로 확인할 수 있다. 하지만 분양가만 확인했다고 끝이 아니다. 요즘은 발코니 확장비도 워낙 비싸기 때문에 꼭 확장비까지 같이 확인해야 한다.

<h2 align="center">도안우미린트리쉐이드 분양가</h2>

VIII 공급금액 및 납부 일정

(단위: 세대, 원)

주택형	타입(약식표기)	공급세대수	동(라인)	층구분	해당세대수	대지비	건축비	부가세	계	계약금 10% 계약시	1차(10%) 2023.05.22.	2차(10%) 2023.12.20.	3차(10%) 2024.07.22.	4차(10%) 2025.02.20.	5차(10%) 2025.07.21.	6차(10%) 2026.01.20.	잔금(30%) 입주시
84.9558A	84A	488	102동(1,2,3) 103동(1,2,3) 104동(2,3,5) 105동(1,2,3) 107동(3) 108동(2,3) 109동(2,3) 110동(2,3) 111동(3)	20층이상	224	270,049,182	398,250,818		668,300,000	66,830,000	66,830,000	66,830,000	66,830,000	66,830,000	66,830,000	66,830,000	200,490,000
				10~19층	140	264,634,459	390,265,541		654,900,000	65,490,000	65,490,000	65,490,000	65,490,000	65,490,000	65,490,000	65,490,000	196,470,000
				5~9층	69	258,260,145	382,339,855		641,600,000	64,160,000	64,160,000	64,160,000	64,160,000	64,160,000	64,160,000	64,160,000	192,480,000
				4층	16	253,845,423	374,354,577		628,200,000	62,820,000	62,820,000	62,820,000	62,920,000	62,820,000	62,820,000	62,820,000	188,460,000
				3층	15	248,430,700	366,389,300		614,800,000	61,480,000	61,480,000	61,480,000	61,480,000	61,480,000	61,480,000	61,480,000	184,440,000
				2층	18	243,056,386	358,443,614		601,500,000	60,150,000	60,150,000	60,150,000	60,150,000	60,150,000	60,150,000	60,150,000	180,450,000
				1층	6	237,641,664	350,458,336		568,100,000	58,810,000	58,810,000	58,810,000	58,810,000	58,810,000	58,610,000	58,810,000	176,430,000
	84A1	4	104동(2)	20층이상	4	272,716,135	402,183,865		674,900,000	67,490,000	67,490,000	67,490,000	67,490,000	67,490,000	67,490,000	67,490,000	202,470,000
84.7620B	84B	80	101동(4) 102동(5) 103동(5) 105동(5) 106동(4) 108동(5)	20층이상	37	268,514,127	400,285,873		668,800,000	66,880,000	66,880,000	66,880,000	66,880,000	66,880,000	66,880,000	66,880,000	200,640,000
				10~19층	22	263,134,208	392,265,792		655,400,000	65,540,000	65,540,000	65,540,000	65,540,000	65,540,000	65,540,000	65,540,000	196,620,000
				5~9층	9	257,794,439	384,305,561		642,100,000	64,210,000	64,210,000	64,210,000	64,210,000	64,210,000	64,210,000	64,210,000	192,630,000
				4층	3	252,414,521	376,285,479		628,700,000	62,870,000	62,870,000	62,870,000	62,870,000	62,870,000	62,870,000	62,870,000	188,610,000
				3층	5	247,034,602	368,265,398		615,300,000	61,530,000	61,530,000	61,530,000	61,530,000	61,530,000	61,530,000	61,530,000	184,590,000
				2층	4	241,654,684	360,245,316		601,900,000	60,190,000	60,190,000	60,190,000	60,190,000	60,190,000	60,190,000	60,190,000	180,570,000
	84B1	64	101동(4) 102동(5) 103동(5) 106동(4)	20층이상	23	271,163,937	404,236,063		675,400,000	67,540,000	67,540,000	67,540,000	67,540,000	67,540,000	67,540,000	67,540,000	202,620,000
				10~19층	26	265,824,168	396,275,832		662,100,000	66,210,000	66,210,000	66,210,000	66,210,000	66,210,000	66,210,000	66,210,000	198,630,000
				5~9층	15	260,444,249	386,255,751		648,700,000	64,870,000	64,870,000	64,870,000	64,870,000	64,870,000	64,870,000	64,870,000	194,610,000
84.7141C	84C	104	101동(3) 102동(4) 103동(4) 104동(4) 105동(4) 106동(3) 108동(4)	20층이상	41	268,894,555	389,305,445		658,200,000	65,820,000	65,820,000	65,820,000	65,820,000	65,820,000	65,820,000	65,820,000	197,460,000
				10~19층	30	263,542,809	381,557,191		645,100,000	64,510,000	64,510,000	64,510,000	64,510,000	64,510,000	64,510,000	64,510,000	193,530,000
				5~9층	16	256,150,211	373,749,789		631,900,000	63,190,000	63,190,000	63,190,000	63,190,000	63,190,000	63,190,000	63,190,000	189,570,000
				4층	5	252,757,613	365,942,387		618,700,000	61,870,000	61,870,000	61,870,000	61,870,000	61,870,000	61,870,000	61,870,000	185,610,000
				3층	3	247,405,868	358,194,132		605,600,000	60,560,000	60,560,000	60,560,000	60,560,000	60,560,000	60,560,000	60,560,000	181,680,000
				2층	7	242,013,270	350,386,730		592,400,000	59,240,000	59,240,000	59,240,000	59,240,000	59,240,000	59,240,000	59,240,000	177,720,000
				1층	2	236,620,671	342,579,329		579,200,000	57,920,000	57,920,000	57,920,000	57,920,000	57,920,000	57,920,000	57,920,000	172,760,000
	84C1	68	101동(3) 102동(4) 103동(4) 106동(3)	20층이상	34	271,550,001	393,149,999		664,700,000	66,470,000	66,470,000	66,470,000	66,470,000	66,470,000	66,470,000	66,470,000	199,410,000
				10~19층	24	266,198,255	385,401,745		651,600,000	65,160,000	65,160,000	65,160,000	65,160,000	65,160,000	65,160,000	65,160,000	195,480,000
				5~9층	10	260,805,657	377,594,343		638,400,000	63,840,000	63,840,000	63,840,000	63,540,000	63,840,000	63,840,000	63,840,000	191,520,000
84.7482D	84D	287	104동(1) 107동(4,5) 108동(1) 109동(1,4,5) 110동(1,4,5) 111동(4,5)	20층이상	135	269,199,898	379,200,102		648,400,000	64,840,000	64,840,000	64,840,000	64,840,000	64,840,000	64,840,000	64,840,000	194,520,000
				10~19층	83	263,802,615	371,597,385		635,400,000	63,540,000	63,540,000	63,540,000	63,540,000	63,540,000	63,540,000	63,540,000	190,620,000
				5~9층	44	258,405,331	363,994,669		622,400,000	62,240,000	62,240,000	62,240,000	62,240,000	62,240,000	62,240,000	62,240,000	186,720,000
				4층	6	253,049,565	356,450,435		609,500,000	60,950,000	60,950,000	60,950,000	60,950,000	60,950,000	60,950,000	60,950,000	182,850,000
				3층	8	247,652,281	348,847,719		596,500,000	59,650,000	59,650,000	59,650,000	59,650,000	59,650,000	59,650,000	59,650,000	178,950,000
				2층	10	242,254,998	341,245,002		583,500,000	58,350,000	58,350,000	58,350,000	58,350,000	58,350,000	58,350,000	58,350,000	175,050,000
				1층	1	236,899,232	333,700,768		570,600,000	57,060,000	57,060,000	57,060,000	57,060,000	57,060,000	57,060,000	57,060,000	171,180,000
104.8399A	104A	71	107동(2) 111동(2)	20층이상	35	332,669,909	455,754,628	45,575,463	834,000,000	83,400,000	83,400,000	83,400,000	83,400,000	83,400,000	83,400,000	83,400,000	250,200,000
				10~19층	20	326,008,534	446,626,606	44,662,860	817,300,000	81,730,000	81,730,000	81,730,000	81,730,000	81,730,000	81,730,000	81,730,000	245,190,000

<h2 align="center">도안우미린트리쉐이드 발코니 확장비</h2>

VIII 발코니 확장 및 추가 선택 품목

- 발코니 확장금액

(단위: 원, VAT 포함)

주택형	약식표기	공급가격 계	계약금(10%) 계약시	중도금(10%) 2023-05-22	잔금(80%) 입주지정일
84.9558A	84A	16,800,000	1,680,000	1,680,000	13,440,000
	84A1	20,700,000	2,070,000	2,070,000	16,560,000
84.7620B	84B	19,100,000	1,910,000	1,910,000	15,280,000
	84B1	23,000,000	2,300,000	2,300,000	18,400,000
84.7141C	84C	16,000,000	1,600,000	1,600,000	12,800,000
	84C1	19,900,000	1,990,000	1,990,000	15,920,000
84.7482D	84D	17,800,000	1,780,000	1,780,000	14,240,000
101.8898A	104A	21,200,000	2,120,000	2,120,000	16,960,000
104.7582B	104B	22,100,000	2,210,000	2,210,000	17,680,000
123.6902A	123A	22,800,000	2,280,000	2,280,000	18,240,000
	123A1	26,900,000	2,690,000	2,690,000	21,520,000
173.8286P	173P	34,000,000	3,400,000	3,400,000	27,200,000
201.5638P	201P	32,000,000	3,200,000	3,200,000	25,600,000

84타입의 발코니 확장비는 거의 2000만 원이다. 이 금액을 분양가에 합해서 생각해야 한다. 발코니 확장비도 계약금, 중도금, 잔금

으로 나눠서 내기 때문에 그 시기에 맞춰 돈이 들어간다는 것도 미리 알아둬야 한다.

네이버 부동산에서
매물 찾기

분양가와 발코니 확장비까지 확인했다면 이제 구체적인 매물을 찾아봐야 한다. 네이버 부동산에서 해당 아파트명을 검색하고 원하

도안우미린트리쉐이드 매물
(출처: 네이버 부동산)

는 평수를 선택하면 거래가 가능한 분양권 매물을 확인할 수 있다.

이때 주의할 것은 네이버 부동산 매물에 나와 있는 프리미엄이다. 여기에는 2200만 원으로 나와 있지만 이 가격을 그대로 믿어선 안 된다. 분양권의 프리미엄은 실거래, 다운거래, 손피거래인지에 따라 달라지기 때문에 번거롭지만 매물을 올린 부동산에 직접 확인해야 한다.

프리미엄을 확인했다면 이제 본격적으로 투자금을 계산한다. 이 매물의 경우 분양가 6억 3000만 원, 프리미엄 2200만 원, 확장비 1680만 원이다. 매물마다 신청한 옵션이 다르기 때문에 옵션이 있다면 그 금액도 포함시키면 된다. 다음은 내가 직접 만든 투자금 계산표다. 여기에 금액을 넣어 보면 한눈에 투자금을 확인할 수 있다.

총분양가는 해당 매물의 분양가와 확장비를 합한 금액이다. 분양

분양권 투자금 계산표

공급 면적	분양가	확장비	총분양가		
	6억 3000만 원	1680만 원	6억 4680만 원		
84m²	분양권 계약금	확장비 계약금	프리미엄	옵션	투자금
	6300만 원	168만 원	2200만 원	+@	8668만 원

권을 매수할 때 당장 들어가는 돈은 이렇게 계산할 수 있다.

분양권 계약금 + 확장비 계약금 + 프리미엄 + 옵션 = 투자금

해당 매물은 계산해 보면 8600만 원 정도의 투자금이 든다.

매도자가 청약에 당첨된 경우 분양가의 10%인 분양 계약금 + 확장비의 10%인 확장비 계약금 + 옵션 계약금(옵션이 있는 경우) + 중도금 대출 해당 회차까지 분양회사에 납부했을 것이다. 중도금 대출은 승계 처리가 가능하므로 제외하고, 나머지는 매수자가 매도자에게 정산해 줘야 한다.

내가 이 분양권을 총 얼마에 사는지도 파악해야 한다. '확장비를 포함한 총 분양금액 + 프리미엄'이다. 해당 분양권은 총매매 금액이 6억 6880만 원이다. 추후 매수자가 분양회사에 납부할 금액도 알고 있어야 한다. 분양금액에서 매도자가 분양회사에 납부한 금액을 제하면 된다. 이 분양권의 경우 5억 8212만 원을 매수자가 잔금 때까지 납부해야 한다.

매매대금은 해당 분양권을 거래할 때 드는 투자금이다. 중도금 대출은 승계 처리하므로 매도자가 분양회사에 납부한 돈 + 프리미엄을 주면 된다. 따라서 실제 정산할 돈은 8668만 원이다. 분양권

분양대금 정산 서식표

분양금액	분양가	6억 3000만 원
	확장비	1680만 원
	옵션	0원
	소계	6억 4680만 원
매도자가 납부한 금액	분양 계약금	6300만 원
	확장비 계약금	168만 원
	옵션 계약금	0원
	중도금 대출	승계
	소계	6468만 원
총매매 금액	분양가(확장비 포함)	6억 4680만 원
	프리미엄	2200만 원
	소계	6억 6880만 원
매수자가 분양 회사에 납부할 금액	분양금액 – 매도자가 납부한 금액	5억 8212만 원
매매대금	정산지불금(매도자가 납부한 금액 + 프리미엄)	8668만 원
	중도금 대출	승계
	실제 징산할 금엑	8668민 원
분양권 계약서 작성 시	계약금	
	잔금	8668만 원

계약서를 작성할 때 계약금(상호 합의)을 치르고 명의변경 하는 날 잔금을 치르면 된다.

분양권 옵션,
이젠 선택이 아닌 필수다

분양권을 살 때 고민하는 것 중 하나가 옵션이다. 청약에 당첨되고 나면 옵션 신청 기간이 따로 있어 그때 옵션을 선택할 수 있다. 옵션 신청은 매물마다 차이가 있기 때문에 분양권을 살 때 어떤 옵션이 들어가 있는지 잘 살펴봐야 한다.

요즘 새 아파트들은 발코니가 확장된 상태로 분양한다. 그래도 발코니 확장비를 별도로 받는다. 요즘은 대부분 발코니를 확장하는데, 분양가와 별도로 발코니 확장비를 받는 이유는 무엇일까? 가장 큰 이유는 분양가를 원하는 대로 올리기 어렵기 때문에 이 금액을 발코니 확장비에 전가하는 것이다. 발코니 확장비도 저렴하지 않기 때문에 미리 확인해야 한다. 1000만 원 이상 되는 곳들도 많다. 따라서 분양을 받든 분양권을 사든 꼭 발코니 확장비를 포함한 가격으로 주변 아파트와 비교해야 한다.

분양권의 옵션은 실입주를 하느냐, 임대를 주느냐에 따라 갖춰야 할 것이 달라진다.

실입주하는 경우

실입주를 할 경우 당연히 옵션은 많은 게 좋다. 구체적인 옵션의 종류와 가격은 해당 분양단지 입주자모집공고문을 보면 확인할 수 있다. 대표적으로 시스템 에어컨, 빌트인 냉장고, 식기세척기, 전기쿡탑, 붙박이장, 중문, 거실 아트월, 마루, 조명 등이다. 실입주를 한다면 이런 옵션이 많을수록 생활이 더 편해지는 건 사실이다.

빌트인 가전, 붙박이장 등은 벽면에 매립할 수 있어 내부 인테리어를 돋보이게 하고 집을 더 넓게 보이게 하는 효과가 있다. 중문도 없는 것보다는 있는 게 당연히 낫다. 내가 예전에 월세로 살던 아파트에는 중문이 없었다. 그렇다 보니 냉난방이 잘되지 않았고, 대문을 열면 바로 엘리베이터가 있어 사생활 보호에도 문제가 있었다.

하지만 옵션이 많다고 늘 좋은 것은 아니다. 예전에 내가 입주장에 산 분양권이 있었는데, 풀옵션 매물이었다. 시스템 에어컨, 전기쿡탑, 붙박이장, 중문 등 모든 옵션이 들어가 있었다. 매도자가 실거주할 목적으로 분양받았기 때문에 옵션을 모두 신청했다고 한다.

나도 입주를 하기 전에는 기대가 컸다. 하지만 그 집에 계속 살면서 보이는 게 다가 아님을 느끼게 되었다. 아파트마다 분명 차이가 있겠지만 내가 실거주했던 곳의 옵션은 품질이 좋지 않았다. 붙박이장은 이미 군데군데 흠집이 나 있었고, 좋은 자재를 쓰지 않았다는 게 느껴졌다. 전기쿡탑도 내가 직접 구매해 쓰던 것과 성능 차이가 컸다. 안방 붙박이장은 문이 잘 닫히지 않아 하자 신청을 했지만 제대로 수리되지 않아 결국 사비로 철거한 후 브랜드 붙박이장으로 다시 설치해야 했다. 새로 설치한 붙박이장은 지금까지 단 한 번도 고장 나지 않았다. 중문도 문을 닫을 때마다 문이 빠져서 몇 번이나 하자 수리를 받아야 했다. 옵션으로 넣은 것들의 상태가 그렇게 좋지 못했다. 오히려 돈은 돈대로 들고 추후에 수리 때문에 스트레스를 받을 바에는 옵션 신청을 하지 않고 내가 원하는 업체에 의뢰해서 내가 하고 싶은 대로 설치하는 게 훨씬 좋겠다는 생각을 했다. 그러니 옵션을 신청하기 전에 이런 부분들도 감안하길 바란다.

실입주를
하지 않는 경우

실입주하지 않는다면 두 가지를 생각할 수 있다. 하나는 입주하기 전에 파는 경우다. 이게 목적이라면 최대한 옵션이 적을수록 유리하다. 이유는 간단하다. 옵션이 많을수록 총매매가가 비싸지기 때문이다. 분양권을 사는 입장에서는 최대한 저렴하게 사고 싶을 것이다. 따라서 분양권 상태로 입주 전에 팔 계획이라면 옵션을 적게 넣는 것이 낫다.

다른 하나는 입주할 때 임대를 주는 경우다. 내가 실거주할 것이 아니라면 옵션이 너무 많을 필요는 없지만, 시스템 에어컨은 반드시 있어야 한다. 예전에는 시스템 에어컨이 필수는 아니었다. 시스템 에어컨이 없어도 들어오려는 수요가 많았다. 하지만 지금은 시스템 에어컨이 없으면 집을 보러 오지도 않는다. 미세먼지로 인해 창문을 잘 열지 못하는 날이 많아지고 여름에는 폭염이 계속되어 에어컨 없이는 살기 어려워졌기 때문에 시스템 에어컨이 무척 중요해졌다.

또 예전에는 시스템 에어컨이 거실에 하나만 있어도 충분했지만 지금은 아니다. 거실, 방, 주방 등 모든 곳에 시스템 에어컨이 설치되어 있는 것을 선호한다. 초반 프리미엄을 주고 분양권을 살 때는 시스템 에어컨을 거실에 한 대만 신청했었는데, 요즘은 거실 한 대, 방 세 대, 주방 한 대로 총 다섯 대를 신청한다. 요즘에는 주방 천장에도 시스템 에어컨을 넣을 수 있을 만큼 옵션이 점점 다양해지고 있다. 입주장에 임대를 맞추는 건 생각보다 쉽지 않다. 이 시기에 임대 매물이 한꺼번에 몰리기 때문이다. 이때 경쟁력이 되는 것이 옵션이다. 옵션이 너무 많을 필요는 없다. 이때도 선택과 집중이 필요하다. 시스템 에어컨이라도 제대로 들어가 있다면 큰 도움이 된다.

시스템 에어컨 옵션은 분양 당첨이 되고 초반에 신청한다. 그런데 만약 시스템 에어컨 옵션이 들어가 있지 않은 분양권을 샀다면 어떡해야 할까? 실제로 나도 시스템 에어컨 옵션이 없는 분양권을 가지고 있었던 경험이 있다. 처음에 분양권을 살 때는 입주 전에 팔 생각이었기에 옵션 신청 기간에 아무것도 신청하지 않았다. 하지만 보유하는 동안 분양권에 대한 양도세율이 중과되면서 입주 전에 팔기가 어려워졌다. 어쩔 수 없이 입주할 때까지 가져가게 되었고, 입주장에 전세를 놓아야 하는 상황이 되었다.

그런데 이때부터 문제가 발생했다. 내가 갖고 있던 매물은 옵션이 하나도 없었다. 시스템 에어컨조차 없었다. 집을 내놓은 뒤, 아무리 입주장이라 매물이 많다곤 해도 우리 집을 보러 오는 사람이 한 명도 없어서 혹시나 하는 마음에 부동산 소장님께 연락드렸더니 이런 답변이 돌아왔다.

"요즘은 시스템 에어컨 없으면 집 보러도 안 와요."

정말이었다. 분양회사에 연락해서 혹시 추가로 시스템 에어컨을 신청할 수 있냐고 문의하니 이제는 신청이 불가능해서 개별적으로 알아봐야 한다고 했다.

혼자 발을 동동 굴리다 해당 분양단지의 입주민 카페에 들어가 '시스템 에어컨 공구'라는 키워드로 검색했더니 나처럼 시스템 에어컨 옵션을 신청하지 않은 경우 공구를 통해 좀 더 저렴하게 설치할 수 있었다. 하지만 공구 기간도 이미 지나버린 뒤였다. 혹시나 하는 마음으로 공구업체에 연락을 했더니 다행히 공구 가격으로 해주겠다고 해서 겨우 시스템 에어컨을 설치할 수 있었다.

당시 33평 아파트 기준 시스템 에어컨을 네 대 설치하는 데 600만 원에서 800만 원이 들었다(업체마다, 에어컨의 종류마다 차이가 있을 수 있으니 꼭 개별적으로 알아보길 바란다). 그런데 문제는 이게 끝이 아니었다. 언제 설치를 하느냐도 중요했다. 옵션 신청 기간에 신청했다면 사전입주자 점검 기간에 갔을 때 설치가 완료된 것을 확인할 수 있다. 하시만 나저럼 그 시기를 놓치고 개별적으로 설치한다면 소유권이전등기를 한 후 설치 공사를 해야 한다.

문제는 내가 그 아파트에 실입주를 하지 않고 임대를 준다는 점이었다. 분양권을 임대하는 경우 전세보증금을 받은 돈에 내 돈을 보태서 분양권 잔금을 치르게 된다. 세입자의 전세보증금 잔금을 받아 그 돈을 보태 분양회사에 잔금을 치르고 법무사에 소유권이전등기를 신청하는 것이 보통 하루에 모두 이루어진다. 그리고 세입자는 당일에 이사를 한다. 그런데 세입자가 이사를 오기 전에 시스템 에어컨 공사를 해야 하는 것이다. 이때 할 수 있는 건 잔금 대출을 받아 잔금을 치르고 시스템 에어컨 공사를 한 후 임대를 맞춰 보증금으로 대출을 상환하는 방법이었다.

결국 입주 지정 기간까지 임대가 맞춰지지 않아 어쩔 수 없이 대출을 받아 잔금을 치렀고, 바로 시스템 에어컨을 설치했다. 이후 임대를 맞춰서 대출을 상환할 수 있었다. 이런 경우에는 대출을 3년 만기 전에 상환하는 것이므로 중도상환수수료를 내야 한다. 은행으로서는 대출을 길게 이용할수록 이자를 오래 받을 수 있어 좋다. 하지만 대출을 빨리 갚으면 그만큼 이자를 받지 못하므로, 약속한 날보다 빨리 갚을 경우 벌칙 같은 개념으로 중도상환수수료를 부과하는 것이다.

또 요즘 주의해야 할 점은 서울 수도권은 6.27 대출규제로 입주 때 임대를 맞출 경우 세입자의 전세대출이 제한된다는 것이다. 아울러 잔금 대출을 받는다면 6개월 이내에 실입주해야 하는 의무가 생겼으므로 자금 계획을 더욱 철저히 세워야 한다.

나처럼 대출까지 받아서 잔금을 치르고 시스템 에어컨을 설치하는 것이 번거롭다면 세입자와 협의를 할 수밖에 없다. 시스템 에어컨 공사는 하루면 다 할 수 있다. 그러니 잔금 전에 중도금을 일부 지급하고 이사하는 날을 조정해 보는 것이다. 부동산은 협상의 영역이다. 세입자가 양보를 하면 나도 그들에게 무언가를 줄 수 있어야 한다. 이사 청소나 이사비 지원 등 내가 줄 수 있는 것을 제안해 보고 세입자와 이사 날을 협상해 보는 것도 방법이다.

분양권 옵션에 정답은 없다. 개인의 취향, 사정에 따라 얼마든지 다르게 선택할 수 있다. 또한 무조건 옵션으로 하기보다는 중요한 것만 옵션으로 넣고 나머지는 발품을 팔더라도 직접 현장에 가서 내 눈으로 확인하고 좋은 가구나 전자제품을 선택하는 것도 좋다. 만약 기존에 쓰던 가전제품이나 가구가 있다면 그것을 활용해도 된다. 무조건 새것으로 바꾸는 것만이 좋은 건 아니다. 꼭 필요한 것만 사도 되니 이런 부분을 유념해서 옵션 신청을 하길 바란다.

고분양가인지 확인하는
초간단 방법

예전에는 기존에 준공된 아파트보다 저렴하게 분양하는 단지들이 많았다. 하지만 최근에는 공사비가 올라 분양가도 계속 상승 중이다. 분양권을 사는 이유는 새 아파트를 좀 더 저렴하게 사기 위함이지만 분양권이라고 무조건 싸지는 않다. 앞으로는 분양가를 더 철저하게 살펴봐야 한다.

고분양가 여부를 판단하는 데 절대적인 기준은 없다. 입지가 더 좋은 곳에 있는 아파트들과 비교해 봐야 한다. '이 돈으로 분양권을 살까? 아니면 입지가 더 좋은 새 아파트를 살까?'를 계속 고민해 봐야 한다. 내가 입지를 어느 정도 알고 있는 지역이라면 고분양가 여부를 판단하기가 훨씬 수월하다.

입지 대비 고분양가로

미달된 단지

만약 최근 분양한 단지의 청약경쟁률을 보다가 미달이 났다면 왜 그런지 이유를 찾아보자. 대부분은 사람들이 그곳을 입지 대비 고분양가라고 판단했기 때문이다. 경기도 김포시 북변동에 분양했던 김포북변우미린파크리브가 있다. 2024년 5월 분양 당시 1순위 전체 미달이 났다. 분양가를 확인해 보자.

김포북변우미린파크리브 분양가
(출처: 아실)

주택구분	타입	공급금액	공급세대수		
			일반	특별	계
민영	59A	47,500	142	135	277
	59B	47,000	55	51	106
	74A	57,700	57	53	110
	74B	55,200	37	34	71
	84A	65,000	80	74	154
	84B	65,200	14	10	24
	84C	64,500	47	42	89
계			432	399	831

분양가는 84타입 기준 6억 5000만 원 정도다. 그렇다면 주변 아파트의 가격은 어떨까?

김포북변우미린파크리브가 입주하는 곳은 걸포북변역 아래쪽으로, 대부분 1995년에 준공된 구축으로 이루어져 있다. 반면 걸포북변역 위쪽은 이미 신축 아파트들이 군집을 이루고 있다. 상권도 깔끔하게 들어서 있고 근처에 걸포중앙공원이 있어 쾌적하다.

김포북변우미린파크리브가 분양할 당시인 2024년 5월 기준

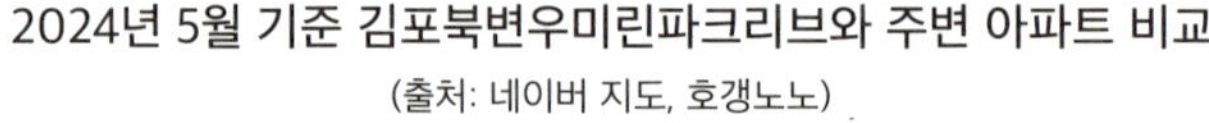

2024년 5월 기준 김포북변우미린파크리브와 주변 아파트 비교
(출처: 네이버 지도, 호갱노노)

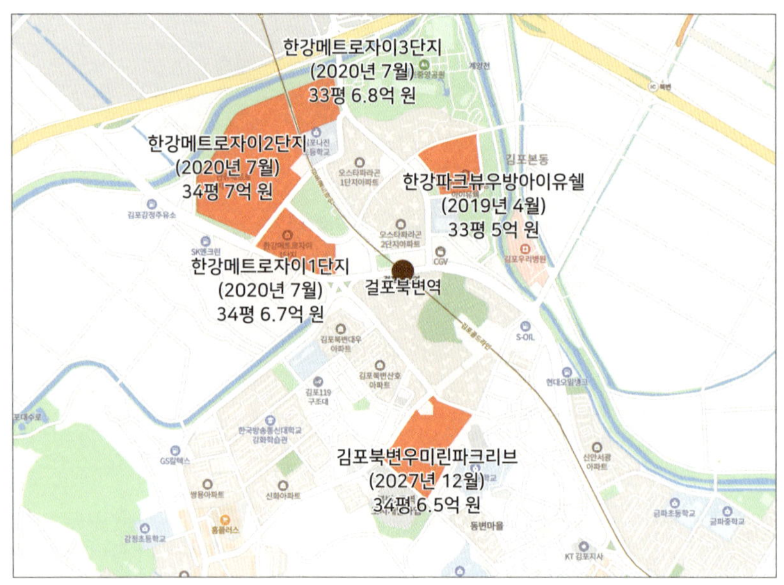

2020년에 지어진 한강메트로자이1단지 34평은 6억 7000만 원이었고, 2019년에 지어진 한강파크뷰우방아이유쉘 33평은 5억 원이었다. 이 단지들과 비교하면 6억 5000만 원인 김포북변우미린파크리브는 연식은 더 새것이지만 입지 대비 저렴하다고 볼 수 없는 것이다. 이곳은 미달이 났다가 2024년 8월에 잔여세대까지 모두 완판되었다. 2025년 10월 기준 시세를 보면 아직은 분양가 대비 상승하지 못하는 모습이다.

김포북변우미린파크리브 시세

(출처: 아실)

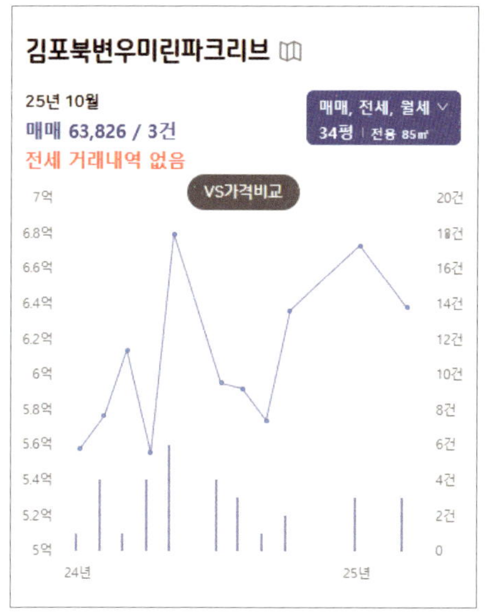

김포북변우미린파크리브 분양 이후 여기와 바로 인접해 한양수
자인오브센트가 분양했다. 2024년 9월 분양 당시 일부 미달이 있기
는 했지만 김포북변우미린파크리브보다 김포골드노선 걸포북변역
에 훨씬 가깝다. 분양가는 33평 기준 6억 8000만 원 정도로 조금 더
비쌌다. 이 단지는 2024년 10월에 잔여세대가 모두 완판되었다. 주
변 신축 대비 고분양가로 분양하기는 했지만 입지와 상품성이 좋고
세대수가 많기 때문에 김포북변우미린파크리브보다는 좀 더 사람
들이 선호할 것으로 보인다.

한양수자인오브센트와 김포북변우미린파크리브 가격 비교
(출처: 네이버 지도, 호갱노노)

또 다른 사례를 보자. 안양시 동안구 호계동에 분양한 e편한세상 평촌어반밸리다. 이곳 역시 2024년 3월 분양 당시 1순위 전체 미달이 되었다. 왜 전체 미달이 되었는지 이유를 찾아야 한다. 분양가를 확인해 보자. 84타입 기준 분양가가 거의 10억 원이다.

분양 당시 주변 아파트들과 비교해 보자. 신축 아파트가 많은데, 이곳들과 비교해 보면 e편한세상평촌어반밸리의 분양가가 그렇게 저렴하지 않다는 것을 알 수 있다. 당시 평촌어바인퍼스트가 9억

e편한세상평촌어반밸리 분양가
(출처: 아실)

주택구분	타입	공급금액	공급세대수		
			일반	특별	계
민영	59A	73,000	97	92	189
	59B	90,000	17	10	27
	74A	90,000	12	6	18
	74B	94,400	21	16	37
	84A	98,900	31	24	55
	84B	98,900	11	6	17
	84C	98,500	30	26	56
	98A	112,600	53	6	59
계			272	186	458

2024년 3월 기준 e편한세상평촌어반밸리와 주변 아파트 비교

(출처: 네이버 지도, 호갱노노)

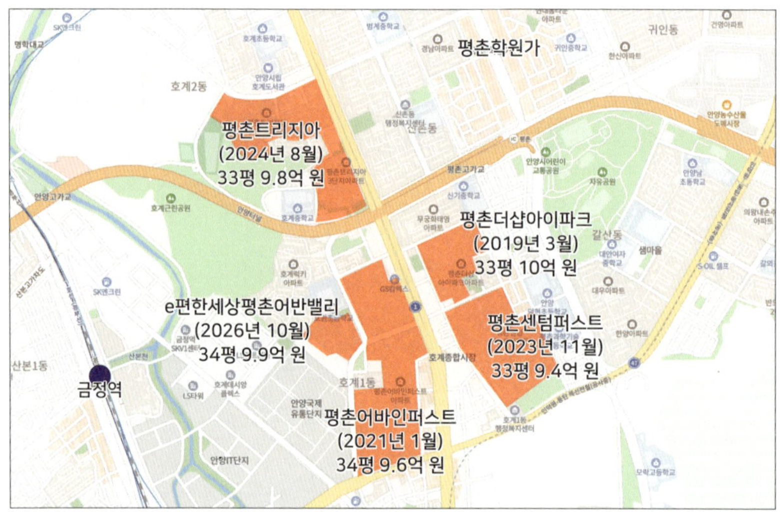

6000만 원, 평촌센텀퍼스트가 9억 4000만 원, 평촌더샵아이파크가 10억 원, 평촌트리지아가 9억 8000만 원이었다.

안양에서 가장 중요한 곳은 평촌 학원가다. 경기도에서 가장 큰 규모의 학원가다. 과천에서도 4호선을 이용해 이 학원가를 이용할 정도다. 평촌 학원가에 인접할수록 좋다고 볼 수 있다.

평촌더샵아이파크의 경우 평촌 학원가에 더 인접해 있지만 분양 당시 가격은 비슷했다. e편한세상평촌어반밸리는 안양국제유통단지와 바로 인접해 있는데, 언뜻 보면 일자리가 가까이 있어 좋다고 생각할 수 있지만 안양국제유통단지는 깔끔한 모습의 일자리는 아니다. 직접 가보면 바로 길 하나 차이일 뿐이지만 평촌어바인퍼스트가 더 쾌적하다는 느낌이 든다. 이런 요인들로 인해 2024년 5월 기준으로 e편한세상평촌어반밸리의 미분양이 100개 정도 남아 있었다. 하지만 이후 2024년 7월에 잔여세대가 모두 완판되었고, 최근 안양의 흐름이 좋아지면서 6000만 원 이상 프리미엄이 붙으며 상승 중이다.

비싸지만
시장이 가격을 받아들인다면?

고분양가지만 입지가 너무 좋아서 그 가격을 받아들이는 경우도 있다.

2024년 4월 대구시 수성구 범어동에 분양한 범어아이파크가 그랬다. 이곳은 1순위 일부 미달이 있긴 했지만 14.49:1의 경쟁률이 나왔다. 분양 당시 대구의 매매지수, 전세지수가 하락하는 분위기였음에도 이 정도 경쟁률이 나왔다는 것은 그만큼 수요가 많았음을 의미한다. 84타입 기준 분양가는 10억 원으로, 결코 저렴한 분양가

범어아이파크 분양가

(출처: 아실)

주택구분	타입	공급금액	공급세대수		
			일반	특별	계
민영	84A	100,574	8	8	16
	84B	106,511	37	35	72
	84C	105,118	26	29	55
계			71	72	143

는 아니었다.

주변 아파트와 가격을 비교해 봐도 그렇게 저렴하지 않다는 것을 알 수 있다. 대표적으로 2022년 12월에 입주한 수성범어더블유 34평이 범어아이파크 분양 당시 9억 2000만 원이었다. 주변 아파트도 대부분 9억에서 9억 5000만 원 정도다. 하지만 대구범어아이파크는 주변 아파트보다 좀 더 비싸게 분양했어도 대구에서 범어역 인근이 워낙 선호하는 곳이기 때문에 실수요자들이 이 가격을 받아들였다고 볼 수 있다.

이처럼 고분양가라는 것은 입지와 함께 판단해야 한다. 무조건 주변 아파트보다 비싸다고 고분양가인 것은 아니다. 그럼에도 그 가격을 받아주는 수요가 있다면 더 이상 고분양가로 볼 수 없는 것

2024년 4월 기준 범어아이파크와 주변 아파트 비교

(출처: 네이버 지도, 호갱노노)

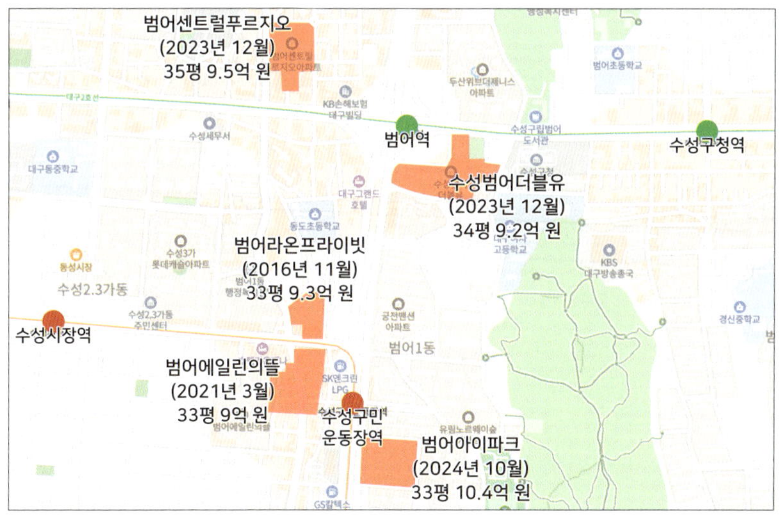

이다. 고분양가임에도 완판된 단지가 있다면 향후 분양하는 단지는 물론이고, 기존 아파트나 먼저 분양한 단지에도 영향을 준다.

또 다른 예로 수원시 영통구 영통자이센트럴파크를 들 수 있다. 구축밭이던 영통역에 자이 브랜드의 신축이 들어온 것이다. 이곳은 2024년 2월 청약 당시 7.5:1로 1순위 일부 미달이 났다. 입지는 워낙 좋았지만 일부 미달이 난 가장 큰 원인은 상대적으로 고분양가라고 판단했기 때문이다. 분양가는 84타입 기준 10억 원이었다.

"이 돈이면 서울에 분양받는 게 더 낫겠다"라고 이야기하는 사람

영통자이센트럴파크 분양가

(출처: 아실)

주택구분	타입	공급금액	공급세대수		
			일반	특별	계
민영	84A	101,990	159	132	291
	84B	104,030	46	57	103
	84C	101,540	48	59	107
	84D	102,230	37	42	79
계			290	290	580

도 많았을 만큼 비싼 분양가였다. 하지만 2024년 3월, 계약 2주 만에 100% 완판되었다. 이 단지가 완판되었다는 것은 의미가 크다. 84타입 기준 10억 원이라는 가격을 실수요자들이 받아들였다는 의미다. 완판 소식이 전해지자 미분양 물건이 있던 수원시 권선구 세류동의 매교역펠루시드 역시 매물이 급소진되는 현상이 나타났다.

매교역펠루시드 84타입 기준 분양가는 9억 원이었다. 바로 옆에 인접한 2022년 7월에 준공된 매교역푸르지오SKVIEW와 거의 비슷한 가격으로 분양했다. 분양 당시에는 고분양가 논란으로 미달이 났지만 분양회사에서 미달된 물량에 한해 기존 계약금을 10%에서 5%로 낮췄고, 더 높은 가격의 영통자이센트럴파크의 계약이 100%

매교역팰루시드 분양가

(출처: 아실)

주택구분	타입	공급금액	공급세대수		
			일반	특별	계
민영	48A	61,600	11	11	22
	48B	62,500	5	4	9
	59B	73,600	35	27	62
	59C	73,800	62	46	108
	71A	82,000	108	88	196
	71B	81,000	26	19	45
	84A	89,900	379	297	676
	84B	89,700	33	25	58
	101	119,800	53	5	58
계			712	522	1234

완료되면서 이 가격이 비싸지 않다고 여기게 되었다. 그래서 매교역팰루시드에 남아 있던 물량도 2024년 3월에 100% 완판되었다. 2025년 11월 기준 매교역팰루시드는 9억 2000만 원에 거래되었다. 분양가 대비 2000만 원 정도 올랐다.

이에 영향을 받은 단지가 또 있다. 용인시 기흥구 서천동에 분양한 영통역자이프라시엘이다. 이 단지는 2024년 1월 분양 당시 1순

매교역팰루시드 시세

(출처: 아실)

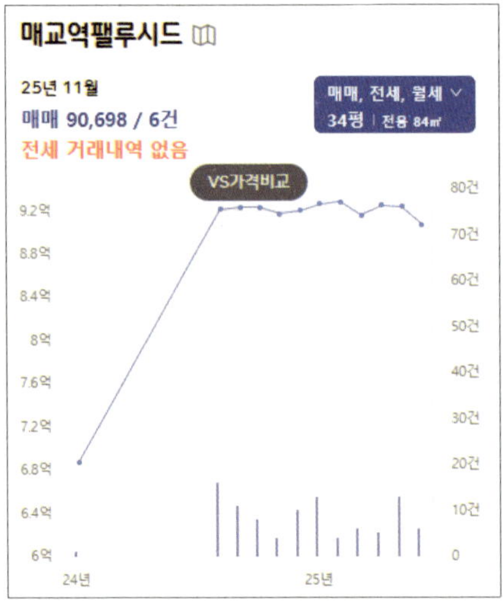

위 전체 미달이 났다. 이곳이 전체 미달된 원인 역시 입지 대비 고분양가로 판단했기 때문이다.

영통역자이프라시엘은 84㎡ 기준 분양가 8억 6000만 원이었다. 이 단지 역시 고분양가 논란이 있었지만 영통자이센트럴파크, 매교역팰루시드가 차례로 완판되면서 2024년 7월, 이곳 역시 잔여세대가 완판되었다. 완판 이후 2025년 9월 32평이 9억 4000만 원까지 거래되었다가 2025년 12월 기준 8억 8000만 원에 거래되었다.

고분양가를 판단할 때는 유연해야 한다. 앞의 예를 보더라도 분

주택구분	타입	공급금액	공급세대수		
			일반	특별	계
민영	84A	86,300	101	100	201
	84B	86,300	58	51	109
	84C	86,300	56	51	107
	84D	86,300	19	16	35
	100	107,600	18	2	20
계			252	220	472

양 당시에는 고분양가로 판단되어 미달되었지만 더 비싸게 분양하는 주변 단지들로 인해 상대적으로 저렴하다고 인식되어 나중에는 완판되는 경우도 있다. 이에 따라 상대적으로 저렴하게 분양한 분양권, 신축 아파트의 가치도 덩달아 상승하고 있다. 영원한 고분양가는 없다. 가격은 늘 상대적인 것임을 잊지 말자.

누구나 받을 수 있는
분양권 대출 노하우

분양권을 살 때 100% 자기 돈으로 살 수 있는 사람이 얼마나 될까? 많지 않을 것이다. 분양권을 살 때 받을 수 있는 대출은 시기에 따라 중도금 대출, 잔금 대출로 나뉜다. 아무나 대출을 받을 수 있는 것은 아니다. 당연히 대출을 받을 수 있을 거라 생각하고 계약부터 했는데 중도금 대출이 안 된다는 대출 담당자의 이야기를 듣는다면 하늘이 노래질 것이다. 그래서 분양권 대출에 대해 미리 알아둬야 그런 상황을 예방하고, 문제가 생기더라도 잘 대처할 수 있다.

당연히 여기다 큰코다치는

중도금 대출

"중도금 대출이 안 나온다고요!?"

일전에 지인이 이런 경험을 한 적이 있다. 당연히 중도금 대출 승계가 되는 줄 알고 분양권 계약까지 했는데, 승계가 되지 않는다는 것이다. 그래서 자비로 중도금을 내느라 상당히 애를 먹었다. 보통 중도금은 분양가에서 계약금과 잔금을 제외한 금액을 6회차에 걸쳐 나눠 낸다. 중도금 대출을 승계받지 못하면 잔금 때까지 내 돈으로 중도금을 내야 하기 때문에 큰 부담이 될 수 있다.

한번은 분양권 대출 승계를 위해 대출 은행에 방문했을 때 다른 창구에 있던 고객이 중도금 대출이 안 돼서 곤란해하는 것을 본 적도 있다. 생각보다 이런 일은 흔하다. 대출 승계는 당연한 일처럼 보이지만 절대 당연하게 이뤄시시 않는다.

분양권을 전매할 때는 매도자가 받았던 기존 중도금 대출을 매수자가 승계하게 된다. 앞서 말했듯이 모든 매수자가 중도금 대출을 승계할 수 있는 건 아니다. 중도금 대출이 승계되는지 계약 전에 반드시 중도금 대출 은행에 문의해야 한다. 중도금 대출 은행은 해당 분양단지 인근 부동산이나 모델하우스에 문의하면 알려준다. 유선으로도 상담이 가능하기 때문에 꼭 미리 체크하자.

2023년 3월 20일부터는 중도금 대출에 대한 상한 기준이 폐지되었다. 기존에는 분양가가 12억 원 이하인 단지까지만 중도금 대출이 가능했지만 이제는 분양가 상관없이 중도금 대출이 가능하다.

이로 인해 가장 큰 혜택을 받은 단지가 서울시 강동구 둔촌주공을 재건축한 올림픽파크포레온이다. 이 단지는 총 1만 2032가구 중 4786가구가 일반분양되어 서울 최대 규모 재건축 단지로 손꼽혔다. 하지만 전용 84m²의 분양가가 12억 원을 넘어 중도금 대출이 불가능했다. 그래서 일반분양 결과 일부 미달이 발생했지만, 중도금 대출규제 완화로 84타입에도 대출이 가능해지면서 미달이 났던 모든 평형의 계약이 마감되었다. 그만큼 중도금 대출이 계약 여부를 결정할 정도로 중요하다.

중도금 대출은 규제지역 기준으로 분양가의 40%, 비규제지역 기준으로 분양가의 60%까지 가능하다. 이전에는 중도금 대출을 받을 수 있는 1인당 한도도 5억 원으로 정해져 있었지만 2023년 3월 20일에 중도금 대출 완화 조치로 한도가 없어졌다. 예를 들어 비규제지역에서 분양가가 10억 원이라면 1인당 최대 6억 원까지 중도금 대출이 가능하다.

"저는 근로소득이 없는 주부라 대출이 안 나올 것 같아요"라고 걱정하는 사람도 있다. 중도금 대출이 가능한 유형별로 알아보자.

첫째, 급여소득자다. 재직증명서, 근로소득원천징수영수증, 소득 금액증명원을 제출하면 가능하다.

둘째, 연금수급자다. 연금내역서를 제출하면 된다.

셋째, 자영업자다. 사업자등록증 등 사업 관련 서류를 제출하면 가능하다.

넷째, 주부와 프리랜서다. 이 경우는 매월 일정한 소득이 발생하지 않기 때문에 대출이 불가능하다고 생각할 수도 있지만 증빙 내역을 제출하면 중도금 대출을 받을 수 있다. 건강(장기요양)확인서, 연말정산용 신용카드 내역 등을 제출하면 된다.

단, 은행마다 자격이나 제출해야 하는 서류는 조금씩 차이가 날 수 있으므로 해당 분양단지의 중도금 대출 은행에 꼭 문의해 보기를 바란다.

또한 중도금 대출노 인시세를 내야 히는데, 거래 금액에 따라 내야 하는 돈이 다르다. 꼭 현금으로 미리 준비하길 바란다.

중도금 대출 필요 서류와 준비물 예시

1	분양계약서, 계약금납입증빙서류(영수증 및 입금증)
2	주민등록등본, 주민등록초본(과거 이력 포함) 및 가족관계증명서 각 1통 ※ 주민등록등본 포함 최근 1개월 이내 발급분
3	본인과 배우자의 세대가 분리된 경우 본인 및 배우자 기준 주민등록등본 각 1통
4	신분증 사본(주민등록증, 운전면허증, 여권)
5	건강보험 자격득실 확인서
6	소득증빙 서류(택1) - 급여소득자: 재직증명서, 최근 2개월 근로소득 원천징수영수증(또는 소득금액증명원) - 사업소득자: 사업자등록증 사본, 최근 2개월 소득금액증명원(종합소득세 납부자용) - 연금소득자 : 연금수급권자 확인서, 연금수급내역서(또는 연금수령 통장) - 기타소득자: 건강보험 납부확인서(최근 1년, 지역 세대주만 인정 가능), 신용카드(체크카드 포함), 연말정산 사용 합계액
7	인지세: 거래 금액에 따라 달라짐(현금 준비 필수) ※ 거래 금액은 분양가+프리미엄으로 산정 구간별 세액: - 1000만 원 초과~3000만 원 이하: 2만 원 - 3000만 원 초과~5000만 원 이하: 4만 원 - 5000만 원 초과~1억 원 이하: 7만 원 - 1억 원 초과~10억 원 이하: 15만 원 - 10억 원 초과: 35만 원

잔금 대출도
방심하지 말고 꼼꼼히 확인하자

잔금 대출 역시 당연히 받을 수 있다고 생각하면 안 된다. 잔금 대출은 해당 분양단지가 입주 시 발생한 거래로 인해 KB시세가 형성되면 그것을 기준으로 규제지역은 40%, 비규제지역은 60% 한도까지 받을 수 있다.

하지만 무조건 40%, 60%를 받을 수 있는 건 아니다. 중도금 대출을 받았다고 해서 잔금 대출 역시 가능한 것도 아니다. 중도금 대출은 DSR(총부채원리금상환비율)을 보지 않지만, 잔금 대출은 DSR을 보기 때문이다. 잔금 대출은 분양권을 담보로 대출이 나오는 것으로, 주택담보대출과 거의 같다고 보면 된다.

먼저 DSR에 대해 알아보자. Debt Service Ratio의 약자로, 연소득에서 매년 은행에 깊아야 히는 총금융부채원리금이 차지하는 비율을 말한다. 여기에는 주택담보대출, 신용대출, 카드론, 자동차할부, 학자금대출 등이 모두 포함된다. 하지만 중도금 대출, 이주비 대출, 전세자금 대출 등 서민 생계와 밀접한 대출은 DSR을 보지 않는다. DSR을 계산하는 방법은 '주택원리금상환액 + 기타대출원리금상환액'을 연간소득으로 나누면 된다.

DSR과 비교되는 것이 DTI(총부채상환비율)인데, DTI는 기존 대출이자 납부액만 고려하지만 DSR(총부채원리금상환비율)은 기존 대출원리금상환액까지 모두 고려하기 때문에 대출 신청자에게 더 불리하다고 할 수 있다.

분양단지 사전입주자 점검일에 방문하면 여러 은행에서 나온 상담사들을 만날 수 있으니 그때 잔금 대출 상담을 받으면 된다. 만약 사전입주자 점검일에 방문하지 못했다면 분양단지 인근 부동산 사무소를 통해 은행별 대출상담사 연락처를 알 수 있으니, 유선으로라도 꼭 대출 가능 여부와 한도를 미리 확인하자. 더군다나 6.27 대출규제로 서울 수도권의 경우 잔금 대출이 6억 원까지만 가능해졌으니 반드시 대출 상담부터 받아보고 자금 계획을 세우도록 하자. 돌다리도 두들겨보고 건너야 한다는 옛말을 꼭 잊지 말자.

내 집 마련을 위한
대출 활용 팁

내 집 마련을 위해 가장 중요한 첫 단추는 바로 종잣돈이다. 종잣돈은 적금을 통해 모을 수도 있지만 시간도 오래 걸리고 한계가 있기 때문에 대출 활용을 추천한다.

지금 같은 부동산 시장에서 소액 투자는 추천하지 않는다. 지금은 투자자보다는 실수요지들이 집을 사는 시장이고, 아파트를 여러 채 살 수 없는 시장이다. 하나 아니면 둘이다. 그럴수록 사람들은 입지가 괜찮은 곳의 새 아파트를 사려고 한다. 그런데 그런 곳은 소액으로 살 수 없다.

보통 소액이라고 하면 투자금 3000만 원에서 5000만 원 정도를 생각하는데, 현재 그 돈으로는 외곽에 있는 소형 구축 아파트 정도를 살 수 있다. 지방으로 가더라도 최소한 1억 원 이상은 있어야 한다.

목돈을 만들기 가장 좋은 방법은 기존 1주택을 팔고 월세로 가는 것이다. 전세는 보증금이 크지만 월세는 보증금이 적기 때문에 월세로 사는 게 상대적으로 목돈을 마련하기 좋다. 이때는 매월 나가는 월세를 고려해야 한다. 나 역시 투자를 하고 싶은데 돈이 없었을 때는 기존에 가지고 있던 1주택을 팔고 월세로 살면서 그 돈으로 투자를 했다.

이때는 각오를 단단히 해야 한다. 내 집에 살다가 남의 집에 사는 건 쉽지 않다. 서러울 수도 있다. 하지만 그 돈으로 투자한 곳이 꾸준히 오른다면 그것으로 만회할 수 있다. 혹은 부모님 집에 살면서 주거비를 줄이는 방법도 고려할 수 있다. 투자는 불편해야 잘할 수 있다.

내 집 마련에 정답은 없다. 각자의 상황에 맞게 하면 된다. 내가 뼛속 깊이 공감하는 말이 있다. '가만히 있으면 현상 유지가 아니라 오히려 도태된다'라는 말이다. 우리가 사는 이 세상은 계속해서 앞으로 나아간다는 사실을 절대 잊지 말았으면 한다.

당장 큰돈은 없지만 내 집 마련을 하고 싶은 사람은 대출을 활용하는 것도 좋은 방법이다.

무주택자와 신혼부부에게
유리한 대출

현재는 무주택자와 신혼부부를 대상으로 하는 대출이 많기 때문에 여기에 해당하는 사람이라면 대출을 적극 활용하는 편이 좋다.

첫째, 신생아특례대출이다. 아이를 계획하고 있는 신혼부부라면 제일 먼저 신생아특례대출을 고려해 보자. 이 대출은 2024년 1월 29일부터 시행되었는데, 대출 신청일 2년 이내 출산한 무주택 가구를 대상으로 주택 구입 자금 또는 전세자금을 저리로 대출해 준다. 주택 구입 자금의 경우 대출한도는 최대 4억 원, 금리는 연 1.8~4.5%다. 대출 대상 부부합산 연소득이 1억 3000만 원 이하(맞벌이의 경우 2억 원 이하), 순자산 4억 8800만 원 이하인 가구로, 9억 원 이하 전용 85m^2 이하의 주택을 구입하는 경우 대출받을 수 있다. 신청은 주택도시기금에서 할 수 있다. 희소식은 신생아득례대출 소득 기준이 한시적으로 완화된다는 것이다. 2025년 이후 출산한 가구의 경우 한시적으로 소득 기준이 3년간 2억 5000만 원 이하로 완화된다.

둘째, 보금자리론이다. 보금자리론은 집을 사려는 서민, 중산층을 위해 정부가 지원하는 장기 고정금리 주택담보대출이다. 대상은 무주택 또는 1주택자가 가능하고 6억 원 이하 공부상 주택만 가능하다. 부부합산 연

보금자리론

(출처: 한국주택금융공사)

신청대상	• 민법상 성년 • 대한민국 국민(재외국민, 외국국적동포 포함) 　- 다만, 재외국민, 외국국적동포는 구입자금보증(생애최초특례구입자금보증·전세사기피해자 특례구입자금보증 포함) 이용이 불가하기 때문에 대출한도가 감액될 수 있음 • 한국신용정보원 신용정보관리규약 해당사항 없고 CB점수 271점 이상
대출요건	• 6억 원 이하 공부상 주택 • 본건 담보주택 제외 무주택 또는 1주택 • 부부합산 연소득 7000만 원 이하 • LTV 최대 70%, DTI 최대 60%
상품구조	• 대출한도 최대 3.6억 원(다자녀 · 전세사기피해자 4억 원, 생애최초 4.2억 원) • 대출만기 10, 15, 20, 30, 40, 50년(만기 40, 50년은 특정 조건을 충족해야 한다.) • 원리금 균등, 원금 균등, 체증식 분할상환

소득 7000만 원 이하여야 하고 대출한도는 최대 3억 6000만 원이다. 다자녀, 전세사기 피해자는 4억 원, 생애최초로 집을 구입하는 경우 4억 2000만 원까지 가능하다.

상환 방식은 원리금 균등, 원금 균등, 체증식 분할 상환이 있다. 이 중에서 체증식 분할 상환은 처음에는 적게 내고 나중에 많이 내는 방식이다. 일정 기간마다 월 상환액이 일정 비율로 증가한다. 보통 대출 기간을 30년 정도로 하더라도 중간에 집을 매도하고 대출금을 상환하는 경우가 많기 때문에 매월 상환해야 할 대출금이 부담되는 사회 초년생이나 신혼부부라면 체증식 분할 상환도 고려해 보기 바란다.

셋째, 디딤돌대출이다. 디딤돌대출은 주택도시기금을 통해 무주택 서민에게 낮은 금리로 제공되는 대출 상품이다. 대출 조건은 무주택 세대주로 부부합산 연소득 6000만 원 이하(생애최초, 2자녀 이상 가구는 7000만 원, 신혼부부는 8500만 원 이하)여야 하고 대출 한도는 최대 2억 원이다. 생애최초 집 구입자는 2억 4000만 원, 신혼부부 또는 2자녀 이상인 경우 3억 2000만 원까지 가능하다. 디딤돌대출도 상환 방식을 원리금 균등, 원금 균등, 체증식 분할상환 방식 중 선택할 수 있으며 주택도시기금 기금e든든 홈페이지(https://enhuf.molit.go.kr)에서 신청할 수 있다.

디딤돌대출

(출처: 한국주택금융공사)

신청대상	• 민법상 성년 • 대한민국 국민 • 접수일 현재 세대주 • 한국신용정보원 신용정보관리규약 해당사항 없고 CB점수 350점 이상 • 본인 및 배우자 합산 순자산 가액 4.88억 원 이하
대출요건	• 5억 원(신혼 · 2자녀 이상 가구 6억 원) 이하 공부상 주택 • 세대원 전원이 무주택 • 부부합산 연소득 6000만 원 이하(생애최초, 2자녀 이상 가구 7000만 원, 신혼가구 8500만 원) • LTV 최대 70% • DTI 최대 60%
상품구조	• 대출한도 최대 2억 원(생애최초 주택구입자 2.4억 원, 신혼 · 2자녀 이상 가구는 3.2억 원) • 대출만기 10년, 15년, 20년, 30년(거치기간은 1년 또는 비거치) • 원리금 균등, 원금 균등, 체증식 분할상환

대출규제에
대응하는 법

최근까지 나왔던 이재명 정부의 부동산 관련 정책은 6.27 대출규제, 9.7 공급대책, 10.15 부동산 대책이다. 지금까지의 규제 내용을 종합적으로 정리하면 수도권, 규제지역에서 2주택자 대출이 금지된다. 1주택자는 6개월 이내 기존 주택을 처분할 경우 대출이 가능하다.

대출한도는 시가 15억 원 이하까지 6억 원, 시가 15억 원 초과~25억 원 이하는 4억 원, 시가 25억 원 초과는 2억 원으로 주택가격에 따라 제한된다. 그리고 수도권, 규제지역 내 보유주택을 담보로 한 생활안정자금 목적의 주택담보대출 한도를 최대 1억 원으로 제한한다.

만약 전세를 준 집이 있다면 주의해야 한다. 세입자를 내보낼 때는 전세퇴거자금대출을 받게 되는데, 이 대출도 생활안정자금 목적의 주담대로 보고 최대 1억 원으로 한노를 세한다. 이렇게 되면 세입자를 내보내고 실입주하려는 계획이 어그러질 수 있다. 전세퇴거자금대출은 개인 사정에 따라 다르므로 반드시 미리 대출 상담을 통해 한도를 확인하는 것이 중요하다.

또한 매매와 동시에 전세를 맞춰서 세입자 보증금으로 매매 잔금을 치르던 방식이 어려워지게 되었다. 이 경우 세입자의 전세자금 대출을 제한하기 때문이다. 서울 전역, 경기도 12개 지역이 토지거래허가구역으로 묶이고 실거주만 가능하게 되면서 이 지역에서는 갭투자가 아예 불가능해졌다. 따라서 예전보다 대출 가능 여부를 미리, 여러 은행에 꼼꼼하게 알아봐야 한다.

저렴한 이자로 대출받는
고수의 팁

부동산 투자를 하다 보면 저렴한 이자로 대출을 잘 받을 수 있는 노하우가 생기게 된다. 신경 쓰지 않으면 놓칠 수 있는, 세세하지만 중요한 팁을 몇 가지 공개하겠다.

첫째, 주거래 은행을 믿지 말자. 대출을 처음 받는 사람들은 대부분 주거래 은행에서 저렴한 금리로 잘 대출해 줄 거라고 생각한다. 나 역시 태어나 처음으로 대출을 받을 때 주거래 은행부터 찾아갔다. 하지만 내 생각보다 대출금리도 높았고 한도도 낮았다. 혹시나 싶어 다른 은행에 가봤더니 은행에서 요구하는 조건만 맞추면 금리도 낮춰주고 대출한도도 주거래 은행보다 더 높게 해준다고 했다. 조건은 앞으로 월급 이체를 이 은행으로 받고 신용카드를 매월 일정 금액만큼 써달라는 것이었다. 그 정도는 큰 부담이 안 되었기 때문에 주거래 은행이 아닌 다른 은행에서 대출을 받았다. 이처럼 주거래 은행이라고 좋은 조건으로 대출해 주는 것은 아니니 다른 은행에도 꼭 방문해 보자.

둘째, 대출상담사를 최대한 활용하자. 대출상담사는 은행의 대출 상품을 소개해 주는 영업사원이라 할 수 있다. 대출상담사 연락처는 보통 부동산 중개업소에 연락하면 은행별로 알려준다. 유선으로 상담이 가능하며 대출 가능 여부, 한도, 이자까지 한 번에 알 수 있다. 최대한 여러 곳에 전화해 대출이자와 한도를 비교하면 상대적으로 저렴한 금리로 대출해 주는 곳을 찾을 수 있다.

이때 이 사람이 정식으로 등록된 대출상담사인지 확인하고 싶다면 은행연합회 사이트에 가서 대출상담사의 등록번호 등을 조회하면 정식 등록 여부를 확인할 수 있다. 대출상담사 등록번호는 대출상담사 명함에 기재되어 있기 때문에 명함을 보내달라고 해도 되고, 부동산 중개업소에 가면 대부분 소개해 주는 대출상담사 명함을 갖고 있기 때문에 받아서 확인하면 된다.

셋째, 인터넷은행을 활용하는 것이다. 은행연합회 사이트에 들어가면 은행별로 금리를 비교할 수 있다. 또는 금융감독원 사이트에 가면 '금융상품한눈에'라는 메뉴가 있다. 대출금리, 월상환액, 대출 상품 문의처까지 안내되어 있어서 편하게 금리를 비교할 수 있다.

은행연합회 사이트

금융감독원 금융상품한눈에

그 외에도 요즘에는 카카오뱅크앱이나 토스앱에서 대출 가능한 은행과 한도, 이자를 한 번에 비교해 주기 때문에 직접 은행에 가지 않고도 저렴한 이자로 제공되는 대출 상품을 찾을 수 있다.

3부

실전

전략을 갖고 분양권에 투자하라

5장

분양권 고르는 안목을 키워라

분양권
퀵하게 분석하기

사고 싶은 분양권이 있을 때 살지 말지 좀 더 빠르게 분석하는 방법이 있다. 내가 살고 싶은 지역이 있다면 이곳의 분양권을 빠르게 살펴보고 괜찮은 분양권들을 추려 나만의 리스트를 만들어보는 것을 추천한다. 실제 단지를 예로 들어 분석해 보자.

망포역푸르지오르마크

1. 청약경쟁률 확인하기

수원 영통구 망포동에 분양한 망포역푸르지오르마크 단지를 보

자. 먼저 청약경쟁률을 확인한다. 아실 분양 메뉴에서 단지명을 검색해 청약경쟁률을 확인할 수 있다.

이 단지는 2025년 9월 분양 당시 청약경쟁률이 9:1로 1순위에서 완판되었다. 일단 수요가 많다고 볼 수 있다. 청약경쟁률도 타입별로 더 자세히 확인할 수 있다. 타입별 경쟁률을 보면 84타입 같은 경우 84A가 다른 타입보다 경쟁률이 훨씬 더 높다는 것을 알 수 있다. 보통 84A는 판상형 구조인 경우가 많다. 판상형 구조는 방과 거실이 옆으로 나열된 구조라 통풍이 잘된다. 추후 이 분양권을 산다면 참고할 수 있다.

망포역푸르지오르마크 청약경쟁률

(출처: 아실)

망포역 푸르지오 르마크

`민영주택` `분양주택`

관심도 전국 0위, 경기 0위
- 1순위 경쟁률 9.02 (1순위 완판)
- 당첨가점 평균 0.점

청약일 : 2025-09-08 ~ 2025-09-10
당첨발표 : 2025-09-18
입주년월 : 2030년 02월
공급세대 : 615세대
건설업체 : 망포역세권개발피에프브이㈜,㈜대우건설
시행사 :
사업주체 전화번호 : 031-206-1695
공급위치 : 경기도 수원시 영통구 영통동 980-2번지 일원

타입	공급	순위		접수 건수	경쟁률 (미달세대)
62	21	1순위	해당	716	34.10
			기타	560	-
84A	76	1순위	해당	1386	18.24
			기타	707	-
84B	63	1순위	해당	229	3.63
			기타	218	-
100A	172	1순위	해당	968	5.63
			기타	480	-
100B	61	1순위	해당	246	4.03
			기타	134	-

2. 위치 파악하기

다음으로 입주하는 곳의 위치를 지도에서 직접 확인하자. 카카오 지도나 네이버 지도를 활용하면 좋다.

지도를 보면서 이 단지의 동서남북에 뭐가 있는지 봐야 한다. 이 단지의 경우 지하철 수인분당선 망포역에서 도보 2분 거리다. 주변에 이마트트레이더스라는 대형 상권이 있으며 망포역 인근에도 상

망포역푸르지오르마크 위치

(출처: 카카오지도)

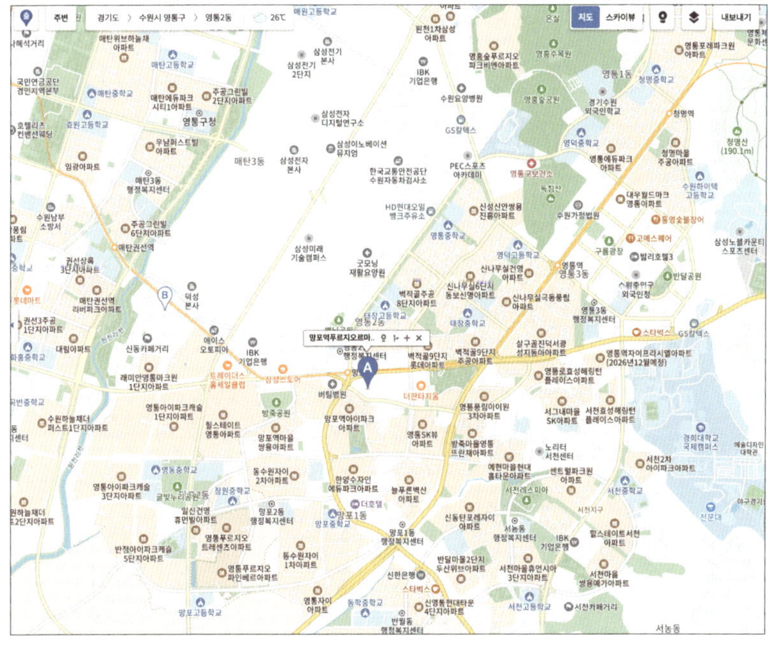

권이 밀집되어 있다. 무엇보다 망포역에서 한 정거장만 가면 영통역이 있어 영통역의 풍부한 상권, 학원가를 가까이에서 이용할 수 있다. 영통역에는 추후 인덕원-동탄 복선전철 급행역이 생길 예정이다. 이 노선을 통해 신분당선 연장역이 생기는 수원월드컵경기장역으로 이동 시 강남역까지 갈 수 있다. 그러면 망포역에서 강남까지 이동이 전보다 훨씬 빨라지게 되는 것이다.

3. 입지 분석하기

수도권은 교통과 일자리가 입지에 가장 큰 영향을 준다. 망포역 인근에 삼성전자 디지털시티 수원사업장이 있다. 이곳은 삼성전자 직원들이 직주근접으로 선호하는 곳이다. 아울러 수인분당선 망포역에서 강남구청역까지 1시간이면 환승하지 않고 이동할 수 있다.

입지에 대한 내용은 분양회사에서 간략하게 만든 자료도 있으니 그것을 활용해도 좋다. 아실에서 해당 단지를 조회하면 분양회사에서 한 장으로 입지 분석한 자료를 볼 수 있다. 이것만 봐도 중요한 입지의 포인트들을 알 수 있다.

4. 분양가 비교하기

그다음으로 망포역푸르지오르마크 분양 당시 주변 신축과 비교

망포역푸르지오르마크 입지 환경

(출처: 아실)

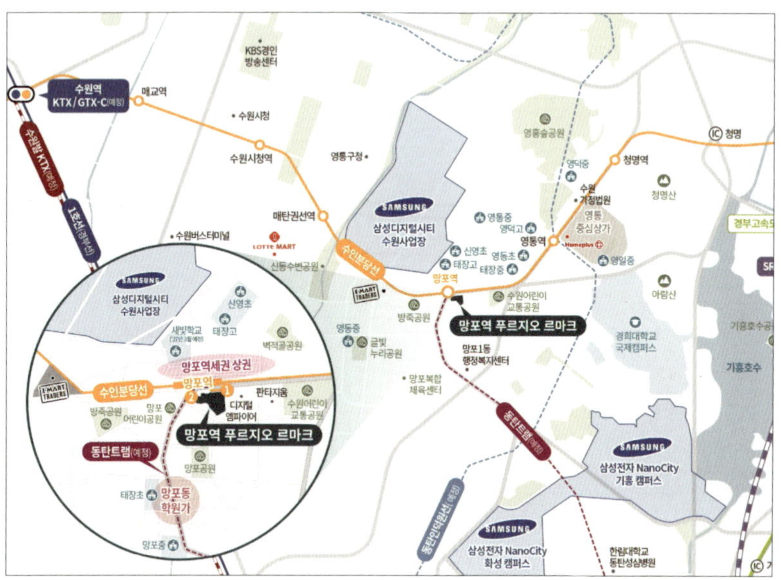

해 보자. 이 단지 35평 분양가가 거의 12억 원인데 영통자이센트럴파크 33평이 12억 원, 힐스테이트영통이 10억 5000만 원이다.

역과의 거리나 상품성을 고려할 때 힐스테이트영통보다 망포역푸르지오르마크가 더 비싼 건 알겠지만, 더 입지가 좋은 영통자이센트럴파크와 비교해 보면 망포역푸르지오르마크의 분양가가 상대적으로 저렴하지 않다는 것을 알 수 있다. 같은 가격이라면 좀 더 입지가 좋은 영통자이센트럴파크를 선택할 사람들이 훨씬 많을 것

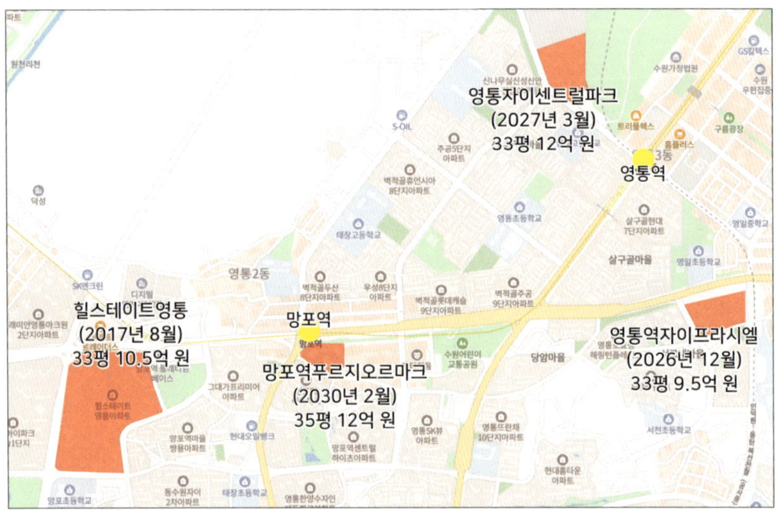

이기 때문이다. 이렇게 주변 신축들과 가격을 비교해 보면 같은 돈을 가지고 어디를 사야 할지가 좀 더 명확해진다.

롯데캐슬시그니처중앙

1. 청약경쟁률 확인하기

이 단지는 주공5단지 2구역 주택재건축 사업을 한 단지다. 가장

(출처: 아실)

롯데캐슬 시그니처 중앙

민영주택 분양주택

관심도 전국 **0**위, 경기 0위
- 1순위 경쟁률 9.71 (1순위 완판)
- 당첨가점 평균 56.점

청약일 : 2023-12-18 ~ 2023-12-20	건설업체 : 주공5단지2구역주택재건축정비사업조합
당첨발표 : 2023-12-28	시행사 :
입주년월 : 2027년 11월	사업주체 전화번호 : 1899-2050
공급세대 : 511세대	공급위치 : 경기 안산시 단원구 고잔동 674

타입	공급	순위		접수 건수	경쟁률 (미달세대)	당첨가점		
						최저	최고	평균
59A	94	1순위	해당	1454	15.47	58	69	63
			기타	444	-			
		2순위	해당	0	-	-	-	-
			기타	0	-			
59B	70	1순위	해당	579	8.27	52	68	59
			기타	181	-			
		2순위	해당	0	-	-	-	-
			기타	0	-			
59C	91	1순위	해당	444	4.88	42	61	49
			기타	231	-			
		2순위	해당	0	-	-	-	-
			기타	0	-			

먼저 청약경쟁률부터 확인한다.

2023년 12월은 금리 인상의 여파로 인해 전국적으로 매수 심리가 위축되어 있던 시기다. 그런 와중에 9.71:1로 1순위 완판되었다는 것은 그만큼 수요가 많았다고 볼 수 있다.

타입별 청약경쟁률도 확인해 보자. 일반분양은 59타입만 했다. 그중에서 59A가 15.47:1로 경쟁률이 가장 높았다. 59A 타입은 사람들이 가장 선호하는 판상형이다. 아무래도 인기가 더 많았던 타입의 매물에 프리미엄이 더 많이 붙을 수 있기 때문에 추후 이 분양권을 살 때를 대비해 미리 알아두는 것이 좋다.

2. 위치 파악하기

입주하는 단지의 위치를 지도에서 직접 확인하자. 네이버 부동산에서 해당 단지를 검색한 후 '개발'을 누르면 개발 호재도 함께 확인할 수 있다.

수인분당선, 4호선 중앙역에 인천발 KTX 직결 노선이 생긴다. 이 노선은 송도에서 어천까지 이어지며 2026년 12월 개통 예정이다. 또한 신안산선 공사가 한창이다. 신안산선은 여의도에서 한양대까지 이어지며 2026년 개통 예정이다. 이 노선이 개통되면 서울 도심과 수도권 서남부지역의 광역 교통 문제를 해소하는 데 기여할

롯데캐슬시그니처중앙 개발 호재

(출처: 네이버 부동산)

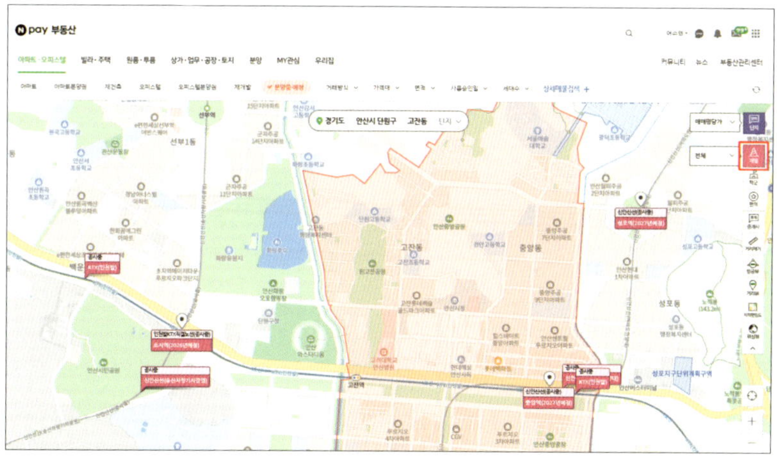

것으로 보인다.

　인근 상록수역에는 GTX-C노선이 예정되어 있다. 이 노선은 양주 덕정역에서 수원역과 안산 상록수역을 연결한다. 2028년 준공 예정이며 수도권 교통난을 해소할 것으로 보인다. 이 단지 인근에 이처럼 교통 호재가 많다는 것은 분명 장점이지만, 교통 호재는 덤 정도로 생각하면 된다. 이 단지는 원래 입지가 좋은 곳이라 확실한 호재들이 있기 때문에 향후 가치가 더 상승할 것임을 예상할 수 있다.

3. 입지 분석하기

입지 분석을 하는 데는 시간이 많이 걸린다. 좀 더 빠르게 파악하려면 분양회사에서 입지 분석을 해준 자료를 보면 된다.

주요 상권, 학원가, 학군, 교통 호재를 한눈에 볼 수 있다. 이것만 봐도 이 단지의 입지와 향후 호재까지 대략적으로 파악할 수 있다.

4. 분양가 비교하기

마지막으로 분양가를 주변 기축 아파트들과 비교해 보자. 역에서

입지 환경

(출처: 아실)

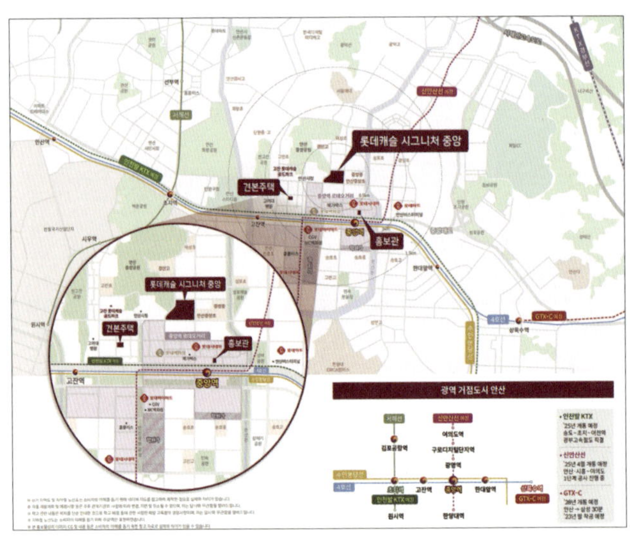

비교적 먼 안산레이크타운푸르지오는 6억 7000만 원으로 롯데캐슬시그니처중앙보다 3000만 원 더 비싸다. 롯데캐슬시그니처중앙과 바로 인접한 힐스테이트중앙은 2018년 11월에 입주했는데, 6억 5000만 원으로 가격이 조금 더 높다. 이렇게 비교해 보면 롯데캐슬시그니처중앙이 가장 상품성이 좋으면서도 시세는 주변과 비슷하다는 것을 알 수 있다. 앞으로 주변 아파트들보다 시세가 더 상승할 가능성이 높다고 판단할 수 있다.

이처럼 퀵하게 분양권을 분석한 후 관심이 가는 단지들을 리스

롯데캐슬시그니처중앙 주변 아파트와 시세 비교

(출처: 네이버 지도, 호갱노노)

트로 만들고 입지 요소들을 더 세부적으로 분석하면 시간을 줄이고 선택과 집중을 할 수 있을 것이다. 시간이 없어서 못 한다는 건 핑계임을 꼭 명심하자. 분양권을 분석하는 데 정답은 없다. 만약 내가 보고 있는 분양권이 학군지라면 학군, 학원가 밀집 여부를 확인하고, 교통이 중요한 곳이라면 교통 호재 등을 먼저 살펴보면 된다. 퀵하게 분석을 한 후에는 꼭 나만의 투자 리스트에 정리해 계속 모니터링하기를 추천한다.

분양권 매수를 위한
나만의 리스트 만들기

관심을 가지고 계속 분양권을 찾다 보면 당장은 돈이 없어 못 사지만 나중에라도 꼭 사고 싶은 곳들이 보인다. 눈으로만 보면 금방 잊어버리기 때문에 그런 물건이 나왔을 땐 바로바로 정리해 둬야 한다.

나만의
관심 분양권 리스트를 정리하자

다음은 내가 만든 분양권 리스트 서식이다. 의왕시 오전동에 분양한 의왕센트라인데시앙을 예로 들어 작성 방법을 하나씩 알아보자.

1. 분양권 정보	시	의왕
	구	
	동	오전동
	아파트명	의왕센트라인데시앙
	건설사(브랜드)	태영건설
	분양 당시 분양가	9억 3000만 원
	1순위 경쟁률	1.91:1
	입주일자	2026년 11월
	세대수	733
2. 현재 거래 가능 물건	평수	34
	층	10
	향	남
	매물 분양가	9억 3000만 원
	프리미엄	500
	총매매가	9억 3500만 원
	거래 방식(손피, 다운, 실거래)	실거래
	평당가	2750만 원
3. 실거래가	2024년 11월	9억 5800만 원
	2025년 11월	9억 7800만 원
	상승률(1년)	2%

1. 분양권 정보

분양권 정보는 앞서 설명했듯 '아실'의 '분양' 메뉴에서 해당 단지를 검색하면 알 수 있다. 시, 구, 동, 아파트명, 건설사를 확인하고 기록한다. 건설사까지 적는 이유는 사람들은 이왕이면 브랜드 단지를 좋아하기 때문이다. 하지만 브랜드 단지라고 무조건 다 좋은 건 아니다. 항상 입지와 브랜드를 함께 생각해야 한다.

분양가도 이곳에서 확인하고 적는다. 분양가 역시 동과 층별로 차이가 있기 때문에 현재 거래 가능 물건에 해당하는 분양가를 적으면 된다. 1순위 경쟁률은 아실에 나오는 평균 경쟁률을 적으면 되고 이를 통해 이 단지에 대한 수요를 확인할 수 있다.

이때 주의할 점은 일부 미달, 전체 미달이 났다고 해서 앞으로도 계속 수요가 없을 것이라고 판단하면 안 된다는 점이다. 분양 당시는 부동산 분위기가 좋지 않아 미달이 났어도 그 지역의 흐름이 점점 좋아짐에 따라 프리미엄이 상승할 수도 있기 때문이다.

또 입주일자도 알아야 내가 분양권을 사게 되었을 때 돈이 언제 얼마만큼 필요한지 계획을 세울 수 있다. 세대수는 보통 1000세대 이상을 대단지라고 한다. 꼭 1000세대가 아니라도 세대수는 많을수록 좋다. 세대수가 많을수록 커뮤니티가 좋아지고 관리비 부담이 덜하기 때문이다. 요즘에는 단지 내 수영장이 있는 곳도 흔하고 헬스장도 웬만한 유료 헬스장보다 잘 갖춰져 있는 곳도 많다.

2. 현재 거래 가능 물건

현재 거래 가능 물건은 네이버 부동산에서 해당 단지를 검색해서 물건별로 파악해서 적으면 된다. 내가 본 매물은 34평 10층 남향 매물로 분양가는 9억 3000만 원 정도였다. 프리미엄은 500만 원인데, 거래 방식이 손피거래인지, 다운거래인지, 실거래인지에 따라 실제 프리미엄도 차이가 나기 때문에 반드시 해당 매물을 올린 부동산에 전화해 물어봐야 한다.

옵션도 마찬가지다. 매물마다 신청한 옵션이 다르기 때문에 각각 확인해야 한다. 옵션이 있다면 구체적으로 어떤 옵션을 신청했는지도 부동산에 문의해야 한다. '분양가 + 프리미엄 + 옵션'을 모두 합한 금액이 총매매가가 된다.

그다음에는 분양권의 평당가를 적으면 되는데, 다른 분양권들과 가격 비교를 좀 더 쉽게 하기 위함이다. 총매매가를 평수로 나누면 평당가가 나온다.

3. 실거래가

마지막으로 실거래가는 '아실'의 '아파트/오피스텔'에서 해당 단지를 검색하면 확인할 수 있다. 이 단지의 경우 2024년 11월에 9억 5800만 원, 2025년 11월에 9억 7800만 원으로 거래된 내역이 있어 1년 사이에 2000만 원이 올랐다는 것을 알 수 있었다. 상승률도 계산해 보자.

(2025년 11월 실거래가 - 2024년 11월 실거래가) ÷ 2024년 11월 실거래가 = 상승률

(9억 7800만 원 - 9억 5800만 원) ÷ 9억 5800만 원 = 2%

상승률은 이렇게 계산할 수 있다. 1년 동안 약 2% 상승했다는 것을 알 수 있다. 이렇게 내가 관심 있는 분양권이 있다면 하나씩 정리해 보자. 그리고 프리미엄 변화가 있는지 수시로 모니터링하면 된다. 지금 당장은 못 사더라도 이 자료가 앞으로 자산을 늘려가는 데 보물 지도가 되어줄 것이다.

1. 분양권 정보	시	
	구	
	동	
	아파트명	
	건설사(브랜드)	
	분양 당시 분양가	
	1순위 경쟁률	
	입주일자	
	세대수	
2. 현재 거래 가능 물건	평수	
	층	
	향	
	매물 분양가	
	프리미엄	
	총매매가	
	거래 방식(손피, 다운, 실거래)	
	평당가	
3. 실거래가	○○○○년 ○○월	
	○○○○년 ○○월	
	상승률(1년)	

거래 방식에 따라
프리미엄이 달라진다

분양권을 살 때 프리미엄을 눈에 보이는 대로 판단하면 안 된다. 거래 방식에 따라 프리미엄 금액이 달라지기도 한다.

네이버 부동산에서 분양권을 검색하면 분양가와 프리미엄을 확인할 수 있다. 경기도 용인시 기흥구 서천동에 분양한 영통역자이프라시엘의 경우 2025년 9월 기준 33평 분양가 8억 7000만 원에 프리미엄이 1억 원 정도 붙었다. 이때 실거래인지 다운거래인지, 손피거래인지에 따라 실제 프리미엄이 달라지므로 부동산에 연락해 직접 알아봐야 한다고 앞서 설명했다.

영통역자이프라시엘 분양가 프리미엄
(출처: 네이버 부동산)

실거래가로
거래하는 경우

실거래가로 거래하는 경우는 일반적으로 매도자가 양도세를 부담한다. 예를 들어 매도자가 이 분양권을 1년 이상 보유했다고 가정하고 양도세를 계산해 보자. 프리미엄 1억 원에서 1년간 개인이 받을 수 있는 인적공제 250만 원을 제한다. 또한 분양권 거래 시 발생하는 중개수수료를 제한다. 중개수수료는 물건마다 다르지만 여기서는 100만 원이라 가정해 보자.

프리미엄 1억 원 - 양도세 인적공제 250만 원

- 분양권 거래 중개수수료 100만 원 = 9650만 원

9650만 원*66% = 약 6400만 원

1년 이상 보유 시 분양권 양도세율은 66%이다(지방세 포함). 그럼 양도세는 약 6400만 원이 된다. 정확한 것은 반드시 국세청 홈텍스나 세무사 상담을 통해 직접 확인하기 바란다. 실거래가로 거래할 경우 프리미엄 1억 원에서 양도세 6400만 원을 제하면 3600만 원이 남는다.

손피거래는 무엇일까?

손피거래는 양도세를 매도사가 아닌 매수자가 낸다. 따라서 손피를 다른 말로 양도세 매수자 부담 방식이라고도 부른다. 손피거래는 네이버 부동산에서 분양권을 찾다 보면 '손피' 혹은 '양도세 매수 부담'이라고 기재되어 있는 것을 볼 수 있다. 겉으로 보기에는 양도세를 매수자가 낸다는 것이 이상해 보일 수 있지만 계산을 해 보면 이해가 간다. 만약 손피 1억 원이라고 한다면 매도자가 양도

손피 예시

(출처: 네이버 부동산)

매물특징	앞동, 남동향, 일조량 굿,대학병원 5분, 양도세 매수부담 1억1750		
공급/전용면적	110.11㎡/84.95㎡(전용률77%)		
해당층/총층	8/16층	방수/욕실수	3/2개
분양가	4억990	프리미엄	1억1,750
매물특징	손5000, 에2, 옵션비 발코니확장비 별도		
공급/전용면적	113.6㎡/84.99㎡(전용률75%)		
해당층/총층	23/29층	방수/욕실수	3/2개

세 등 모든 것을 공제하고 딱 1억 원을 남기고 싶다는 의미다.

기존에 손피는 1992년에 나온 판례에 의해 합법이라 판단되어 현장에서도 거래가 이뤄졌다. 하지만 최근에 나온 판례는 아니었고 명확한 근거가 없으므로 해석을 달리할 경우 분쟁의 소지가 있었다. 그러다 2024년 11월 국세청에서 손피 해석을 이전과 다르게 변경한다는 새로운 내용을 발표했다.

기존에는 최초 1회분만 양도가액에 합산해서 계산했지만 2024년 11월 7일 이후 매수자가 부담하는 양도소득세는 전부 양도가액에 합산된다. 손피 해석이 변경되면서 매수자가 전보다 더 많은 양도

손피거래 시 양도소득세 계산 방법

(출처 : 국세청)

기존 해석 (조세정책과-2516, 2023.12.27.)	새로운 해석 (조세정책과-2048, 2024.11.07.)
매수자가 부담하는 양도소득세 최초 1회분만 양도가액에 합산하여 재계산	매수자가 부담하는 양도소득세 전부 양도가액에 합산하여 재계산

세를 부담하게 되었기 때문에 요즘 현장에서는 손피거래가 많이 줄었으므로 간단하게만 알고 넘어가도록 하자.

다운거래는 누구에게나 득이 되지 않는다

네이버 부동산에서 확인한 프리미엄은 1억 원인데 직접 부동산에 문의해 보니 신고는 5000만 원으로 하고 현금으로 5000만 원을 준비하라고 한다. 프리미엄 1억 원, 보유 기간 1년 이상인 경우 실거래가로 신고하면 인적공제와 중개수수료를 제하고 양도세는

6400만 원이다. 그런데 이것을 프리미엄 5000만 원으로 다운 거래하여 신고를 하면 어떻게 될까?

프리미엄 5000만 원에서 인적공제와 중개수수료를 제하면 4650만 원이다. 여기에 1년 이상 양도세율 66%를 곱하면 3069만 원이다. 실거래가로 신고하는 것보다 3331만 원 정도 세금을 적게 내는 것이다. 양도세가 거의 반으로 줄어든다.

결국 다운거래를 하는 가장 큰 목적은 매도자가 양도세를 적게 내기 위함이다. 하지만 이럴 경우 피해를 보는 건 결국 매수자다. 매수자가 나중에 이 물건을 매도하고 양도세를 낼 경우 내가 실제 산 가격보다 낮게 신고가 되었다면 실제보다 양도세를 더 많이 내야 하는 셈이다. 양도세는 내가 산 가격과 오른 가격의 차이를 기준으로 과세표준을 잡기 때문이다.

그렇다면 다운거래는 합법일까? 불법일까? 당연히 불법이다. 다운거래를 한다고 100% 적발되는 건 아니지만 적발 시 매수자에게는 취득가액의 5% 이하 또는 취득세의 3배 이하의 과태료가 부과된다. 매도자는 양도세 비과세를 받을 수 없다. 아울러 매도자에게는 다운거래 금액에 대한 신고불성실 가산세 40%와 납부불성실 가산세 등이 부과된다. 다운거래를 중개한 부동산 공인중개사는 2000만 원 이하 과태료와 영업정지 또는 등록취소 불이익을 받을 수 있다.

그야말로 누구에게나 득이 될 게 없다. 또한 운이 좋지 않으면 누구라도 적발될 수 있다. 실제로 내 지인도 다운거래를 했다가 적발된 적이 있다. 원래 그 지인은 양도세 비과세가 가능했지만 다운거래가 적발되어 비과세를 받지 못했다고 한다. 너무 안타까운 일이다. 아직도 다운거래는 계속 일어나고 있다. '나는 안 걸리겠지?'라는 생각으로 접근하면 안 된다.

내가 분양권을 살 때도 관심 있는 분양권 매물 대부분이 다운거래를 원했다. 하지만 다운거래를 할 경우 언제 걸릴지 몰라 계속 신경 쓰이고 찜찜함이 남을 것 같았다. 그래서 프리미엄을 좀 더 주고서라도 실거래가로 거래하고 싶다고 했다. 당시 다운거래로 하면 프리미엄이 2~3000만 원 정도였지만 나는 실거래로 거래해서 6000만 원 정도의 프리미엄을 주고 샀다. 3000만 원 정도를 더 주고 샀지만 후회하지 않았다. 총매매가를 비교해도 주변 아파트보다 저렴했기 때문에 이 정도도 충분했기 때문이다.

그래서 다른 사람들이 다운거래를 하고 불안해할 때 나는 당당할 수 있었다. 이왕 투자할 거라면 당당하게 하자. 불법적인 건 하지 말자. 그것이 투자를 오래 지속할 수 있는 가장 좋은 방법이다.

6장

분양권 투자 실전! 임장부터 매도까지

직접 가지 않고 간편하게 하는
전화 임장법

분양권은 아직 준공이 되지 않았기 때문에 실물을 볼 수 없다. 하지만 모델하우스에 가면 추후 지어질 아파트의 모습을 모형으로 볼 수 있고 타입별 구조도 볼 수 있다. 아울러 분양권에 대한 상담도 직접 가능하다는 장점이 있다.

하지만 매번 모델하우스에 가기는 어렵다. 특히 내가 사는 지역이 아닌 곳에 분양했다면 더더욱 방문하기 어렵다. 또 모델하우스에 갔다가 직원의 유창한 언변에 넘어가 덜컥 계약을 하고 오게 되는 문제도 있다. 예전의 한 지인은 투자 공부를 위해 미분양 단지의 모델하우스에 방문했다가 직원의 말솜씨에 넘어가 그 자리에서 바로 계약서를 쓰고 나오기도 했다. 물론 그런 곳들도 나중에 오를 수

는 있지만 확신 없이 투자한 곳은 반등하기 전까지 마음을 정말 힘
들게 한다.

모델하우스 전화 임장
체크리스트

　나는 지방에 거주하고 있기 때문에 매번 모델하우스에 방문하기
어렵다. 아이들을 키우며 직장까지 다니니 시간을 내기도 힘들었
다. 그래서 직접 가지 않고 전화로 모델하우스를 임장했고, 무엇을
물어야 하는지 노하우도 쌓이기 시작했다. 아이들을 학교에 보낸
후 조용한 시간에 전화로 확인하니 시간도 절약되고 필요한 정보도
얻을 수 있었다.

　다만 전화 임장을 할 때도 원하는 정보를 모두 얻으려면 계획과
준비가 필요하다. 처음 전화를 할 때는 두렵고 하기 싫은 마음으로
주저하게 될 것이다. 하지만 어떤 것이든 불편하지 않고 편하게 얻
을 수 있는 건 없다. 오히려 그런 게 있다면 의심해 봐야 한다. 뭐든
내가 그 불편함을 누르고 시도한다면 더 귀중한 것을 얻을 수 있다.

　처음이 어렵지 두 번은 더 쉽고 세 번은 더더욱 쉽다. 전화 임장

을 습관으로 만들어서 나만의 정보들을 계속 쌓아나갔으면 한다. 모델하우스 전화 임장을 처음 하는 사람들이 꼭 체크해야 할 질문을 정리해 보겠다.

1. 미분양 현황 검색하기

우선은 해당 물건지 시청, 도청 홈페이지에서 미분양을 검색한 후 업체별 미분양 현황을 찾아본다.

이때 알아야 할 사항은 업체별 미분양 현황에 나와 있는 미분양 개수를 100% 믿으면 안 된다는 것이다. 일부는 회사보유분일 수도 있고 보통 업체별 미분양 현황이 매달 공표되므로 그사이에 소진되었을 수도 있기 때문이다. 따라서 대략적인 개수와 단지만 확인한 후 직접 전화해서 하나씩 확인한다.

2. 모델하우스에 전화해서 실제 미분양 물량 파악하기

모델하우스에 전화하는 가장 큰 목적 중 하나는 아직 남아 있는 물량이 있는지 확인하기 위해서다. 그래서 미분양 물량을 가장 먼저 체크해야 한다.

전화 임장에서 중요한 것은 진짜 살 사람처럼 이야기하는 것이다. 분양회사 직원들의 경우 미분양 개수를 알려주는 것을 꺼린다.

회사의 이미지 때문이다. 아직까지 미분양이 소진되지 않고 많이 남아 있다는 것은 그만큼 인기 없는 단지로 해석될 수 있기 때문에 알려주는 것을 굉장히 조심스러워한다.

나도 처음에는 이런 사실을 모르고 그냥 연락했더니 다른 분양회사에서 전화를 한 건지, 아니면 부동산에서 연락을 한 건지 계속 추궁을 받았다. 그런 일을 당하고 난 이후부터는 정말 이 분양권을 살 사람처럼 이야기한다. "84타입을 사고 싶은데 혹시 몇 개 남아 있어요?"라고 묻는다. 그렇게 물으면 대개는 구체적으로 알려주지 않고 계속 방문을 하라고 권유한다. 이때는 포기하지 말고 "그럼 혹시 저층이 많이 남았나요? 중층 이상이 많이 남았나요?"라고 물어보면 이에 대해서는 대략적으로라도 알려준다.

이때 만약 중층 이상이 많이 남아 있다고 하면 그건 아직도 소진이 잘 안되고 있다는 의미다. 보통 중층 이상의 수요가 더 많아서 먼저 소진되고 그다음에 저층이 소진되기 때문이다. 아니면 만약 중층 이상은 모두 소진되었고 저층만 몇 개 남았다고 한다면 그때는 곧 잔여세대가 마감되겠다고 생각할 수 있다.

3. 투자 수요 파악하기

"혹시 실거주자가 많이 샀나요? 투자자가 많이 샀나요?"라고 묻는다. 이 질문을 통해 이 단지에 대한 투자 수요가 있는지 확인하는 것이다. 아파트 가격이 올라갈 때는 실수요도 중요하지만 투자 수요까지 더해지면 훨씬 더 많이 오를 수 있기 때문이다. 그리고 투자 수요가 많이 붙는 곳이라면 그만큼 실수요도 있다는 것을 확인할 수 있다.

4. 전화 임장 정보 정리하기

실수요로 보든 투자로 보든 한 군데만 알아보면 안 된다. 현재 내가 조사할 수 있는 곳들을 최대한 많이 전화로 임장해서 그 정보를 기록해야 한다. 나는 전화를 하면서 계속 메모한다. 구체적인 개수, 타입, 그 아파트의 특징, 혜택을 주는 부분 등을 메모해 아파트별로 정리해 두면 다른 곳과 비교하기 좋다. 적어두지 않으면 금방 잊어버린다.

5. 전화 마무리하기

이것들을 모두 확인했다면 전화를 마치면 된다. 간혹 계속해서 방문 날짜를 예약하라는 곳도 있는데, 일단 정중하게 전화를 끊자. 배우자와 일정을 협의한 후 연락드리겠다고 말하면서 정중하게 거절하면 된다. 이후에도 계속 연락이 오면 배우자가 반대해서 당장

분양권 이름	00단지
금액	25평 10억, 33평 13억
검색 시 미분양 현황	118개
미분양 개수	25평 완판, 84, 99형 일부 남아 있음
아파트의 특징	역세권 아니지만 숲세권이라는 장점
혜택	주방 가구 무상 옵션 지원
수요	실거주자

은 못 갈 것 같다고 하면 된다.

6. 분양권 프리미엄 확인하기

인근 부동산에 분양권 프리미엄을 확인한다. 보통 미분양이 난 단지가 소진되기 시작하면 좀 더 컨디션이 좋은 매물은 부동산에 프리미엄이 붙어서 나오기 시작한다. 현재 프리미엄이 얼마 정도 붙고 있는지 확인하고 모델하우스에 남아 있는 물건의 상태와 비교한다.

7. 주기적으로 전화해서 물량 체크하기

조사를 마친 후에도 주기적으로 전화해서 물량을 체크하자. 어떤 곳은 남아 있는 물량의 소진 속도가 상대적으로 빠를 수 있다. 그리고 그 소진 속도를 통해 수요를 가늠할 수 있다. 더 빨리 소진되는 곳은 그만큼 수요가 많다는 의미이기 때문이다. 한 지역이 상승할 때 한 번에 모든 곳이 오르는 것은 아니다. 수요가 많은 곳부터 오른다. 아직까지 물량이 많이 남아 있는 곳은 그만큼 수요가 없는 곳이기 때문에 이렇게 주기적으로 전화를 하면서 수요를 파악하는 것이다.

이렇게 찾다 보면 100% 마음에 드는 물건을 만나기는 쉽지 않을 것이다. 늘 완벽한 선택을 할 수 있는 건 아니기에 최선의 선택을 하면 된다. 나 역시 그랬던 적이 있다. 조망이 잘 나오는 앞 동을 사고 싶었지만 그곳은 이미 프리미엄이 몇천만 원씩 붙어 있었다. 당시에는 돈이 부족했기 때문에 미분양으로 남아 있는 저층 매물을 샀다. 가격이 오를 때는 좋은 것만 오르는 게 아니다. 못난이도 같이 오른다. 좋은 것을 못 산다고 아예 아무것도 사지 않는 것보다는 조금 못나 보여도 내 돈으로 살 수 있는 것을 사면 그것도 오른다는 사실을 꼭 기억하자.

<h1 style="text-align:center">모델하우스 전화 임장 질문 리스트</h1>

질문 1: 안녕하세요, 84타입을 사고 싶어서요. 혹시 몇 개 남아 있어요?

질문 2: 그럼 혹시 저층이 많이 남았나요? 중층 이상이 많이 남았나요? (매물 수량 파악하기)

질문 3: 실거주자가 많이 샀나요? 투자자가 많이 샀나요?

질문 4: 계약하면 혜택은 어떤 게 있나요?

질문 5: 계약금 및 중도금, 잔금 납부 조건은 어떻게 되나요? (계약금이 5% 또는 10%인지, 중도금이 무이자 혹은 유이자인지, 잔금 납부 기한 등 확인)

질문 6: 분양 당시 분양가와 현재 분양가가 동일한가요? (할인적용 여부 확인)

질문 7: 정확한 입주 지정 기간이 언제인가요?

질문 8: 혹시 입주 지정 기간 이후에 잔금을 납부하지 못할 경우 연체이자율은 몇 %인가요? (최악의 상황 대비)

질문 9: 혹시 계약 후 취소가 가능한가요? (요즘은 취소를 안 해주는 곳이 많으므로 꼭 체크할 것)

마무리: 배우자와 일정을 협의한 후에 연락드릴게요. 감사합니다.

돈이 부족하다면 아예 안 사는 것보다는 모델하우스에 남아 있는 물량 중에서 그나마 좋은 것을 사는 편이 더 낫다. 그러나 여력만 된다면 동과 층이 더 좋은 매물을 부동산에서 프리미엄을 주고 사는 것도 고려해 보자. 아파트 가격이 오를 때도 로얄동, 로얄층은 수요가 많아 가격이 훨씬 더 많이 오를 수 있고 팔기에도 수월하기 때문이다.

준공이 다 된 아파트라면 부동산에서 매물을 파악해야 하는데, 이때도 모든 부동산에 방문할 수 있는 것은 아니다. 전화로 최대한 많은 정보를 알아내야 한다. 전화 임장은 하루에 내가 원하는 만큼 전화를 해볼 수 있다. 전화로 직접 연락해서 파악하는 정보는 남들은 모르는 나만의 정보다. 우리가 많이 보는 무료 플랫폼의 정보는 후행이다. 거래가 발생하고 한 달 전까지 실거래 신고를 해야 알 수 있다. 하지만 내가 직접 전화해서 얻는 정보들은 나만의 실시간 정보가 되어준다. 이런 소중한 정보를 잘 정리하고 기록해서 나만의 정보 시스템을 계속 만들어가자.

준공이 다 된 아파트 전화 임장 시 질문 리스트

질문 1: 소장님, ○○아파트 ○○○동 ○○○호 매물을 보고 연락드렸어요. 33평이 ○○억 원에 나와 있던데 현재 매매 거래 가능할까요?

질문 2: 제가 내년 2월에 지금 사는 집을 팔고 이 아파트로 갈아타고 싶어서 연락드렸습니다. (나의 목적에 맞게 질문하기)

질문 3: 이 매물은 언제 입주할 수 있나요?

질문 4: 얼마까지 가격 조정이 될까요?

질문 5: 이 아파트 RR은 몇 동인가요?

질문 6: 혹시 ○○○동에 아까 제가 말씀드린 매물 말고 더 저렴하고 괜찮은 급매물 있나요?

질문 7: 저층이라서 좀 아쉽긴 한데, 소장님 생각에는 둘 중 어떤 것이 더 좋아요? (소장님 의견이 정답은 아니지만 참고로 물어보기)

질문 8: 요즘에 저처럼 이렇게 갈아타기 하려고 문의하는 사람이 많나요? (최근 분위기 파악하기)

사전점검
꼼꼼하게 하는 팁

아파트에 입주하기 전 미리 방문해 사전점검을 한다. 만약 실입주를 하지 않고 임대를 주게 된다면 더 꼼꼼하게 체크해야 한다. 요즘은 사전점검을 별도로 해주는 관리업체가 있을 정도로 사전점검에 대한 필요성이 대두되고 있고, 최근에 입주한 새 아파트들을 보면 예전에 비해 하자가 낳은 편이기에 이때 하자 체크를 꼼꼼하게 하는 것이 중요하다.

하자 접수하기

입주지정일이 다가오면 분양회사로부터 사전입주점검일에 방문해 달라는 연락이 온다. 지정된 날짜에 입주지원센터로 방문하면 입주지원센터 도우미와 함께 세대별로 지원되는 물품 가방을 들고 세대를 방문할 수 있다.

내부로 들어가면 현관부터 화장실, 거실, 방, 베란다 등을 꼼꼼히 보고 사진이나 동영상을 찍어둬야 한다. 옵션을 넣었다면 옵션에 하자가 있는지도 체크한다. 하자가 발견되면 표시해 두고 사진을 찍어서 하자접수센터에 연락하면 된다. 요즘은 아파트 모바일 앱에 하자 사진을 직접 등록할 수 있다.

사전점검에 갈 때는 줄자, 체크리스트, 필기구 등을 챙겨 가면 좋다. 하자를 발견하면 사진 촬영을 하고, 체크리스트를 작성한 후 아파트 안에 마련된 하자접수센터 또는 아파트 모바일 앱을 통해 하자 접수를 하면 된다.

하지만 사전점검일에 아무리 꼼꼼하게 하자 점검을 해도 요즘은 살면서 발견되는 하자가 더 많다. 예전에 월세를 살았던 아파트는 준공된 지 4년 차 되는 아파트였다. 내가 이사 가기 전 2년 동안 다른 세입자가 살았는데 우리가 이사를 하고 보니 이전 세입자가 하

새 아파트 하자 체크리스트

점검 항목	점검 내용	점검 결과
현관	현관문 개폐 상태	
	도어락 작동 여부	
	신발장, 수납장 흠집 여부	
	현관 바닥 타일 파손 여부	
거실	바닥 마감(스크래치, 들뜸)	
	거실 벽, 천장 마감	
	베란다 창문 개폐, 잠금 여부	
주방	싱크대 상판, 하부장 흠집 여부	
	수전, 배수구 상태 체크	
	가스레인지, 인덕션 작동 여부	
방	바닥, 벽, 천장 상태	
	콘센트, 스위치 작동 여부	
	창문 개폐, 잠금	
욕실	세면대, 변기 누수, 배수 상태	
	타일 균열, 환풍기 작동	
	욕실 수납장 흠집 여부	
전반적으로 볼 사항	도배, 바닥 마감	
	조명, 스위치, 콘센트 전반	

자 신청을 전혀 하지 않은 것이었다.

어느 날, 거실 화장실 벽이 깨졌다. 그리고 얼마 지나지 않아 안방 화장실 벽도 깨졌다. 지금까지 살면서 화장실 벽이 깨지는 일은 처음 겪었다. 그것도 새 아파트에서 이런 일이 발생한다니 믿기지 않았다. 천장 벽지는 습기가 찼는지 부풀어 올랐다. 월세로 살았던 아파트는 유명한 브랜드 아파트였다. 겉보기만 유명 브랜드였지 속 빈 강정 같다는 생각이 들었다.

보통 준공된 지 3년까지만 무상으로 하자 보수를 해준다. 월세를

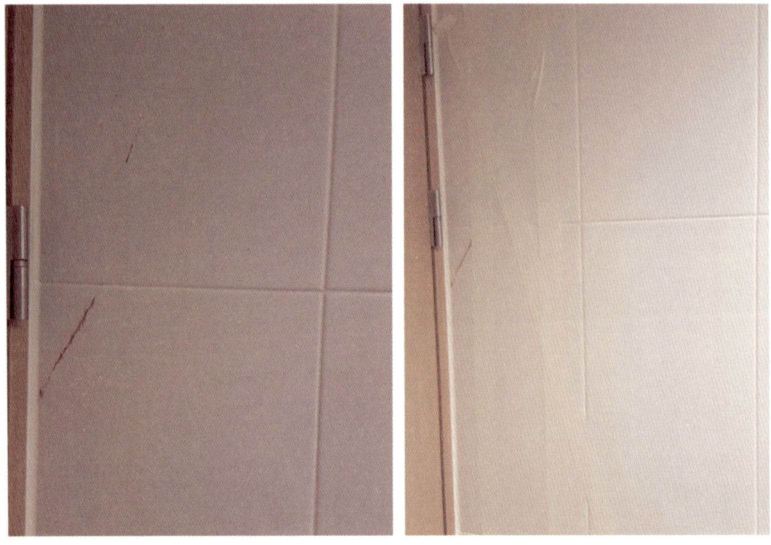

화장실 벽이 깨져서 임시방편으로 테이핑한 모습

살았던 곳은 이미 하자 보수 기간이 지나 집주인이 사비로 하자 보수를 해야 했다. 그 모습을 보면서 만약 내가 새 아파트를 사게 되면 하자를 꼼꼼하게 봐야겠다고 생각했다.

실입주하지 않는 경우
하자 체크는 어떻게 할까?

내가 실입주를 하지 않고 세를 주는 경우엔 하자 체크가 더 중요하다. 그래서 세입자에게 더 잘해줘야 한다. 결국 하자를 발견하고 접수해 주는 사람은 세입자이기 때문이다. 나 같은 경우는 세입자에게 잔금날일 때, 명절일 때, 제철 과일이나 채소가 나올 때 등 자주 선물을 보낸다. 아이가 있는 집에는 아이들을 위해 아이스크림 케이크나 치킨 쿠폰을 보내기도 한다. 소고기와 같은 선물은 누구나 좋아하는 선물 중 하나다. 남자분일 경우는 홍삼과 같은 건강식품을 주로 선물한다.

작은 것이라도 선물을 준다는 것은 누군가 나를 진심으로 생각해 줬다는 의미다. 선물 줘서 싫어하는 사람은 거의 없다. 최근에도 세입자에게 감자를 보내드린 적이 있다. 그랬더니 이렇게 장문의 카

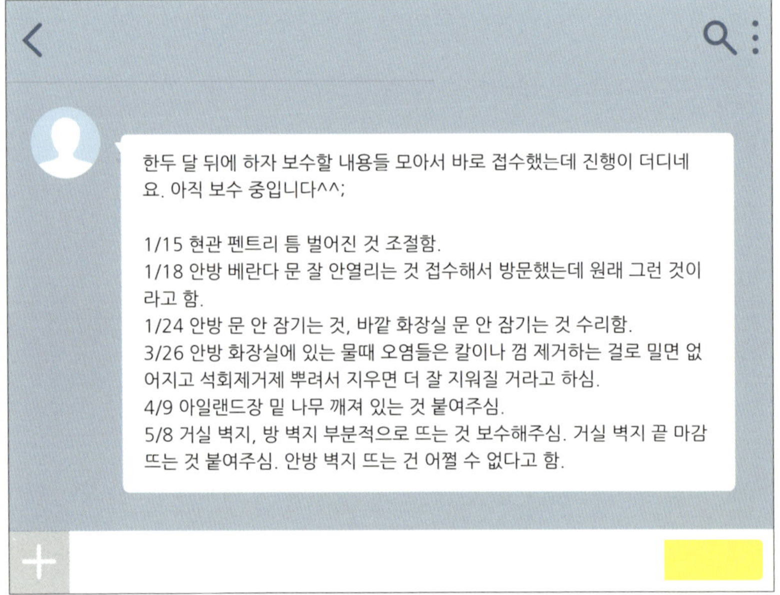

톡 메시지가 왔다.

너무 감사했다. 이렇게 꼼꼼하게 하자를 체크해 줄 줄은 몰랐다. 진심은 늘 통한다. 내가 할 수 없으면 나 대신 할 수 있는 사람을 적극적으로 알아봐야 한다. 그래서 세입자와 잘 지내야 한다. 새 아파트라고 하자를 우습게 보면 안 된다는 것을 꼭 기억했으면 한다.

분양권
팔까, 보유할까?

분양권은 사는 것도 중요하지만 언제 팔아야 하는가도 중요하다. 분양권의 매도 시점은 시간을 기준으로 준공 전에 프리미엄을 받고 매도하거나 소유권이전등기 후에 매도하는 두 가지 방법이 있다.

준공 전
프리미엄 받고 매도하기

예전에는 아파트가 준공되기 전에 프리미엄을 받고 분양권을 매도하는 경우가 가장 많았다. 분양권 투자의 장점은 분양권 상태로 거래가 가능하다는 점이다. 아직 준공되지 않았기 때문에 실체는 없지만 분양계약서의 명의를 변경하는 방식으로 거래가 가능하다.

아울러 분양권이 있는 지역이 상승하게 되면 프리미엄도 같이 상승한다. 예를 들어 청약에 당첨되었는데 준공 전 피치 못할 사정으로 매도하게 되었다고 하자. 매도 시점에 1억 원의 프리미엄이 붙었다면 분양권에 대한 양도세를 제하고 나머지는 나의 수익이 되는 것이다.

2024년 4월 7일 주택법 시행령 개정으로 분양권에 대한 전매제한이 완화되었고 분양권 전매도 활성화되었다.

완화된 분양권 전매제한 기간
(출처: 국토교통부 2023 업무 계획)

지역	공공택지 및 규제지역	과밀억제권역	기타
수도권	3년	1년	6개월
지방	1년	6개월	없음

하지만 2025년 10월 15일 부동산 대책으로 서울 전 지역, 경기

12개 지역이 규제지역으로 지정되면서, 규제 이후 이 지역에 입주자모집공고를 한 단지들은 3년간 분양권 전매가 제한된다. 규제 시행 이전 분양권에 당첨이 되었거나 분양권을 매수한 경우는 1회에 한해 전매가 가능하지만 전매를 통해 이 분양권을 매수한 경우는 규제 적용을 받는다. 또한 2025년 10월 20일부터 시행된 토지거래허가구역 지정으로 인해 2년 이상 실거주 의무도 부과되기 때문에 주의해야 한다.

분양권을 전매할 때는 두 가지 걸림돌이 있다. 첫째, 분양권에 대한 양도세율이 너무 높다는 것이다. 분양권에 대한 양도세율도 중과를 없애고 완화하고자 개선안이 나왔으나 2024년에 국회를 통과하지 못했다. 분양권 1년 미만 보유 시 지방세 포함 77%, 1년 이상

주택 양도세

분양권	1년 미만 70%
	1년 이상 60%
주택·입주권	1년 미만 70%
	1~2년 60%

보유 시(소유권이전등기 전까지) 지방세 포함 66%의 양도세율이 적용된다. 이러면 프리미엄이 1억 원이더라도 양도세를 내고 나면 크게 남는 게 없다.

만약 내가 3억 원짜리 분양권을 1억 원 프리미엄을 붙여 4억 원에 팔았다고 해보자. 보유 기간이 1년 미만이라면 양도세만 7700만 원을 내야 한다(정확한 양도세는 세무사에게 상담을 받는 것을 추천한다). 이렇듯 분양권에 대한 양도세가 높기 때문에 양도세를 매도자가 아닌 매수자가 부담하는 손피, 실제 프리미엄보다 낮게 신고해서 양도세를 적게 내려는 다운거래가 발생하는 것이다.

분양권을 보유하는 데 가장 중요한 것은 잔금을 치를 여력이 있느냐다. 처음에는 계약금으로 분양가의 10%에 프리미엄만 지불하면 분양권을 가질 수 있지만 입주 시기에는 기존 중도금 대출을 상환하고 나머지 잔금을 치러야 한다. 만약 그럴 준비가 되어 있지 않다면 어떻게든 입주 전에 매도해야 한다. 입주장에 급매가 나오는 가장 큰 이유는 잔금을 치를 여력이 안 되기 때문이다.

'그때 가서 어떻게든 되겠지~'

이런 생각으로 접근하면 절대 안 된다. 나 역시 저번 부동산 하락장을 겪으며 분양권 하나를 매도했다. 가장 큰 이유는 잔금을 치를 여력이 안 되었기 때문이다. 자산 가격 하락으로 내가 보유한 자산들도 하락했고 역전세가 발생하면서 보증금의 일부를 세입자에게 되돌려줘야 했다. 대출이자 역시 기존에 받은 것보다 3배 이상 상 승했기에 계속 돈이 들어가야 하는 상황이었다. 그런 상황에서 입 주가 다가오는 분양권의 잔금을 치르는 것이 부담으로 다가왔다.

다행히 실입주를 하겠다는 매수자가 있어 손해를 조금 보긴 했지 만 잘 팔 수 있었다. 지금도 그 선택을 후회하지 않는다. 그 분양권 하나를 매도했기 때문에 다른 물건들을 지킬 수 있었다. 내가 아무 리 좋은 아파트를 저렴하게 잘 샀다 하더라도 그것을 계속 지킬 수 있느냐가 더 중요하다. 감당할 수 없다면 어떻게든 팔아야 한다.

분양권은 소유권이전등기 이후 더 많이 오른다

두 번째는 분양권의 잔금을 치르고 소유권이전등기 후 임대를 놓 는 방법이다. 가장 추천하는 방법은 이것이다. 내가 갖고 있는 대부 분의 분양권은 소유권이전등기 후 임대를 줬다. 그렇게 한 가장 큰 이유는 양도세율이 높아지면서 팔아봤자 큰 실익이 없다고 판단했 기 때문이다. 지금 와서 돌이켜 보면 잘했다고 생각한다. 높아진 양도세율로 인해 어쩔 수 없이 새 아파트를 오래 보유하면서 더 큰 수익을 얻게 되었기 때문이다.

다만 입주장에 임대를 놓고 잔금을 치르느라 고생하기도 했다. 임대가 안 맞춰져서 대출을 받아 잔금을 치르고 임대를 맞춘 적도 있다. 그렇게 고생은 했지만 이 과정을 통해 알게 된 것은 분양권은 소유권이전등기 후 더 많이 오른다는 것이다. 분양권 상태일 때는 내 눈으로 직접 그 아파트를 볼 수 없다. 하지만 준공이 되면 바로 눈앞에 반짝반짝 빛나는 새 아파트로 변해 있다. 옆에 있는 구축 아파트와 확연히 비교되기도 한다. 커뮤니티에서 매일 수영하고 출근도 할 수 있고 1층에 차가 다니지 않아 그곳은 매일 아이들의 안전한 놀이터가 되어준다. 당장 구축 아파트를 팔고 새 아파트에 들어가서 살고 싶어진다. 무리해서라도 그런 아파트에 살면 평생 소원이 없겠다는 생각마저 든다.

이런 이유로 새 아파트가 지어지고 나면 더 많은 수요가 생기고 새 아파트의 가격이 계속 상승한다. 내가 갖고 있던 분양권들도 준공 이후 더 많이 상승했다. 새 아파트는 하락했더라도 구축 아파트에 비해 회복 속도도 빠르다. 이번 부동산 하락장으로 인해 내가 가진 새 아파트들도 가격이 하락했지만 구축 아파트보다는 더 빠르게 가격을 회복하고 있다. 만약 중간에 분양권을 팔았다면 절대 내가 샀던 그 가격으로는 다시 사지 못했을 것이다. 부동산 투자를 잘하려면 엉덩이가 무거워야 한다. 처음부터 상품성이 좋은 새 아파트를 사서 오랫동안 보유하는 사람이 승리자가 된다.

6.27 대출규제와 10.15 부동산 대책으로 규제지역 및 수도권의 경우에 입주 때 세입자를 맞출 경우 세입자의 전세대출이 제한된다. 하지만 아예 임대를 맞추는 것이 불가능한 것은 아니다. 수요가 많은 곳은 생각보다 전세대출을 받지 않고 현금으로 전세를 들어오는 세입자도 많다. 또는 반전세로 임대를 주는 것도 가능하다. 하지만 이 경우에는 전세를 주는 것보다는 돈이 더 들어가기 때문에 자금 계획을 잘 세워야 한다. 아무래도 규제 이전보다는 전세를 맞추는 것이 어려워졌기 때문에 주의가 필요하다.

나와 가까운 지인 E가 있다. E는 부동산 공부를 해본 적도 없었고, 부동산 투자를 할 생각도 없었다. 그러던 어느 날 친구가 E가 살고 있는 지역에서 가장 입지가 좋은 동네에 새 아파트가 분양을 하니 경험 삼아 청약을 하러 가자고 했다. 당시에는 지금처럼 온라인이 아니라 현장에서 청약 신청을 했다.

아무 생각 없이 친구를 따라가 청약 신청을 했던 E는 덜컥 당첨되었고 친구는 떨어졌다. 당시 청약경쟁률이 170:1로, 33평 기준 분양가가 3억 7000만 원 정도였다. 이후로 E는 10년 동안 그 아파트

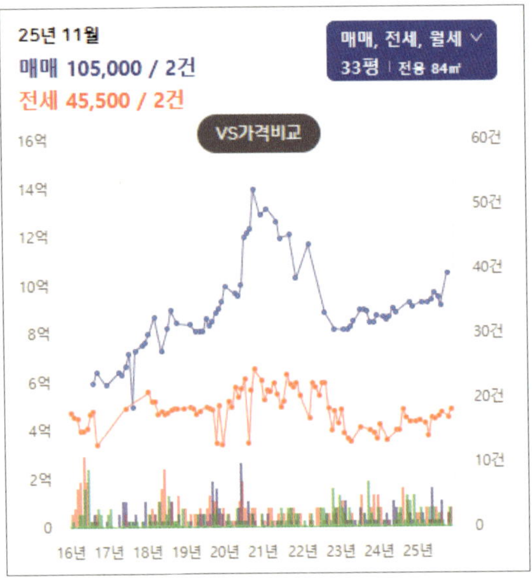

를 팔지 않고 보유하고 있다. 입주 시기에 월세로 세팅해서 보증금 1억 원에 월 130만 원을 받고 있다. 매월 130만 원이 꼬박꼬박 들어오고 있고 아파트 시세는 2025년 11월 기준 10억 5000만 원 정도다. 분양받았을 당시보다 6억 8000만 원 정도 상승한 것이다.

시세는 시세대로 오르고 매월 꼬박꼬박 월세가 들어온다. 현재 E네 부부는 모두 은퇴를 한 상황이다. E는 그때를 회상하며 나에게 이렇게 말했다. "내가 그때 그거라도 안 했으면 어떡할 뻔했지?"라고 말이다. 좋은 물건은 급하게 팔지 말고 오래 보유하자. 그게 돈을 버는 길이다.

입주장 전세
잘 맞추는 비결

분양권을 가진 모든 사람이 실입주를 하는 건 아니다. 당장은 임대를 주고 나중에 실입주하려는 사람도 있고, 처음부터 재테크의 목적으로 임대를 주려고 분양권을 매수하는 경우도 있다. 그렇다 보니 입주장에는 전세, 월세 매물이 일시적으로 몰리게 된다.

나도 처음 입주장 전세를 맞출 때는 정말 무지했다.

'이 물건은 좋으니까 전세는 바로 맞춰지겠지'

하지만 안일한 생각이었다. 입주장에 결국 전세를 맞추지 못해 부랴부랴 대출을 받아서 소유권이전등기를 하고 전세를 맞춘 적도 있다. 이런 일을 겪으면 다시는 분양권에 투자하고 싶지 않다는 생각이 든다. 하지만 노하우를 미리 숙지하면 입주장에도 전세를 잘 맞출 수 있다. 여러 번 입주장을 겪으면서 알게 된 노하우도 생겼다.

　그런데 앞서 말했듯 6.27 대출규제, 10.15 부동산 대책으로 규제지역 및 수도권 분양권의 경우 입주장에 전세를 맞추기가 어려워졌다. 입주 때 실거주하지 않고 전세를 줄 경우 전세 세입자의 전세대출을 제한했기 때문이다. 이럴 경우 반전세나 월세로 임대를 맞추거나 전세대출을 받지 않고 들어오려는 세입자를 구해야 한다.

　규제로 인해 최근 서울 수도권 입주장에 있는 분양권 단지는 예전보다 전세 맞추기가 어려워지면서 전세 매물은 줄고 반전세, 월세 매물이 늘고 있다. 월세를 놓을 때도 만약 대출을 받는다면 6개월 이내 전입의무가 발생하므로 주의해야 한다.

　최근 한 커뮤니티에서 본 사례가 있다. 이 사람은 분양을 받아 실입주하려 했지만 입주 시기에 실입주가 어려웠다. 그래서 입주 시기에 전세보증금을 받아서 잔금을 치르고 추후 실입주를 하려고 계획을 세워두었다. 그런데 갑자기 6.27 대출규제가 나오게 되었고 바로 다음 날부터 시행되었다. 입주 때 분양권 전세를 맞추지 못하면서 잔금 상환이 어려워진 것이다.

　이렇듯 현재는 서울 수도권의 경우 입주 때 전세를 맞추기가 어렵기 때문에 꼭 미리 자금계획을 잘 세우고 대비하기 바란다. 지방이라도 혹시 모르니 전세를 줄 경우 꼭 미리 세입자 전세대출에 문제가 없는지 확인해야 한다.

입주장에서 전세 맞추기

첫째, 전세가는 보수적으로 보기

만약 분양가에 프리미엄을 합친 금액이 6억 원이고 주변 전세 시세가 3억 6000만 원 정도라고 해보자. 나도 당연히 그 정도로 전세를 맞출 수 있다고 생각하면 안 된다. 입주장에는 임대물량이 한꺼번에 몰리면서 전세가가 시세보다 낮아지는 경우가 많다.

전세가는 분양가에 프리미엄을 합친 금액의 50~55% 수준까지 보수적으로 본다. 그럼 3억 원까지 생각해야 한다. 주변에 공급이 많거나 전세에 대한 수요가 없다면 더 낮게 봐야 할 수도 있다. 그만큼 입주장에서는 보수적으로 접근해야 한다. 아니면 아예 입주장에 전세를 못 맞출 수도 있다고 생각하고 미리 대비해야 한다.

그래서 입주장에 전세를 맞출 계획이더라도 제때 맞추지 못할 것을 대비해 미리 잔금 대출 가능 여부, 한도 등을 알아봐야 한다. 잔금 대출은 DSR을 보기 때문에 다른 대출이 있을 경우 한도가 낮아지거나 아예 대출이 나오지 않을 수 있다는 점도 꼭 유의해야 한다. 잔금 대출이 되지 않는다면 신용대출 등 다른 대출도 적극적으로 알아보면서 대비해야 한다.

대출을 받았다가 전세를 맞추면 대출금을 조기 상환해야 하므로 중도 상환수수료에 대한 부분도 꼭 체크하길 바란다. 은행이나 상품에 따라 중도상환수수료가 없거나 낮은 상품도 있으니 잘 비교해 선택하도록 하자.

잔금을 치르지 못하면 연체이자가 발생하는데 6~10% 정도로 시중 이자보다 훨씬 높다. 잔금을 치를 때까지 매달 이자가 부과된다. 연체이자는 신용점수에도 영향을 주기 때문에 추후 다른 대출을 받을 때 불이익을 받을 수 있다.

'잔금을 못 치르면 계약을 포기하면 되지'

이렇게 생각할 수도 있다. 하지만 이것도 쉽지 않다. 부동산 시장 분위기가 좋지 않을 때는 분양회사에서 분양권 계약 해지를 해주지 않는 경우가 많기 때문이다.

둘째, 전세가가 낮더라도 초반에 빨리 맞추기

실제로 내가 했던 방법이다. 예전에는 전세가를 높게 받고 싶었다. 전세가를 좀 더 높게 받으면 잔금을 치를 때 내 돈이 적게 들어가기 때문이다.

하지만 전세보증금은 내 돈이 아니다. 언젠가 세입자에게 돌려줘야 한다. 이번 부동산 하락장에 역전세를 당하면서 확실히 알게 되었다. 언제든 세입자에게 보증금을 돌려줄 준비가 되어 있어야 한다. 어차피 내 돈이 아니기 때문에 전세가를 너무 높여서 받으려고 하다가 전세가 안 맞춰져 스트레스를 받기보다는 낮게라도 빨리 맞춰서 그 상황에서 벗어나는 것이 훨씬 좋다.

보통 입주 지정 기간은 준공일로부터 두 달 정도 준다. 이미 준공일 6개월 전부터 임대 매물이 나오기 시작한다. 초반에는 아직 임대 매물이 많지 않기 때문에 시세와 비슷하게 내놓거나 좀 더 높게 내놓기도 한다. 내가 실제로 입주장에 전세를 내놓았을 때는 전세가가 시세보다 훨씬 높게 나와 있었다. 하지만 나는 틈새 전략으로 전세가를 가장 낮게 내놓았다. 그랬더니 바로 다음 날 전세를 들겠다는 연락이 왔다. 그 분양권 같은 경우 원래는 분양권 상태로 전매를 하려고 했는데, 분양권에 대한 양도세율이 중과되면서 팔기가 어려워져서 소유권이전등기를 하기로 마음을 바꿔 먹었다.

그런 상황이다 보니 옵션이 하나도 없었다. 시스템 에어컨도 없었기 때문에 다른 매물에 비해 불리했다. 당시 부동산 소장님들은 시스템 에어컨이 없으면 전세를 맞추기 힘들 거라고 했지만, 가장 저렴하게 매물을 내놓았기 때문에 전세로 들어오려는 분도 그 정도는 감안하는 듯했다. 어차피 에어컨을 갖고 있으니 그걸 가져오면 된다고 했다.

다행히 그렇게 수월하게 전세를 맞출 수 있었다. 그때는 그 전세가가 최저가였는데 점차 내가 맞춘 금액보다 더 낮게 내놓아도 맞춰지지 않기 시작했다. 1년 정도 지난 후에 혹시나 아직도 전세 매물이 많은지 궁금해 찾아보니 여전히 내가 맞춘 전세가보다 더 낮은 가격인데도 전세를 못 맞춘 매물이 많았다. 나는 1년 전에 전세를 맞추는 스트레스에서 벗어났지만 다른 사람들은 여전히 전세가 맞춰지지 않아 힘들어하고 있었던 것이다. 전세를 맞추는 데에도 이러한 틈새 전략이 필요하다.

초반에 전세를 맞춘 분양권의 전세 가격 변화
(출처: 네이버 부동산)

2022.12.	2억(26일,11층) 3억 1,000(24일,30층) 2억 5,000(22일,22층) 2억 5,000(22일,22층) 2억 9,000(16일,20층)
2022.11.	3억(13일,25층)
2022.10.	3억(25일,19층) 3억 2,500(21일,7층)
2022.09.	3억 5,000(30일,24층) 3억 1,000(16일,10층) 3억 1,000(16일,10층) 2억 6,000(3일,1층)
2022.08.	2억(26일,2층) 3억(22일,15층) 3억 1,000(21일,13층) 3억 4,000(18일,18층) 3억 4,500(6일,17층)
2022.07.	2억 8,000(19일,16층) 3억 8,000(18일,7층) 3억 4,000(16일,9층) 3억 4,000(10일,9층) 3억 3,000(10일,13층) 3억 2,000(6일,22층)
2022.06.	3억(27일,7층) 3억 5,000(10일,25층) 3억 3,000(9일,25층)
2022.05.	3억 1,000(30일,11층) 3억 2,000(29일,12층) 2억 9,000(23일,3층) 3억 1,000(23일,11층) 3억 2,000(19일,17층) 3억 2,000(19일,17층)
2022.04.	3억 6,000(15일,26층) 4억(14일,28층) 4억(14일,28층) 3억 3,000(13일,16층) 3억 3,000(11일,14층) 3억 6,000(8일,27층) 3억 4,000(7일,6층) 3억 1,000(3일,12층)

셋째, 최대한 많은 부동산에 내놓기

처음 전세를 맞출 때는 일일이 주변 부동산에 찾아가서 의뢰했다. 부동산 소장님과 직접 얼굴을 보면서 이야기할 수 있으니 내 물건을 홍보할 수 있어 좋긴 했다. 하지만 일일이 그렇게 하려니 시간도 오래 걸리고 몸도 지쳐갔다.

그래서 두 번째로 썼던 방법은 전화로 전세 매물을 내놓는 것이었다. 이 방법도 좋았지만 여러 군데 매물을 내놓으려다 보니 같은 말을 반복해야 했다. 어차피 아파트명, 동호수, 원하는 전세가 등을 정확하게 알려줘야 했기 때문에 문자로 한 번 더 보내기도 했다.

그래서 그냥 처음부터 문자로 보내는 것이 더 낫겠다는 생각을 했다. 문자를 보고 내용이 더 궁금하면 부동산 소장님에게 직접 연락이 온다. 만약 문자를 100군데 보낸다고 해도 답장이 오거나 전화가 오는 경우는 50%도 안 된다. 하지만 이렇게 하면 더 많은 곳에 내 매물을 내놓을 수 있다.

부동산 소장님에게 가장 중요한 것은 중개수수료다. 결국 우리를 움직이는 것은 돈이기 때문이다. 온전히 자신의 물건이어야지 중개수수료를 100% 가져갈 수 있다. 그렇지 않으면 공동중개가 되어 중개수수료를 반으로 나눠야 한다. 상식적으로 중개수수료를 나누지 않고 다 가져가고 싶어 하는 부동산 소장님이 더 많을 것이다. 따라서 최대한 많은 곳에 보낼 수 있도록 문자로 알리는 것이 좋다.

전세를 주려고 할 때 대부분 내가 갖고 있는 분양권의 주변에 있는 부동산에만 내놓으려고 한다. 그렇게 해서는 전세를 맞추기 어렵다. 요즘은 전세를 살더라도 내가 사는 곳보다 더 좋은 곳에 살려는 사람이 더 많다. 특히 입주장에는 전세가가 시세보다 좀 더 저렴하다는 것을 알기 때문에 더더욱 그렇다.

따라서 입지적으로 더 못한 동네에 있는 부동산에도 적극적으로 매물을 내놓아야 한다. 나는 문자를 보낼 때 "○○단지 ○○동 ○○호. 전세가 ○○억 원. 에어컨 4대 설치 완료. 탄성코트, 줄눈, 이사 청소 지원합니다. 잘 부탁드립니다, 소장님." 이런 식으로 아파트명, 동호수, 원하는 전세가, 옵션, 세입자에게 지원해 줄 수 있는 것 등을 적어서 보냈다.

전세를 맞출 때 가장 중요한 것은 내가 세입자에게 무엇을 줄 수 있느냐다. 다른 매물에 비해 내 물건이 가진 경쟁력이 있어야 한다. 옵션이 있다면 구체적으로 적어라. 당시 선세를 내놓은 분양권은 시스템 에어컨 4대를 설치했기 때문에 이 점도 적었다.

장점을 어필할 수 있는 사진이 있다면 꼭 문자에 첨부하자. 내가 가진 분양권은 베란다에서 바라보면 전면이 트여 있었고 햇볕도 잘 들었다. 날이 좋은 날 사진을 찍어서 부동산 소장님께 문자 보낼 때 꼭 사진을 첨부했다.

넷째, 욕심을 내려놓고 맞출 수 있을 때 맞추기

한 분양권은 입주지정일 전까지 결국 전세를 맞추지 못했다. 처음에는 전세로 들어오겠다는 연락이 많이 왔다. 연락이 많이 오다 보니 당연히 전세가 쉽게 맞춰질 거라 생각하고 욕심을 부렸다. 들어오려는 사람이 전세가를 1000만 원 정도 낮춰달라고 했지만 그러지 않았던 것이다. 그 이후 갑자기 수요가 급감하면서 더 낮은 가격으로 내놓아도 전세가 맞춰지지 않았다. 어쩔 수 없이 대출을 받아 전세를 맞추고 소유권이전등기를 할 수밖에 없었다.

그 후 6개월 정도 지나서 겨우 전세를 맞출 수 있었다. 전세를 맞출 때는 나처럼 욕심을 부리지 말자. 낮은 가격이라도 맞출 수 있다는 것에 감사하고 기회가 왔을 때 맞추는 것이 훨씬 더 낫다.

다섯째, 다른 매물과 차별점 만들기

내가 전세를 놓을 때 반드시 하는 것이 있다. 탄성코트, 줄눈 작업이다. 화장실, 욕실, 베란다처럼 습한 곳에는 곰팡이가 자주 생긴다. 미리 이렇게 작업을 해주면 세입자도 청소하기 편하기 때문에 좋지만 집을 깨끗하게 써주니 집주인 입장에서도 좋다. 비용도 많이 들지 않기 때문에 꼭 하는 것을 추천한다.

나는 이사 청소도 지원해 준다. 이사 청소 역시 그렇게 돈이 많이 들지 않지만 우리 집에 전세를 들어오는 세입자에게 조금이라도 깨끗한 집을 제공한다는 마음으로 한다. 이렇게 무리하지 않는 선에서 무언가를 제공하면 내 집에 들어오는 사람도 기분 좋게 들어올 수 있고 다른 매물에 비해 경쟁력이 생긴다.

이 외에도 이사비 지원, 월세일 경우 한 달 월세 비용은 받지 않기 등 차별화를 둘 수 있는 것들이 생각보다 많다. '내가 무엇을 더 해줄 수 있을까'라는 마음으로 다가가면 상대방의 마음을 움직일 수 있다.

여섯째, 반전세나 월세로 돌리기

대출규제로 요즘은 보통 월세보다 보증금이 상대적으로 많은 반전세가 늘어나고 있다. 월세를 맞출 때도 가장 중요한 것은 대출 가능 여부다. 먼저 잔금 대출이 가능한지, 한도는 어떻게 되는지 미리 상담을 받아야 한다. 한 가지 주의할 점은 서울 수도권의 경우 6.27 대출규제로 잔금 대출 또는 주택담보대출을 받으면 6개월 이내 실입주를 해야 한다는 점이다.

2025년 6월에 입주한 리버센SK뷰롯데캐슬 24평의 경우 매매가 11억 원 정도이고, 매물마다 차이는 있지만 반전세 매물은 보증금 2억 원에 월 180만 원 정도였다. 보증금을 제하면 목돈 9억 원이 필요하다. 이때 잔금 대출을 받으면 6.27 대출규제로 6개월 이내 실입주를 해야 하기 때문에 대출을 받기가 어렵다. 자금 마련이 예전보다 훨씬 어려워진 것이다. 따

리버센SK뷰롯데캐슬 매매와 반전세 매물

라서 전세, 월세 맞추는 부분은 대출규제 적용 여부, 현재 자금 상황 등에 따라 비교해서 잘 결정했으면 한다.

모르면 큰일 나는 분양권 세금

분양권을 사고팔 때 세금에 대해서도 꼭 알아야 한다. 취득세, 양도세에 따라 조건이 달라지므로 반드시 각각 알아놔야 한다.

분양권 살 때 내는 취득세

먼저 분양권에 대한 취득세를 알아보자. 분양권은 주택이 아니기 때문에 기존에는 취득세를 계산하기 위한 주택 수에는 포함되지 않았다. 하지만 2020년 8월 12일 이후 취득하는 분양권부터는 취득세를 계산할 때 주택 수에 포함된다. 따라서 이 날짜를 꼭 외워두자. 본인 명의로 분양에 당첨이 된 날 혹은 분양권 전매 등으로 분양권을 취득한 날이 기준이다. 분양권이 완공되어서 잔금을 치르고 소유권이전등기를 하게 되면 분양권이 아니라 주택으로 보기 때문에 이와는 구별해서 봐야 한다.

예를 들어 비규제지역 2주택자가 2020년 8월 12일 이후에 분양권 1개를 취득했다면 어떻게 될까? 취득세 계산 시 주택 수는 3주택이 되고, 분양권이 완공되어서 소유권이전등기를 할 때 3주택으로 취득세 8%가 중과된다. 만약 완공되기 전에 기존에 가지고 있던 2개의 주택을 매도하더라도 분양권 취득 당시에는 3주택이었으므로 소유권이전등기 시 똑같이 취득세 8%가 중과된다. 분양권에 대한 취득세는 해당 분양단지가 있는 물건지 구청 지방세과에 문의하면 된다. 꼭 미리 알아보고 대비하자.

분양권 팔 때 내는 양도세

다음으로 분양권의 양도세에 대해 알아보자. 우선 양도세 비과세를 판단할 때는 분양권이 주택 수에 포함되기 시작한 날짜를 기억해야 한다. 2021년 1월 1일이다. 2020년 12월 31일까지 취득한 분양권은 양도세 비과세 판단 시 주택 수에 영향을 주지 않았다. 하지만 2021년 1월 1일 이후에 취득한 분양권은 양도세 비과세 판단 시 주택 수에 포함되므로 기존 주택이 있다면 꼭 이 부분을 체크하고 미리 세무사에게 상담받고 분양권을 취득하는 것을 추천한다.

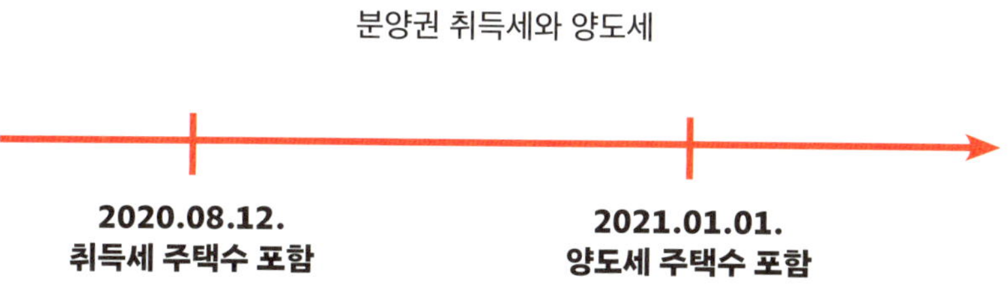

분양권 자체에 대한 양도세는 1년 미만 보유했을 경우 70%, 1년 이상 보유했을 경우는 60%다. 여기에 지방세가 포함되면 각각 77%, 66%가 된다. 예전에는 분양권을 1년 이상 보유하면 일반과세로 팔 수 있었지만 이처럼 분양권에 대한 양도세가 중과되면서 팔기가 어려워졌다. 팔아봤자 크게 실익이 없는 것이다.

분양권 양도세를 이야기할 때 가장 고민하는 것이 1주택 1분양권 사례다. 기존 1주택을 보유한 상태에서 분양권을 취득한 경우 기존 1주택을 비과세 받으려면 다음 조건에 해당되어야 한다. 2021년 1월 1일 이후 분양권을 취득한 경우로 한정한다. 이때 기존 1주택 취득 후 1년이 지나고 분양권을 취득한 경우여야 한다. 분양권 취득 후 3년 이내에 기존 1주택을 매도한다면 비과세가 가능하다. 단, 이때 기존 1주택 비과세 요건인 2년 이상 보유 요건을 충족해야 하며, 실입주 요건이 있는 경우는 이를 충족해야 비과세가 가능하다.

만약 기존 1주택을 분양권 취득 후 3년 안에 매도하지 못했더라도 비과세를 받을 수 있는 방법이 있다. 조건은 똑같이 기존 1주택 취득 후 1년이 지나고 2021년 1월 1일 이후에 분양권을 취득했다면, 신규주택 완공 후 2년 이내에 그 주택으로 세대원 전원이 이사하여 1년 이상 계속 거주해야 한다. 그리고 신규 주택 완공 전 또는 완공 후 2년 이내에 기존 주택을 양도해야 한다. 이때도 역시 기존 주택은 1세대 1주택 비과세 요건을 충족해야 비과세 받을 수 있다.

분양권을 먼저 취득한 경우는 다르게 봐야 한다. 분양권은 주택이 아니다. 분양권이 완공된 후 소유권이전등기를 해야 주택으로 바뀐다. 예를 들어 분양권을 2021년 2월에 취득했는데 2022년 8월에 준공되었다면 이때부터 주택이라고 본다. 이 경우 만약 기존 주택을 비과세 받고 싶다면 일시적 1가구 2주택 전략을 쓰는 게 좋다.

조건은 기존 주택 취득 후 1년 뒤 두 번째 주택을 매수한 후 3년 내 기존 주택을 매도해야 비과세를 받을 수 있다. 이때도 기존 주택은 2년 보유, 실입주 요건이 있을 경우 그 요건을 충족해야 비과세가 가능하다. 그렇다면 기존 분양권이 소유권이전등기를 한 후 주택으로 바뀐 날을 기점으로 1년 뒤 두 번째 주택을 취득해서 3년 내 매도를 한다면 기존 주택을 비과세 받을 수 있게 된다.

이처럼 미리 세금에 대해 알아두면 비과세 요건에 맞춰 미리 계획을 세울 수 있다. 아는 만큼 절세를 할 수 있는 것이다. 비과세에 대한 부분은 개인이나 물건마다 차이가 있을 수 있으므로 반드시 2명 이상의 세무사 상담을 받아서 확인할 것을 추천한다.

4부

돈이 될 분양권은 어디에 있을까

7장

분양권도 시장의 원리를 알아야 한다

지역의 흐름을 통해
최적의 타이밍을 잡아라

분양권을 살 때도 일반 아파트를 살 때처럼 지역의 흐름을 읽는 것
이 가장 중요하다. 앞에서도 배웠듯 분양권을 사기 전에는 매매지
수와 입주물량, 미분양 등의 지표를 통해 해당 분양권의 가치가 앞
으로 오를 수 있는지 확인해야 한다. 여기에서는 각 단계를 자세히
설명하며 지역의 흐름을 보는 방법을 알아보겠다. 내가 살고 있거
나 앞으로 살고 싶은 지역은 이 지표들을 계속 확인하며 흐름을 놓
치지 말고 읽어가도록 하자.

지역의 흐름이란 그 지역이 상승하는지 하락하는지를 말한다. 아
무리 그 지역에서 입지가 제일 좋은 분양권을 샀더라도 그 도시가
하락한다면 내가 가진 물건 또한 제대로 상승할 수 없다. 반대로 현

재는 그 지역의 흐름이 좋지 않아 미분양이 났다고 하더라도 지역의 흐름이 좋아지면서 수요가 더 생기면 미분양이 급감하고 가격이 오를 수도 있다.

따라서 흐름을 볼 줄 알면 저렴할 때 사서 비쌀 때 팔 수 있다. 이것이 바로 타이밍이다. 부동산은 타이밍이 중요하다. 같은 아파트에 살더라도 아파트를 매수한 가격은 각자 다르다. 좀 더 저렴할 때 산 사람, 비쌀 때 산 사람이 존재할 수밖에 없다. 저렴할 때 사서 내가 산 가격보다 비싸게 팔 수 있는 사람이 결국 승리자다. 흐름을 읽을 줄 알면 승리자가 될 수 있다.

매매지수 확인하기

가장 먼저 매매지수 그래프를 확인하자. 아실 사이트의 '가격분석'에 들어가면 매매지수를 편하게 볼 수 있다.

우선 이 그래프가 무엇을 의미하는지부터 알아야 한다. 매매지수는 매매가가 상승하고 하락하는 변동률을 하나의 선으로 나타낸 것이다. 파란색이 매매지수, 빨간색이 전세지수다. 그래프를 보면 수치가 100이 되는 지점이 있다. 그것을 기준으로 마이너스(-)라면

서울 매매지수
(출처: 아실)

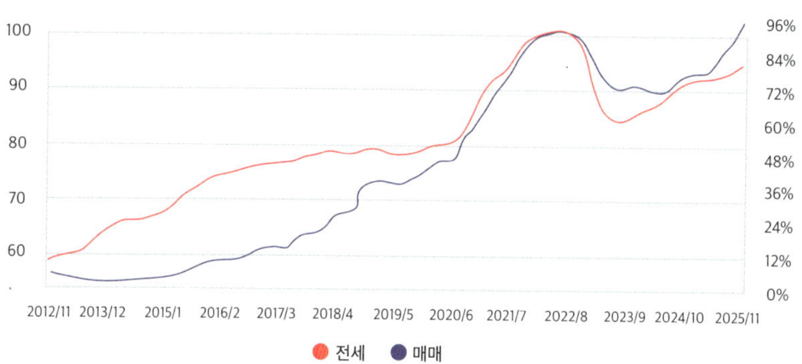

하락, 플러스(+)라면 상승이라 보면 된다. 매매지수 그래프는 10년 정도의 기간을 보면서 추이를 살펴보는 것이 중요하다.

2025년 12월 기준 서울의 매매지수 그래프를 보자. 서울도 계속 상승만 한 건 아니라는 사실을 알 수 있다. 상승과 하락을 반복하지만 10년 정도의 긴 기간으로 보면 결국 우상향한다. 최근 서울의 흐름을 보면 매매지수(파란색)와 전세지수(빨간색)가 상승하고 있다. 2025년 초부터는 매매지수가 전세지수보다 더 많이 상승하고 있다. 보통 이런 모습은 상승 초입을 지나 대세 상승기로 진입할 때 나타난다.

보통 하락기에서 상승기로 전환되는 상승 초입에는 전세지수부

터 상승한다. 아직 상승기를 체감하기 어려운 상황에서는 매매보다
는 전세를 선택하는 사람들이 많다. 이런 수요로 전세가가 빠르게
오르면 사람들은 더 비싸진 전세로 살기보다는 집을 사려고 한다.
전세금에 조금만 더 보태면 집을 살 수 있다고 생각하기 때문이다.
이때부터 임대 수요가 매매 수요로 전환되는 것이다. 2024년 6월
이후 서울은 전세보다는 매매를 하려는 사람들이 늘기 시작하면서
매매지수가 전세지수보다 더 많이 상승했다. 앞으로 매매지수가 전
세지수와 더 격차를 벌리면서 상승할 가능성이 크다고 판단된다.

매매지수 그래프를 볼 때 주의할 점은 평균의 오류에 빠지면 안
된다는 것이다. 이 그래프는 추이를 보기 위함이다. 서울의 매매지
수 그래프가 상승한다고 해서 지금 서울의 모든 아파트 가격이 상
승하고 있다고 생각하는 건 큰 오산이다. 2025년 상반기에 토지거
래허가구역이 해제되면서 강남 3구와 용산구가 급등했고 이들이
다시 토지거래허가구역으로 묶이면서 잠시 주춤하다 6.27 대출규
제 전까지 그다음 급지인 성동구, 마포구, 강동구가 급등했다. 6.27
대출규제 이후에는 다시 주춤하다 다시 성동구, 마포구, 강동구가
다시 움직이면서 그 아래 급지인 서대문구, 강서구, 동대문구, 성북
구까지 흐름이 이어졌다.

10.15 부동산 대책 이후에는 서울 전 지역, 경기도 12개 지역이

규제 지역과 토지거래허가구역으로 묶이자 오히려 똑같은 조건이라면 강남에 있는 아파트를 사겠다는 수요로 인해 다시 서울 1급지인 강남, 서초, 송파, 용산구가 신고가를 찍고 있다. 규제 이후 거래량은 줄었지만 신고가는 계속 나오고 있는 상황이다. 그리고 수도권에서 규제지역으로 묶이지 않은 화성 동탄, 용인 기흥구, 안양 만안구, 구리와 같은 곳으로 풍선효과가 일어나면서 거래량이 급증하고 매물은 급감하며 호가가 계속 상승하고 있다. 이렇듯 상승 흐름은 가장 선호하는 곳부터 시작해서 점점 번진다.

최근에 잇따른 규제로 또다시 선호 지역이 오르고 천천히 움직여야 할 수도권 비규제지역이 불안심리로 인해 급등하는 양상을 보이고 있다. 중요한 것은 규제를 하더라도 수요를 계속 억제하기는 어렵다는 것이다. 이런 점은 그 지역의 큰 흐름뿐만 아니라 개별 아파트의 분위기를 계속 살펴봐야 알 수 있다. 따라서 매매지수 그래프를 보면서 흐름을 체크하되 꼭 네이버 부동산에서 개별 아파트의 시세 그래프도 같이 확인해야 한다.

그렇다면 이 그래프를 보고 언제 집을 사면 될까? 내 집 마련이냐, 상급지 갈아타기와 같은 실거주냐, 투자냐에 따라 다르게 볼 수 있다. 실거주라면 하락기에 집을 사도 된다. 내 집 마련의 경우 하락기에는 이미 예전 고점보다는 가격이 떨어지고 있는 시점이므로 이때라도 사는 것이 더 낫다. 바닥에서 사겠다는 것은 욕심이다. 언제가 바닥인지는 절대 알 수 없기 때문이다. 지나고 나면 그때가 바닥이었음을 알게 된다. 그러니 고점에서 가격이 어느 정도 떨어졌다 싶으면 '이 정도면 됐지'라는 마음으로 욕심을 버리고 사야 한다. 그래야 조금이라도 저렴한 가격에 살 수 있다. 어차피 내가 그 집에 몇 년간은 살 것이기 때문에 좀 더 싸게 사서 가격이 오르면 그때 다른 곳으로 갈아탄다는 생각으로 접근하는 것이 좋다. 상급지 갈아타기도 하락기가 더 유리하다. 내가 사는 아파트의 가격이 떨어졌지만 예전부터 가고 싶었던 동네의 아파트도 가격이 떨어지기 때문이다. 상승기보다 갈아타기 비용이 줄어들기 때문에 이 시기를 놓칠 이유가 없다.

하지만 투자는 다르다. 하락기에는 전세가도 같이 떨어진다는 것이 문제다. 전세를 끼고 매매한다면 전세가도 중요하다. 매매가에서 전세가를 뺀 것이 투자금이 되기 때문이다. 그래서 투자가 목적이라면 매매가와 전세가가 어느 정도 올라줘야 한다. 이 역시 매매지수 그래프가 저점을 찍고 상승하는 딱 그 시점에 살 것이라고 생각하는 건 욕심이다. 언제 바닥을 찍고 상승할지는 지나고 봐야 알 수 있다.

투자라면 더 보수적으로 봐도 된다. 매매지수 그래프가 저점을

4부

찍고 적어도 3~6개월 정도 반등한 후 확실해지면 매수하는 것도 좋다. 이때는 전세지수도 같이 반등하면서 매매가와 전세가의 차이가 예전보다 줄어들 수 있다. 매매가와 전세가는 상승기로 갈수록 하락기에 벌어졌던 격차를 점차 줄이는데, 대세 상승기가 되면 다시 매매가가 전세가와 격차를 벌리면서 더 많이 상승하게 된다.

따라서 격차가 너무 벌어지기 전인 상승 초입기에 투자를 하면 투자금을 줄이면서 아직 덜 오른 좋은 곳을 살 수 있다. 상승기로 갈수록 분양권의 프리미엄도 높아지게 된다. 분양권 역시 상승 초입에 매수하는 것이 좋다.

미분양 확인하기

매매지수 그래프로 지역의 큰 흐름을 읽을 수는 있지만 그보다 더 중요한 것은 향후 리스크가 있느냐다. 리스크를 판단할 때 가장 중요한 것은 미분양이다. 미분양이 늘어난다는 것은 사람들이 더 이상 새 아파트를 원하지 않는다는 의미다. 반대로 미분양이 줄어든다는 것은 사람들이 다시 새 아파트를 원하고 있다는 의미다. 그래서 미분양으로 수요를 확인할 수 있다. 미분양이 계속 줄어들고 있다면 그만큼 수요가 늘고 있다고 볼 수 있다. 서울의 미분양 그래프를 보자.

2025년 9월 서울의 미분양은 빨간색인 서울 평균 미분양 개수보다는 적었다. 서울의 적정 미분양 수는 인구수에 0.1%를 곱하면 된다. 네이버에 '서울 인구수'라고 검색하면 2025년 12월 기준 서울 인구수는 931만 명 정도로 나온다. 계산하면 적정 미분양 수는 9310개 정도다. 당시 미분양 수가 1000개 정도이므로 아직 적정 미분양 수에는 한참 못 미친다. 적정 미분양 수가 100% 정확하지는 않지만 대략 이 개수에 근접할수록 미분양 리스크가 없다고 볼 수

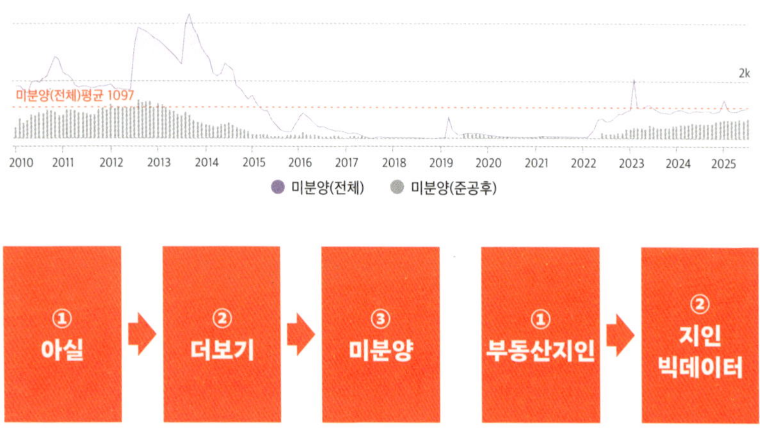

있다. 미분양 그래프를 적어도 매달 한 번씩은 체크하면서 이전 달
보다 늘었는지 줄었는지 보는 것이 중요하다.

입주물량 확인하기

향후 입주물량이 계속 많다면 바로 전세가에 영향을 주고 매매가
도 같이 끌어내릴 수 있기 때문에 입주물량도 잘 체크해야 한다. 서

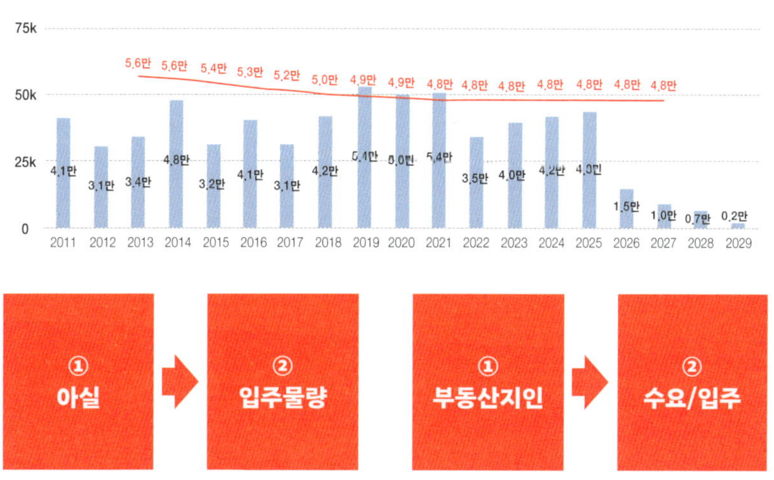

서울 입주물량
(출처: 부동산지인)

울의 입주물량을 보자.

서울은 2021년 이후 계속 빨간 선인 수요량보다 적게 공급되고 있다. 서울 공급 부족 기사가 계속 나오는 것도 이 때문이다. 공급이 부족해지면 전세가는 계속 오를 수밖에 없고 매매가 역시 상승하게 된다. 그래서 서울 집값 상승 우려 기사도 끊이지 않는다. 하지만 신규 분양이 이뤄지고 입주 날짜가 확정되면 입주물량에 반영되므로 지속적으로 체크하는 것이 중요하다.

청약경쟁률 확인하기

청약경쟁률은 그 지역에 사는 실수요자가 새 아파트를 원하는지 알 수 있는 지표다. 이 역시 수요를 확인할 수 있는 지표다. 청약경쟁률이 높게 나온다는 것은 그만큼 수요가 많다는 것이고, 낮게 나온다는 것은 그만큼 수요가 적다는 의미다. 서울의 청약경쟁률을 보자.

2025년 9월 기준 서울의 청약경쟁률은 대부분 두 자릿수에서 세 자릿수의 경쟁률이 나오고 있다. 2025년 8월에 분양했던 잠실르엘의 경우 25평 분양가 16억 원 정도인데, 2024년 10월에 분양한 잠

(출처: 아실)

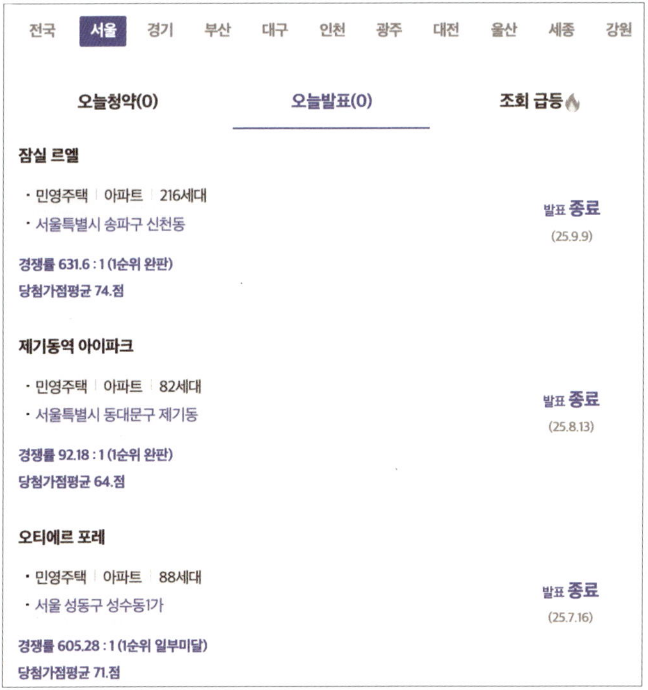

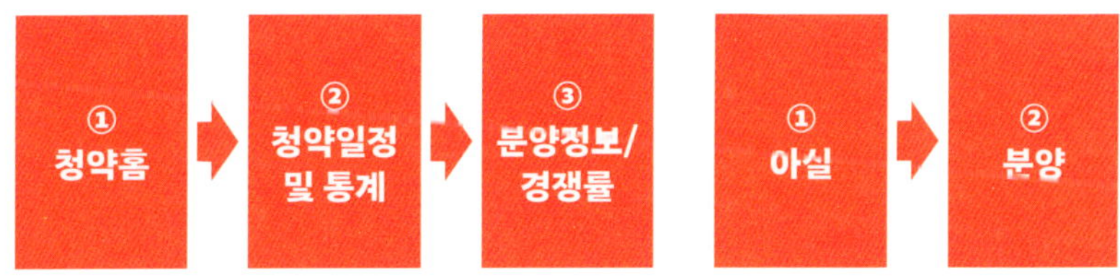

실래미안아이파크는 분양 당시 25평 분양가가 15억 원 정도였다.

2025년 3월에는 26억 원에 거래되었다. 잠실르엘 주변 아파트의

25평 시세가 25억 원 이상이었기 때문에 상대적으로 저렴한 분양가로 더 인기가 높았다. 이렇듯 주변 시세보다 저렴하게 분양하다 보니 세 자릿수의 경쟁률이 나왔다.

2025년 10월에 분양했던 힐스테이트이수역센트럴은 25평 분양가가 17억 4000만 원 정도로 주변 시세와 비교했을 때 그다지 저렴하지 않았지만 세 자릿수의 경쟁률이 나왔다. 7호선 이수역과 4호선 총신대역 더블역세권이고, 주변에 초등학교와 이마트가 있다. 또한 이수역 인근의 인프라를 가까이에서 이용할 수 있다는 점이

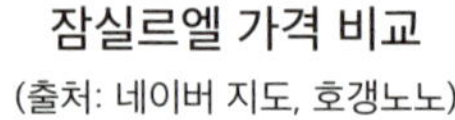

잠실르엘 가격 비교
(출처: 네이버 지도, 호갱노노)

강점으로 작용했던 것으로 보인다.

이러한 사례를 보면 서울은 주변 시세보다 저렴하지 않더라도 높은 경쟁률이 나올 만큼 새 아파트에 대한 수요가 강하다는 것을 알 수 있다.

향후 공급부족 등으로 서울 집값이 계속 상승할 가능성이 크기 때문에 청약경쟁률은 더 높아질 것으로 보이지만, 그렇다고 해서 서울에 분양하는 모든 곳의 청약경쟁률이 잘 나오는 것은 아니다. 입지가 좋은 곳부터 청약경쟁률이 높아지고 그 흐름이 점점 입지가

힐스테이트이수역센트럴 가격 비교

(출처: 네이버 지도, 호갱노노)

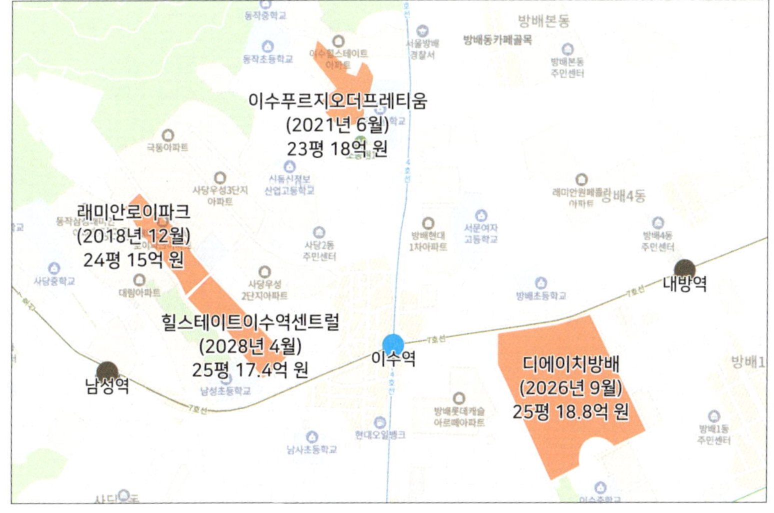

덜 좋은 곳으로도 번지게 된다. 갈수록 고분양가로 분양하는 곳이 늘고 있다. 무조건 서울에 분양을 한다고 해서 좋은 것은 아니다. 분양가의 적정성을 잘 판단하는 것이 점점 더 중요해질 것으로 보인다.

거래량 확인하기

거래량은 매매지수에 선행한다. 거래량이 많아지면 매매가도 상승한다. 거래량은 심리적 영향을 많이 받는다. 2022년 초부터 몇 년간 전국 부동산 시장이 어려웠던 이유는 금리 인상으로 대출금리도 덩달아 급상승하면서 집을 사려는 사람들의 마음이 크게 위축되었고 겁이 나서 집을 사지 못했기 때문이다. 그렇다 보니 거래량도 급감했다. 이런 와중에도 급하게 집을 팔아야 하는 사람들은 있기 때문에 이럴 때는 가격을 낮출 수밖에 없다. 그래서 전국 대부분의 아파트가 30% 이상 가격이 하락했고, 분양권의 프리미엄이 낮아지고 마피도 속출했다.

하지만 최근에는 거래량이 늘어남에 따라 매매가가 상승하는 지역도 늘고 있다. 서울의 거래량을 보자. 색이 칠해진 부분은 당시의

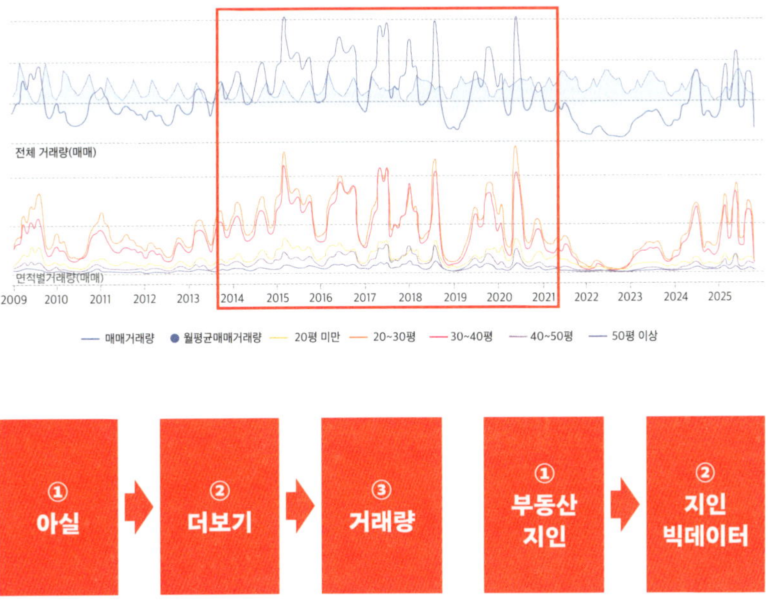

평균 거래량이다. 선으로만 된 것이 현재의 거래량이다. 서울이 상승하던 시기인 2014~2021년을 보면 평균 거래량 이상으로 거래량이 발생했다. 그 이야기는 다시 이런 모습이 나온다면 서울이 상승한다는 이야기다.

2024년 7월 당시 서울의 거래량을 보면 예전보다는 늘고 있지만 아직은 평균 거래량 이하다. 거래량이 평균 이상으로 늘어나면 서울의 매매가 역시 예전처럼 상승할 것임을 예상할 수 있다. 따라서 거래량 그래프도 수시로 확인하자.

지금까지 흐름을 보는 방법에 대해 알아봤다. 매매지수, 미분양, 입주물량, 청약경쟁률, 거래량 외에도 고려해야 할 지표는 더 있지만 가장 중요한 것은 이 다섯 가지다. 이 다섯 가지 지표를 수시로 보면서 꾸준히 흐름을 체크하도록 하자.

각 지역의 흐름
직접 확인해 보기

서울뿐만 아니라 다른 지역의 상황은 어떨까? 서울이 오르면 다른 지역도 따라서 함께 오르고 흐름은 주변 지역을 타고 번진다. 방금 배운 지역 흐름 분석을 적용해 보겠다. 그래프 아래에 나오는 설명을 읽기 전 매매지수 그래프를 보고 스스로 판단하는 연습을 해보자.

2025년 11월 기준 하남시 매매지수 그래프를 조회해 보면 다음과 같다. 먼저 그래프를 보며 매매지수와 전세지수가 어떻게 움직이는지 확인해 보자.

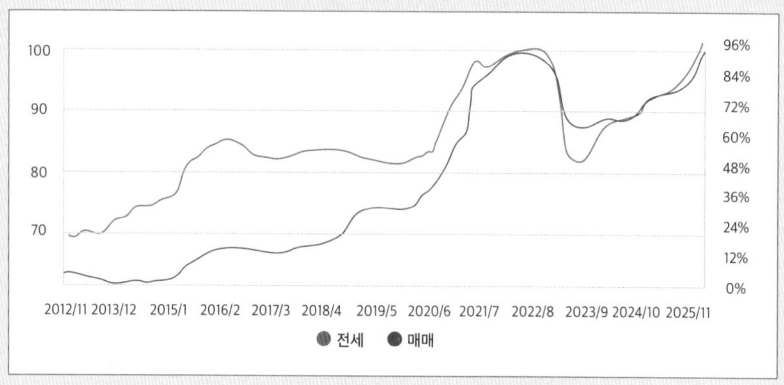

하남시 매매지수
(출처: 아실)

하남은 2022년 5월 이후 하락하다가 2023년 6월 반등 후 정체되는 모습이다. 반면에 전세지수 그래프는 급상승하는 모습이다. 하남 역시 전세가의 반등이 더 빠르기 때문에 추후에도 매매가의 반등이 일어날 것을 예상할 수 있다. 이때도 하남의 개별 아파트별로 시세 그래프를 체크하는 것이 좋다.

수원시는 2022년 2월부터 하락을 시작하다 2023년 7월 저점을 찍고 반등했다. 2025년 11월 기준으로 매매지수도 반등하지만 이보다 전세지수의 반등이 훨씬 빠르다. 그만큼 전세가가 빠르게 상승하고 있다는 말이다. 서울, 하남, 수원 같은 곳은 전세가의 반등이 빠르기 때문에 이런 흐름이라면 추후에도 매매가의 반등이 일어날 것을 예상할 수 있다.

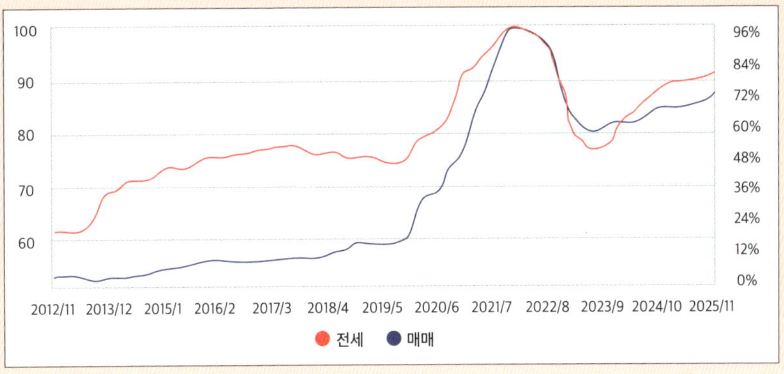

수원시 매매지수
(출처: 아실)

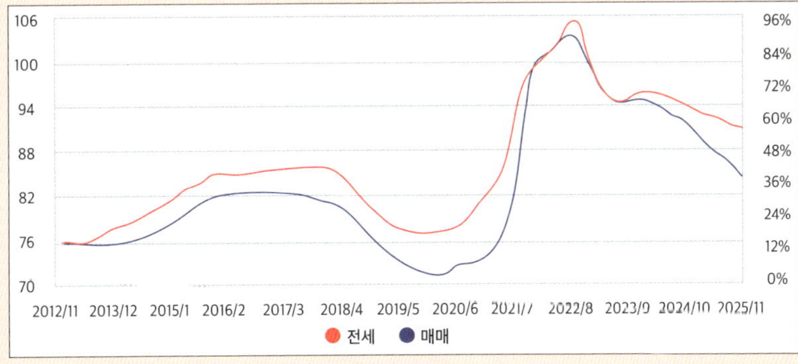

평택시 매매지수
(출처: 아실)

하지만 같은 경기도라고 해서 모두 같은 흐름으로 움직이는 것은 아니다. 같은 시기 평택의 매매지수 그래프를 보자.

매매지수, 전세지수 모두 하락하고 있다. 평택은 2022년 8년 이후 계속 하락하고 있다. 하지만 앞으로도 평택이 계속 하락하기만 할까? 결국 서울, 하남, 수원과 같은 도시들이 반등하면 상승 흐름을 이어받게 될 것이다. 따라서 하락하고 있다고 해서 관심을 끊어서는 안 된다.

같은 시기에 지방은 어떨까? 같은 시기 대구의 매매지수 그래프를 보자. 대구는 2022년 1월 이후부터 하락했고 2024년 7월경 서울, 경기 주요 도시가 상승하던 시기에도 매매지수, 전세지수 모두 하락했다. 이처럼 전국이 같은 흐름을 보이는 것은 아니다.

내 집 마련의 경우는 내가 사는 지역에서 선택을 해야 하기 때문에 흐름이 좋지 않더라도 사야 하는 경우도 많다. 하지만 내 집 마련이 아니라

대구 매매지수

(출처: 아실)

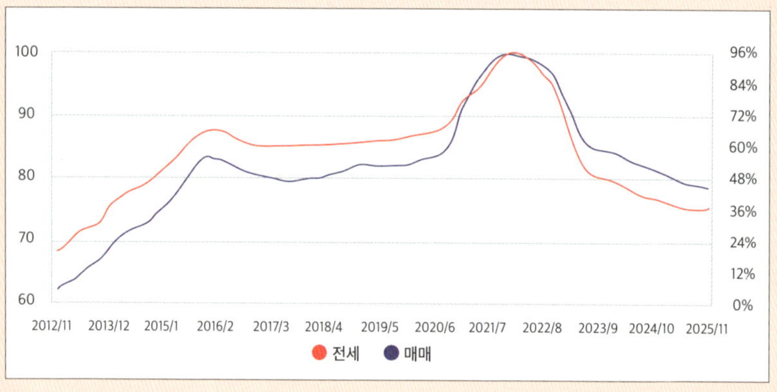

면 흐름을 비교하면서 상승 흐름이 더 빨리 올 수 있는 지역을 선택하는 것이 훨씬 좋다. 내가 집을 사고 나서 오르면 가장 좋기 때문이다. 내가 사고 나서부터 집값이 하락한다면 다시 오를 때까지 나의 소중한 돈이 묶이게 된다. 그것만큼 속상한 일도 없다. 그런 일을 방지하는 방법은 흐름을 읽는 것뿐이다.

똑똑한 새 아파트가 될
물건을 찾기 위한 입지 분석

흐름을 읽은 다음에는 입지를 볼 줄 알아야 한다. 입지적으로 확실히 좋은 곳은 구축이 되어도 가격 방어가 되고 수요가 계속 발생한다. 예를 들면 학군이 확실히 좋은 곳들이다. 서울시 강남구 대치동, 양천구 목동, 성남시 분당, 안양시 평촌, 대전 서구 둔산동, 대구 수성구 범어4동, 울산 남구 신정동, 광주 남구 봉선동 등은 확실한 학군지다. 이런 곳은 학군, 학원가와 같은 입지 요소가 월등히 좋아 구축이어도 수요가 몰린다.

예를 들어 평촌동의 귀인마을현대홈타운은 안양에서 특목고 진학률이 가장 높은 귀인중학교에 배정되는 아파트다. 경기도 1위인 평촌 학원가를 걸어서 이용할 수 있다. 그만큼 입지가 좋은 곳이다.

2002년 6월에 준공된 구축 아파트인데 2025년 11월 기준 33평이 13억 6500만 원에 거래되었다.

반면에 호계동의 평촌센텀퍼스트는 2023년 11월에 준공된 새 아파트다. 2025년 10월 기준 13억 5800만 원에 거래되었다. 이와 비교해 보면 귀인마을현대홈타운은 20년이 넘은 구축 아파트지만 워낙 입지가 좋기 때문에 주변 새 아파트 가격에 뒤지지 않는다는 것을 알 수 있다. 따라서 무조건 새것이라서 좋은 게 아니라 반드시 입지와 함께 비교해야 한다.

안양 구축 귀인마을현대홈타운과 신축 평촌센텀퍼스트 비교
(출처: 아실)

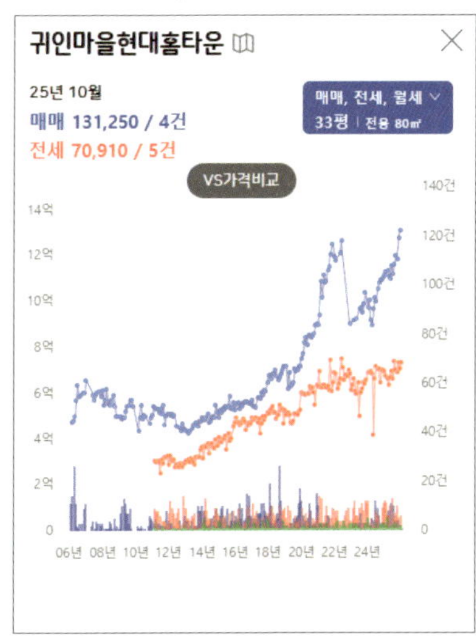

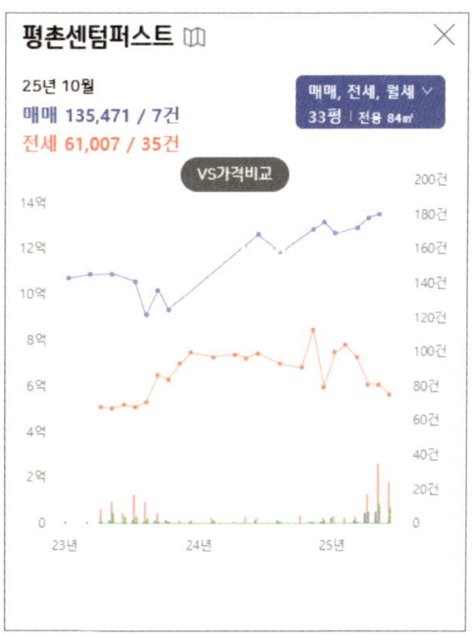

초보자가 가장 하기 쉬운 실수는 입지를 고려하지 않고 수익률만 보는 것이다. 무조건 저렴한 아파트를 사야 이익을 많이 본다고 생각한다. 저렴한 아파트를 찾다 보면 사면 안 되는 아파트를 사는 실수를 할 가능성이 크다. 그런 곳들은 대부분 오르지도 않고 팔리지도 않는다.

수익률은 돈이 적게 들어갈수록 높아진다. 돈이 적게 들어간다는 것은 그렇게 좋은 물건은 아니라는 말이다. 좋은 것일수록 돈이 많이 드는 건 당연하다. 가격이 비싸다는 건 그만큼 돈을 주고도 사려는 수요가 있다는 뜻이다. 즉, 입지가 좋고 수요가 많다는 증거다.

입지 분석할 때 봐야 하는 다섯 가지

사람들은 상대적으로 더 살기 좋고 상품성이 좋은 아파트는 가격이 비싸도 사려고 한다. 따라서 가격에 수요와 입지가 반영된다. 부동산 초보일수록 입지와 상품성이 좋은 곳을 사야 한다.

우선 수원 영통구를 예로 들어 살펴보자. 가장 먼저 관심 지역의 동별 순서를 알아야 한다.

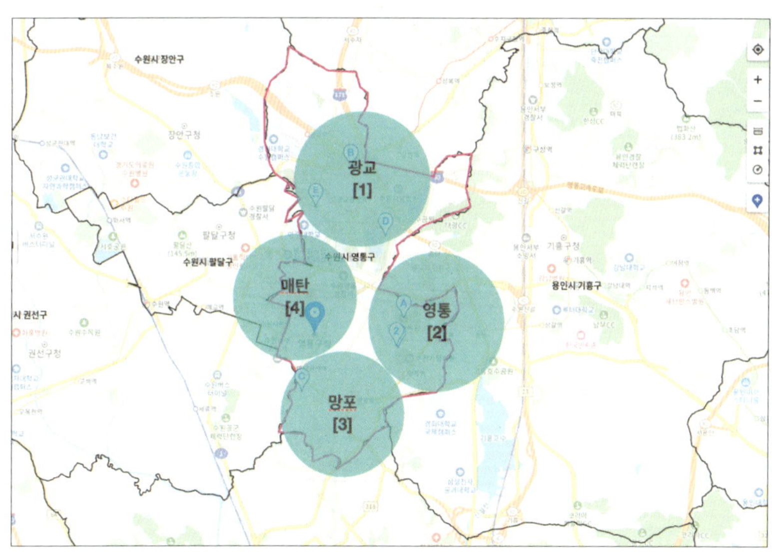

동별 순서는 먼저 동에서 가장 비싼 아파트의 평당가를 확인한 후 실제 입지를 기준으로 정한다. 영통구에서는 당연히 광교가 제일 입지가 좋다. 광교 다음이 영통동이다. 왜 그런지 입지의 요소별로 분석해 보자.

첫째, 학군 확인하기

수원에서 학업성취도평가 90% 이상인 중학교는 영통구에 집중되어 있다. 특목고 진학률이 가장 높은 학교는 광교중학교다. 그 외에는 영통동에 좋은 중학교들이 집중되어 있다. 학군과 함께 봐야 하는 건 학원가 밀집 여부다. 학원가 밀집 여부는 호갱노노에서 확인할 수 있다.

학원가는 광교중앙역, 영통역 인근에 밀집되어 있음을 알 수 있

수원 학군
(출처: 아실)

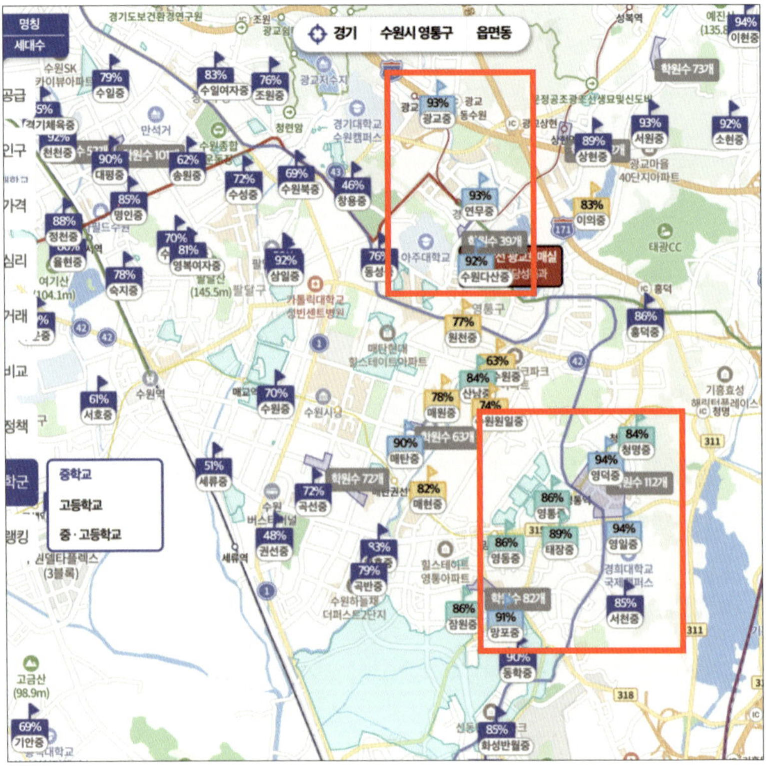

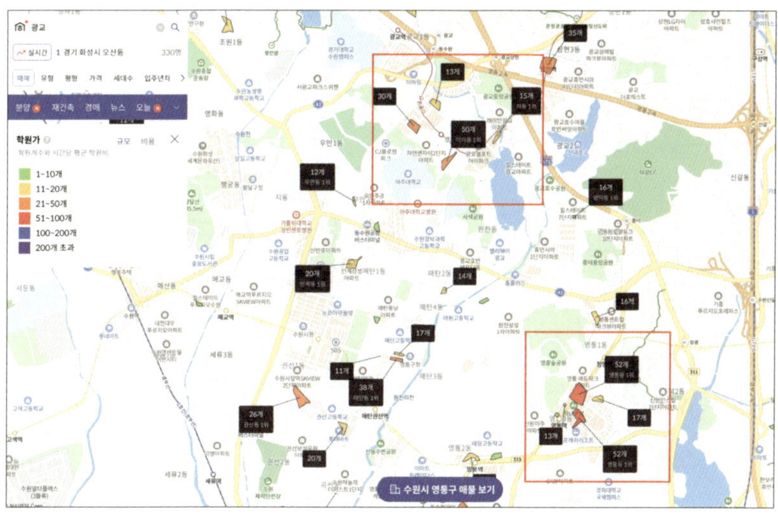

다. 학군이 좋은 곳에 학원가가 밀집되는 경향이 있다.

둘째, 상권 확인하기

다음으로 상권을 보자. 호갱노노에서 상권의 규모를 색깔별로 확인할 수 있다. 수원에서 상권 개수가 가장 많은 곳은 영통역 인근이다. 그런데 상권 개수가 많다고 해서 무조건 상권이 제일 좋다고 생각하면 안 된다. 개수보다는 밀집 여부와 상권의 종류가 더 중요하다. 로드뷰로 확인해 보자.

호갱노노에서 본 영통역 상권

(출처: 호갱노노)

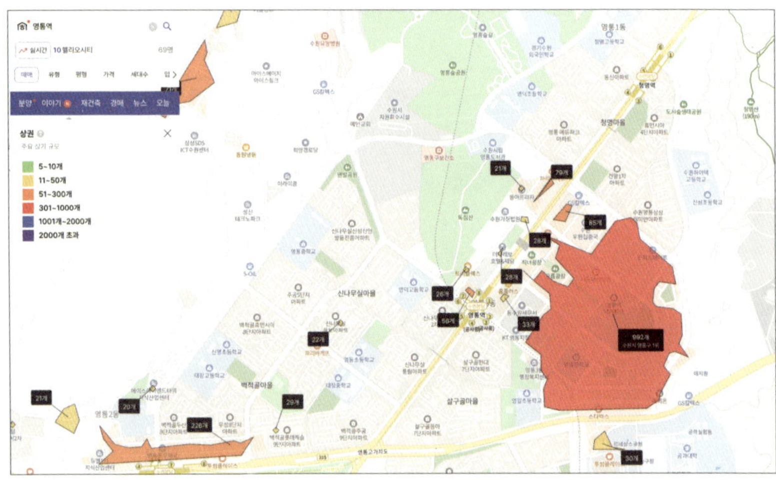

로드뷰로 본 영통역 상권

(출처: 카카오맵 로드뷰)

영통역 인근에는 영화관, 병원, 대형 마트, 학원가 등 생활상권 위주로 밀집되어 있다. 상권의 개수도 많고 밀집된 형태다.

광교의 상권 모습도 확인해 보자.

광교중앙역 상권
(출처: 호갱노노)

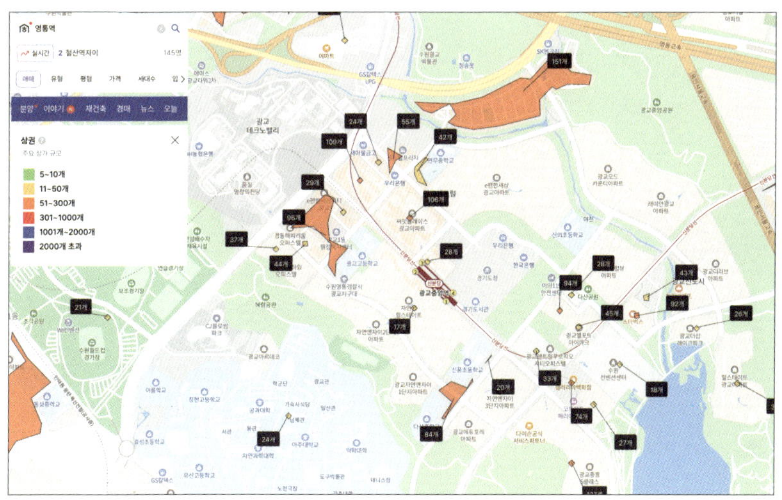

광교는 영통역 인근보다 상권의 개수는 적지만 밀집되어 있고 신축 상권의 모습이다. 롯데몰, 롯데마트, 갤러리아백화점, 아브뉴프랑 등 대형 상권도 아주 깔끔하게 들어서 있다.

광교 대형 상권의 위치
(출처: 네이버 지도)

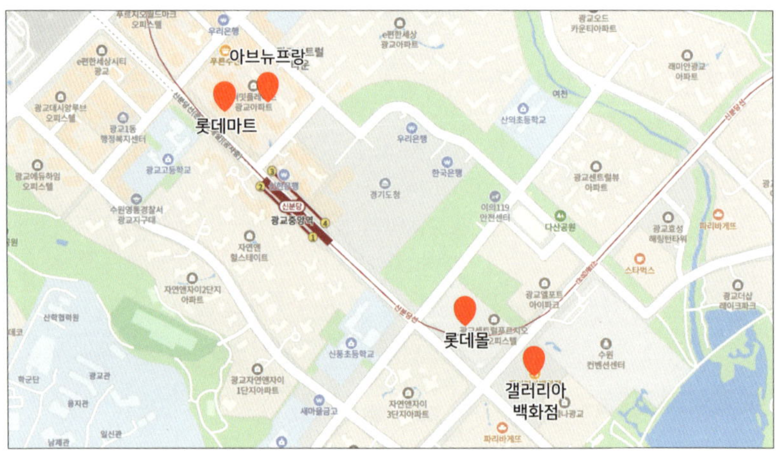

셋째, 일자리 확인하기

부동산지인에 들어가면 수원에서 일자리 수가 제일 많은 곳을 찾

을 수 있다.

수원에서는 영통구가 가장 많다. 그렇다면 영통구 내에서 평균

소득이 높은 일자리가 많은 곳을 찾아보자.

영통구 내에서 평균 소득이 가장 높은 동은 삼성전자 본사가 있

는 수원시 영통구 매탄동이다. 삼성전자 본사를 중심에 두고 광교,

영통동, 매탄동이 인접해 있다.

수원 일자리
(출처: 부동산지인)

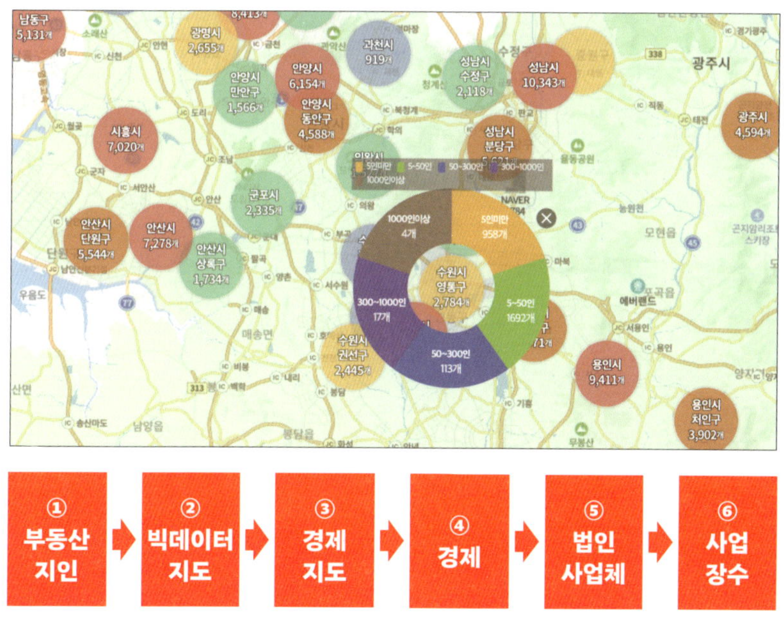

수원 일자리 평균 소득순(부동산지인)

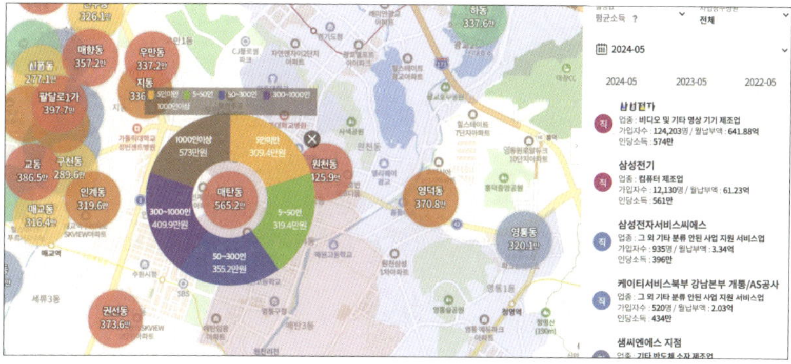

넷째, 교통 확인하기

수원을 지나는 노선은 대표적으로 수인분당선과 신분당선이다. 노선을 볼 때 가장 중요한 것은 서울에서 가장 일자리가 많은 강남역으로 어느 노선이 더 빨리 도달할 수 있느냐다. 광교중앙역과 영통역에서 각각 강남역으로 도달할 수 있는 시간을 비교해 보자.

광교중앙역에서 강남역까지는 신분당선을 타고 한 번에 36분 정도면 갈 수 있다. 영통역에서는 수인분당선을 타고 정자역에서 신

광교중앙역과 영통역에서 강남역까지 걸리는 시간 비교
(출처: 네이버 지도)

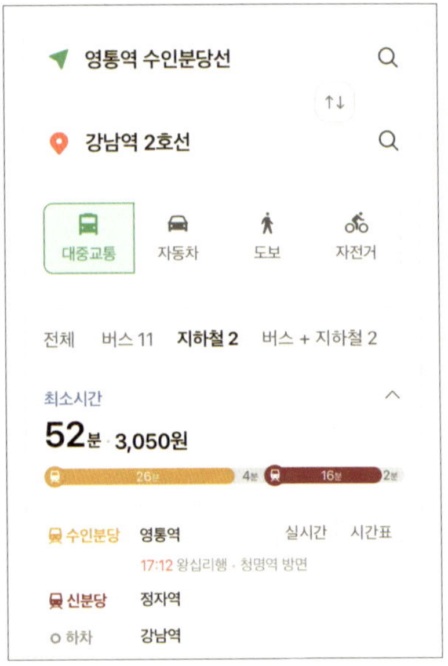

분당선으로 환승해야 하고 52분 정도로 약 15분 더 소요된다. 추후 영통역에 인덕원-동탄 복선전철이 준공될 경우 이 노선을 이용해 신분당선이 연장되는 수원 월드컵경기장역에서 환승 후 강남역으로 이동할 수 있게 된다.

다섯째, 주변 환경 확인하기

광교는 호수공원이라는 강력한 자연환경을 갖고 있다.

주말에 광교호수공원 근처를 지나간 적이 있다. 공원을 이용하려는 인파로 가득했다. 매일 아침 눈을 뜨면 눈앞에 호수공원이 펼쳐

광교호수공원
(출처: 셔터스톡)

진다고 생각해 보라. 영통동에는 광교호수공원에는 못 미치지만 영통중앙공원이 있어 산책과 운동을 하기 좋다.

영통구는 학군, 학원가, 상권, 교통, 자연환경 뭐 하나 빠지는 것이 없다. 대표적으로 가장 입지가 좋은 광교에 있는 아파트들의 연식은 2012~2019년 정도다. 2024년 8월에 입주한 힐스테이트광교중앙역퍼스트가 현재 기준으로 가장 신축이다.

이 단지는 아파트에서 엘리베이터를 타고 내려가면 바로 신분당

힐스테이트광교중앙역퍼스트
(출처: 호갱노노)

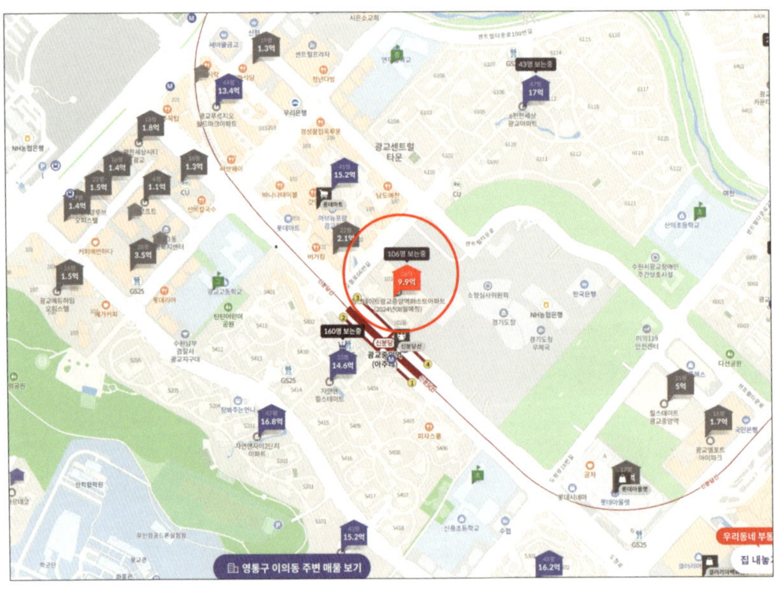

선 광교중앙역과 연결되며, 강남역까지 약 37분이면 갈 수 있다. 도보로 바로 인접한 롯데마트, 아브뉴프랑 상권, 갤러리아백화점을 이용할 수 있으며 경기도서관도 개관될 예정이다.

광교 다음으로 입지가 좋은 곳은 수원시 영통구 영통동이다. 학군, 학원가, 상권, 교통, 자연환경 모두 갖춘 곳이었지만 단 하나 단점이 상품성이었다. 대부분의 아파트 연식이 1997~2002년으로 20년 이상이 되었다. 하지만 이곳에 새 아파트를 분양했다. 바로 영통자이센트럴파크다.

영통자이센트럴파크

(출처: 네이버 지도)

이 단지는 2024년 2월 분양 당시 33평 10억 원 정도로 고분양가 논란이 있었다. 1순위에서는 7.5:1로 일부 미달되었지만 워낙 입지가 좋은 곳에 새 아파트를 분양했기 때문에 남은 물량도 모두 소진되어 100% 계약 완료가 되었다. 앞으로 광교를 제외한 영통구 대장은 이 아파트다.

이처럼 입지를 알면 미리 똘똘한 새 아파트가 될 분양권을 찾을 수 있다. 어떤 사람들은 이렇게 좋은 곳을 보면 이런 생각을 한다.

'좋은 건 알겠는데 그런 아파트를 살 돈이 없다고…'

그렇다면 내가 가진 돈에 맞는 곳의 입지를 보고 사면 된다. 입지 공부를 잘하려면 이처럼 좋은 곳을 많이 봐야 한다. 내가 그것을 살 돈이 없다 하더라도 좋은 곳을 많이 봐두면 입지를 보는 안목이 생긴다. 내가 살 수 있는 동네에서 그런 입지에 있는 똘똘한 새 아파트를 사면 된다는 것을 꼭 기억했으면 한다.

신도시라고 무조건
좋은 건 아니다

신도시는 새로 계획하여 만든 도시다. 새로 도시를 만드는 것이므로 새 아파트가 군집으로 들어온다. 사람들은 신도시면 무조건 좋다고 생각하지만 모든 신도시가 성공하는 건 아니다.

신도시의 성공 요인은 '주변에 구도심이 있는지'에 달려 있다. 구도심은 이미 상권, 학군, 학원가, 교통 등의 인프라가 갖춰진 곳인데, 단 하나의 단점이라면 연식이 점점 오래되면서 상품성이 떨어진다는 점이다. 그래서 신도시가 주변 구도심의 인프라를 누리면서도 새 아파트에 살고 싶은 욕구를 채워줄 수 있다면 성공할 수 있다.

위례신도시

위례신도시는 서울특별시 송파구 거여동, 장지동, 경기도 성남시 복정동, 창곡동, 하남시 감이동, 학암동 일원에 조성되었다. 수용 세대는 4만 4458세대 정도다.

이때 중요한 것은 위례신도시의 동서남북에 어떤 것이 있는지다. 바로 옆이 송파구로, 지하철 8호선을 타고 한 번에 이동이 가능하다. 위례선이 준공되면 지하철 8호선 복정역, 5호선 마천역과 연결되기 때문에 접근성이 더 좋아진다.

위례신도시 위치도

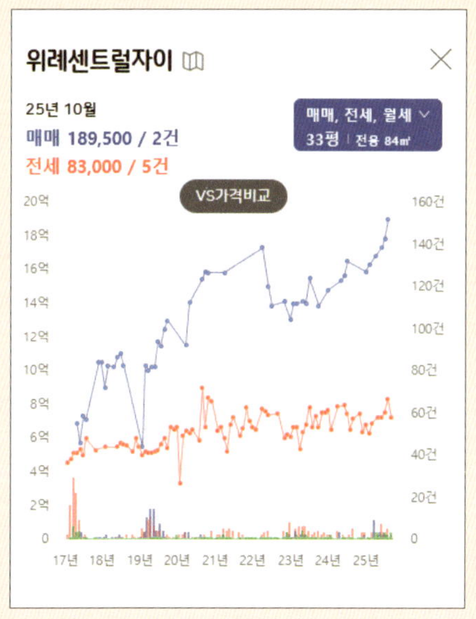

위례센트럴자이 시세
(출처: 아실)

이런 신도시는 성공한다. 위례신도시는 서울과 인접한 곳에서 좀 더 쾌적하게 살고 싶은 사람들의 욕구를 충족시켜 준다. 위례신도시의 대장 아파트라 할 수 있는 위례센트럴자이의 경우 2025년 10월 기준 33평 기준 19억 5000만 원에 거래되었고 신고가를 계속 갱신 중이다.

전주에코시티

또 다른 예로 전주에코시티가 있다. 에코시티는 전주의 군부대 이전부

전주 에코시티 위치도
(출처: 에코시티 홈페이지)

지 도시개발사업으로 조성된 곳으로, 전주시 덕진구 송천동, 호성동, 전미동 일원에 조성되었다. 다양한 브랜드 아파트가 들어왔고 지금도 분양 중이다. 대형 쇼핑몰, 공원 등이 많아 쾌적한 환경에서 아이를 키울 수 있기 때문에 사람들이 선호하는 곳이다.

에코시티는 송천동에 위치하고 바로 옆에 기존 송천동 구도심을 끼고 있다. 송천동의 구도심은 아파트 밀집 지역으로 학원가가 있으며 롯데마트, 롯데시네마 등 상권도 밀집되어 있어 에코시티에서도 이 인프라를 활용할 수 있다.

2024년에 전주는 다른 지방 도시에 비해 빠르게 반등했다. 특히 전주 에코시티에 분양한 단지들은 다른 지방 도시들이 미달되는 상황에서도 191.21:1이라는 세 자릿수의 경쟁률을 보였다. 그만큼 수요가 많다는 것을 알 수 있다.

경북도청신도시

그렇지만 모든 신도시가 잘되는 건 아니다. 경북도청신도시가 그 예다. 경북도청신도시는 경북 안동시 풍천면 및 예천군 호명면 일원에 조성되었다. 하지만 경북도청신도시 동서남북에는 아무것도 없다. 이곳에서 바

경북도청신도시 위치도

로 이용할 수 있는 인접한 구도심이 없기 때문이다. 아무리 새 아파트가 군집으로 들어오고 학교나 공원 등이 조성된다 해도 신도시가 어느 정도 인프라를 갖추기까지는 시간이 걸린다. 그동안 신도시에 사는 사람들이 이용할 수 있는 구도심이 주변에 있어야 한다.

오룡신도시

반면 같은 지방 도시지만 무안군에 조성된 오룡신도시는 달랐다. 오룡지구는 구도심인 남악신도시 바로 옆에 조성되었다. 남악신도시는 기존 상권, 학원가 등 인프라가 잘 조성된 곳이다. 구도심과 바로 인접하여 오

오룡지구 위치도

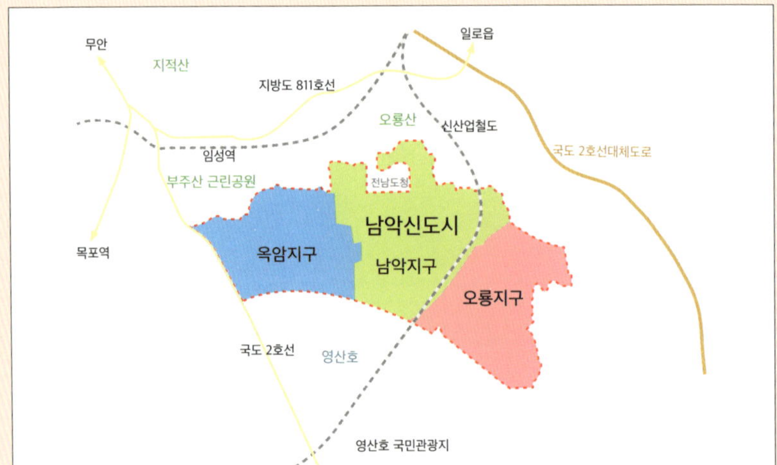

룡지구를 조성했기 때문에 인프라가 조성되는 동안 남악신도시의 인프라를 그대로 이용할 수 있는 것이다. 이에 따라 오룡지구가 목포, 무안군의 대장 입지가 되었다.

이처럼 신도시라고 모든 곳이 좋은 건 아니다. 신도시의 동서남북을 봐라. 그곳에 답이 있다.

8장

세빛희가 콕 찍어주는 지역별 추천 분양권

서울은 무조건 강하다:

마포구·광진구·성북구·노원구·동대문구·영등포구·강동구

지금까지는 지역의 큰 흐름과 입지를 파악했다면 분양단지들을 직접 보면서 적용해 보자. 다음은 내가 시장의 흐름과 입지를 바탕으로 각 지역의 분양권을 뽑아본 곳들이다. 앞으로 더욱 좋아질 곳들 혹은 검토해 볼 만한 가치가 있는 곳들을 골랐지만, 각자 투자금이나 상황은 모두 다를 테니 여기 나온 단지에 무조건 투자하라는 말은 아니다. 내가 살고 있는 지역이거나, 관심이 있었던 단지라면 지금까지 책에서 배운 분석 방법을 적용해 가치를 직접 평가해 보길 바란다.

우선 서울이다. 2025년 10월 15일 대책 이후 서울 전역이 규제지역으로 묶이긴 했지만, 서울에 살고 싶어 하는 수요는 결코 줄어들지 않을 것이다. 실제로 규제 이후 강남, 서초, 송파, 용산구는 오히려 신고가를 찍으며 더욱 많은 관심을 받고 있다.

마포구:

**마포푸르지오어반피스(아현동), 마포자이힐스테이트라첼스
(공덕동)**

마포푸르지오어반피스와 마포자이힐스테이트라첼스
(출처: 네이버 지도, 호갱노노)

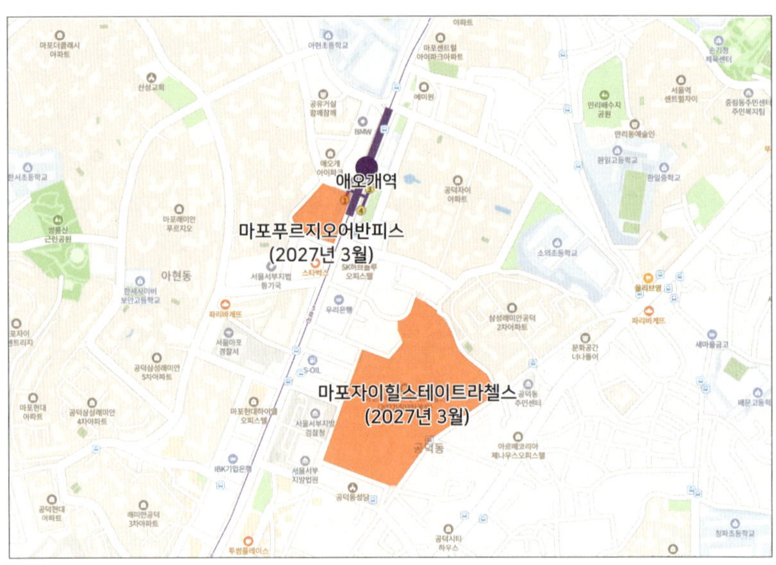

서울 마포구 아현동 마포푸르지오어반피스는 총 239세대로 2027년 3월 입주 예정이다. 2023년 12월 분양 당시 59타입 분양가가 11억 4000만 원 정도였다. 서울 마포구 공덕동 마포자이힐스테이트라첼스는 총 1101세대로 2027년 3월 입주 예정이다. 2024년 7월 분양 당시 59타입 분양가가 13억 4000만 원 정도였다.

이곳은 5호선 애오개역을 접한다. 5호선은 마곡, 여의도, 광화문 등 주요 일자리를 지나는 일자리 노선이다. 5호선 애오개역에서 한 정거장만 가면 공덕역인데 공덕역에서 6호선, 공항철도, 경의중앙선으로도 환승이 가능하다. 마포푸르지오어반피스는 2호선 아현역과도 가깝다. 2호선은 일자리가 많은 강남역으로 바로 이동이 가능하다. 공덕역은 이마트, 병원, 음식점, 은행, 카페 등 인프라가 풍부하고, 서울역의 롯데마트와 롯데아울렛을 이용하기 편리하다. 아현동과 공덕동은 대흥역 학원가를 이용할 수 있다는 것도 장점이다.

광진구:
강변역센트럴아이파크(구의동)

서울시 광진구 구의동 강변역센트럴아이파크는 총 215세대로

강변역센트럴아이파크
(출처: 네이버 지도)

2026년 11월 입주 예정이다. 2024년 6월 분양 당시 84타입 분양가는 12억 7000만 원 정도였다. 이곳은 2호선 강변역, 구의역과 인접한다. 2호선을 타고 강남역으로 가기 편리하다. 강변역에 있는 롯데마트, 엔터식스 등의 인프라를 이용하기도 좋다. 향후 동서울터미널 현대화 및 복합개발 사업을 진행할 예정인데 준공될 경우 이곳에 스타필드와 이마트 본사가 들어설 예정이다. 아울러 바로 인접한 자양동에 재개발, 재건축 호재가 있으므로 앞으로 관심을 가지면 좋은 곳이다.

푸르지오라디우스파크(장위동)

    서울 성북구 장위동 푸르지오라디우스파크는 총 1637세대로 2027년 3월에 입주 예정이다. 2024년 7월 분양 당시 59타입 분양가가 9억 4000만 원 정도였다. 이곳은 1, 6호선 석계역과 6호선 돌곶이역과 인접하고 하나로마트 월계점, 이마트 월계점과 같은 대형 상권도 주변에 있다. 석계역에서 한 정거장만 가면 광운대역이다. 광운대역에 광운대역세권 개발사업을 진행 중이며, 이에 따라 추후

푸르지오라디우스파크
(출처: 네이버 지도)

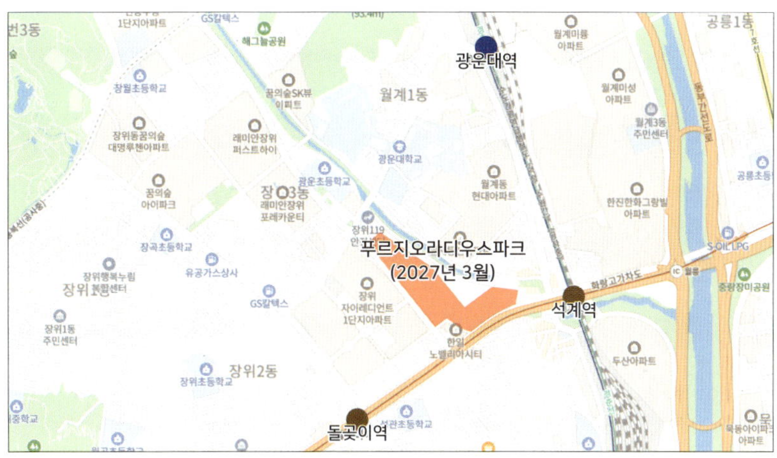

GTX-C노선이 광운대역을 지나갈 예정이다. 장위뉴타운은 아직 완성된 게 아니라 계속 진행 중인 구역들이 많기 때문에 시간이 지날수록 입지 변화가 크므로 눈여겨봐야 한다.

서울시 성북구 보문동 보문센트럴아이파크는 총 199세대로 2026년 9월 입주 예정이다. 2023년 9월 분양 당시 76타입 분양가가 11억 1000만 원 정도였다. 서울시 성북구 삼선동 창경궁롯데캐슬시그니처는 총 1223세대로 2027년 4월 입주 예정이다. 2024년 12월 분양 당시 59타입 분양가는 10억 5000만 원 정도였다. 보문역센트럴아이파크는 6호선, 우이신설선 보문역 초역세권이다. 성북천이 근처에 있고 성신여대, 고려대학교, 고려대학교 안암병원이 가까이에 있다. 대학교 상권이 발달했지만, 주변에 생활상권이 부족하고 아직 개발이 안 된 빌라촌이 많은 건 다소 아쉽다.

삼선동의 창경궁롯데캐슬시그니처는 4호선 한성대입구역과 6호선 창신역, 우이신설선 보문역을 인접하고 있다. 서울대학교병원을

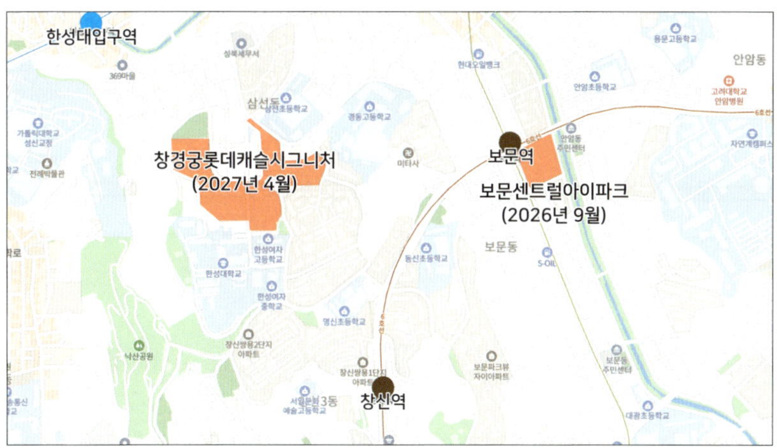

보문센트럴아이파크와 창경궁롯데캐슬시그니처
(출처: 네이버 지도)

인접하고 삼선초, 한성여중, 한성여고, 서울과학고 등 주변에 학교

가 많다. 역세권은 아니지만 다양한 지하철 노선을 이용할 수 있는

입주하는 신축이다.

노원구:

서울원아이파크(월계동)

서울시 노원구 월계동 서울원아이파크는 총 1856세대로 2028년

서울원아이파크

(출처: 네이버 지도)

7월 입주 예정이다. 2024년 11월 분양 당시 59타입 분양가가 10억 4000만 원 정도였다. 1호선, 경춘선 광운대역과 인접하며 주변에 하나로마트, 이마트가 가까이 있다. 추후 광운대역에 GTX-C 노선이 생기면 삼성역까지 한 번에 이동이 가능하므로 강남 접근성이 좋아질 것이다. 아울러 광운대역역세권 개발사업으로 아이파크몰, 골목상권, 호텔, 문화시설 등 인프라가 개선될 예정이다. 월계삼호, 월계시영 재건축 호재도 있으니 관심을 가지고 지켜보자.

동대문구:

청량리롯데캐슬하이루체(청량리동)

서울시 동대문구 청량리동 청량리롯데캐슬하이루체는 761세대로 2026년 4월에 입주 예정이다. 2023년 7월 분양 당시 59타입 분양가가 8억 3000만 원 정도였다. 이곳은 경춘선, 수인분당선, 1호선, 경의중앙선 청량리역을 접하고 있다. 청량리역에는 추후 GTX-B, C, 면목선이 개통될 예정이다. 아울러 청량리역 인근으로

청량리롯데캐슬하이루체

(출처: 네이버 지도)

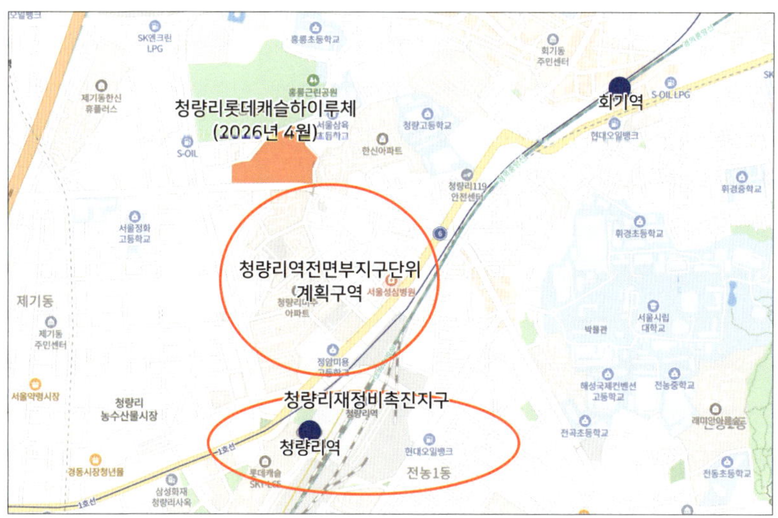

롯데백화점, 롯데마트 등 인프라가 잘 형성되어 있다. 앞으로 청량리역 주변으로 청량리 6, 8구역, 제기6구역 등 재개발 호재가 많은 것도 주목할 만하다.

영등포구:

영등포자이디그니티**(양평동)**

서울시 영등포구 영등포자이디그니티는 707세대로 2026년 3월 입주 예정이다. 2023년 3월 분양 당시 59타입 분양가 8억 7000만

영등포자이디그니티

(출처: 네이버 지도)

원 정도였다. 이곳은 5호선 양평역 바로 앞에 위치하며 롯데마트, 홈플러스, 코스트코 등 대형 마트가 가까이 있다. 한 정거장만 더 가면 오목교역의 현대백화점, 킴스클럽, 목동 학원가 등 목동의 인 프라를 가까이에서 누릴 수 있다는 것도 장점이다. 양평역 주변으 로 양평 13, 14구역 재개발 호재도 있다.

강동구:

e편한세상강동프레스티지원(천호동)

e편한세상강동프레스티지원

(출처: 네이버 지도)

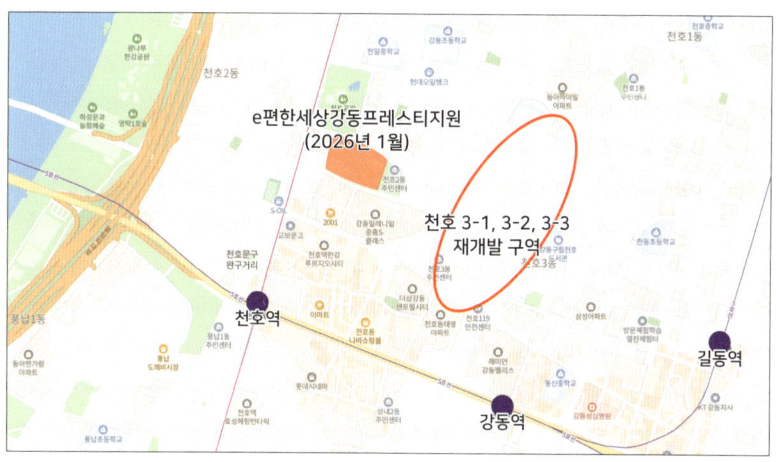

　서울시 강동구 천호동 e편한세상강동프레스티지원은 535세대로 2026년 1월 입주 예정이다. 2023년 10월 분양 당시 59타입 분양가가 9억 8000만 원 정도였다. 이곳은 5, 8호선 천호역과 가깝다. 주변에 현대백화점, 이마트, 롯데마트, 이랜드리테일 등 대형 상권도 잘 형성되어 있고, 추후 천호 3-1, 3-2, 3-3구역 재개발 호재 등으로 입지 변화가 있는 곳이다.

정부의 검증을 받은 경기도 대장들:
성남·광명·안양 동안·의왕·수원 영통

다음은 규제지역으로 묶인 경기도 지역 단지들을 살펴보겠다. 여기서 다룬 지역들은 규제 이전까지 급등했던 곳이다. 결국 경기도 내에서도 이 지역들이 먼저 규제지역으로 지정되었다는 것은 그만큼 이곳에 대한 수요가 많다는 것을 의미한다. 여력이 된다면 이 지역들의 분양권을 먼저 보도록 하자.

성남시 수정구:

산성역헤리스톤(산성동)

성남시 수정구 산성동 산성역헤리스톤은 3487세대로 2027년 12월에 입주할 예정이다. 2024년 7월 분양 당시 59타입 분양가가 9억 5000만 원 정도였다. 이곳은 8호선 산성역 바로 앞에 위치하며 주변에 이마트 성남점이 있다. 8호선을 타고 한 번에 잠실로 이동해서 2호선으로 환승도 가능하다. 위례와 바로 인접하고 있어 스타필드, 이마트트레이더스 등 위례의 인프라를 이용하기 좋으며, 8호

산성역헤리스톤
(출처: 네이버 지도)

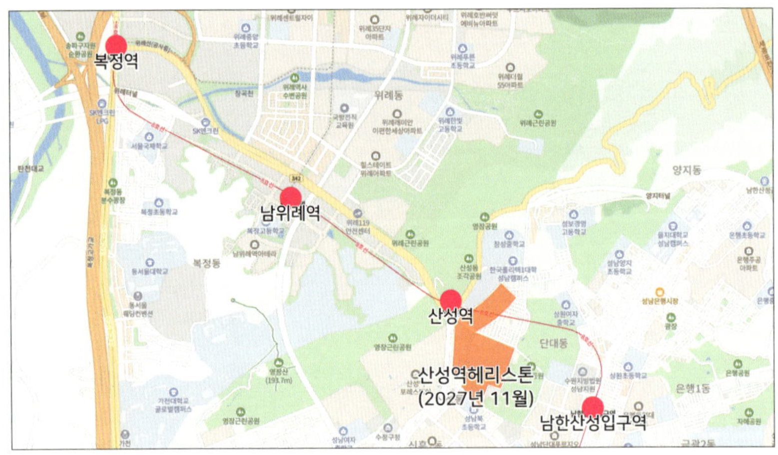

선 산성역에서 두 정거장 거리인 복정역에는 복정역 역세권 개발사업과 위례선이 예정되어 있다.

광명시:
철산자이브리에르(철산동), 광명자이힐스테이트SK뷰(광명동), 광명롯데캐슬시그니처(광명동)

광명시 철산동 철산자이브리에르는 1490세대로 2026년 1월에 입주할 예정이다. 2023년 11월 분양 당시 59타입 분양가가 8억 7000만 원 정도였다. 광명자이힐스테이트SK뷰는 2878세대로 2027년 7월에 입주할 예정이다. 2024년 1월 분양 당시 59타입 분양가가 9억 원 정도였다. 광명롯데캐슬시그니처는 1509세대로 2027년 10월에 입주할 예정이다. 2024년 5월 분양 당시 59타입 분양가가 8억 7000만 원 정도였다.

이곳은 7호선 철산역, 광명역에 인접하고 있으며 철산역은 상권과 학원가 등 인프라가 잘 형성되어 있다. 아울러 목동 학원가까지 차로 20분 정도면 갈 수 있다는 것도 장점이다. 이곳은 광명뉴타운 재개발 사업이 진행 중이기 때문에 앞으로 신축들이 입주하면서 인

철산자이브리에르와 광명자이힐스테이트SK뷰,
광명롯데캐슬시그니처

(출처: 네이버 지도)

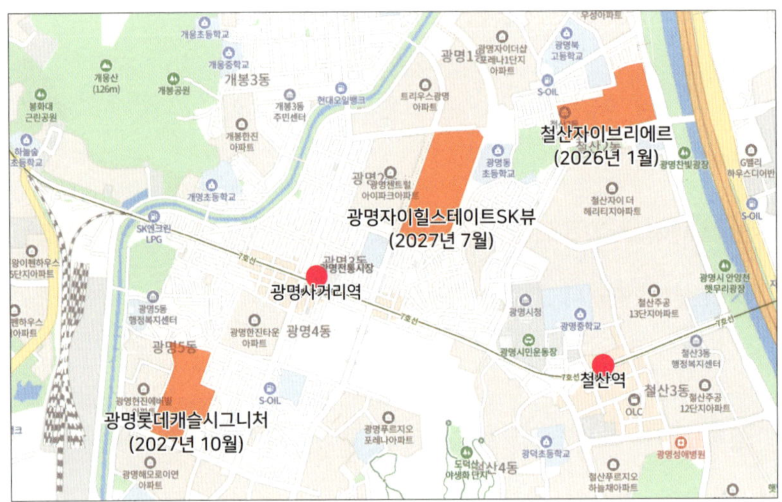

프라가 계속 개선될 전망이다.

안양시 동안구:

평촌자이퍼스니티(비산동)

안양시 동안구 비산동 평촌자이퍼스니티는 총 2737세대로

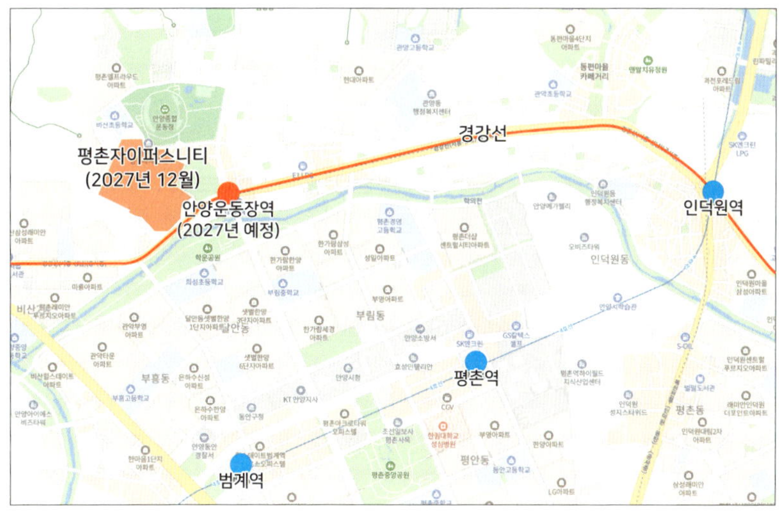

2027년 12월 입주 예정이다. 2024년 11월 분양 당시 59타입 분양가가 9억 8000만 원 정도였다. 이곳은 안양종합운동장과 가까이 있지만 주변 인프라가 범계역이나 평촌역 주변에 비해 부족한 편이다. 하지만 추후 경강선이 연장되면서 바로 근처에 안양운동장역이 생길 예정이다. 이 노선을 이용하면 한 번에 기존 4호선, 추후 인덕원-동탄 복선전철, GTX-C 교통 호재가 있는 인덕원역으로 이동할 수 있게 된다. 인덕원역에서 서울, 수도권 주요 지역으로 빠르게 이동이 가능해지면서 교통이 더욱 좋아질 것이다.

안양시 동안구:

e편한세상평촌어반밸리(호계동)

안양시 동안구 호계동 e편한세상평촌어반밸리는 458세대로 2026년 10월 입주 예정이다. 2024년 3월 분양 당시 59타입 분양가가 7억 3000만 원 정도였다. 이곳은 초등학교를 끼고 있고 1, 4호선 금정역에서 도보 13분 정도 소요된다. 추후 인덕원-동탄 복선전철이 개통되면 인근에 호계사거리역이 생기면서 이 노선을 이용해 인덕원으로 이동하기 편리해지고 인덕원에서 추후 개통될 노선들을

e편한세상평촌어반밸리

(출처: 네이버 지도)

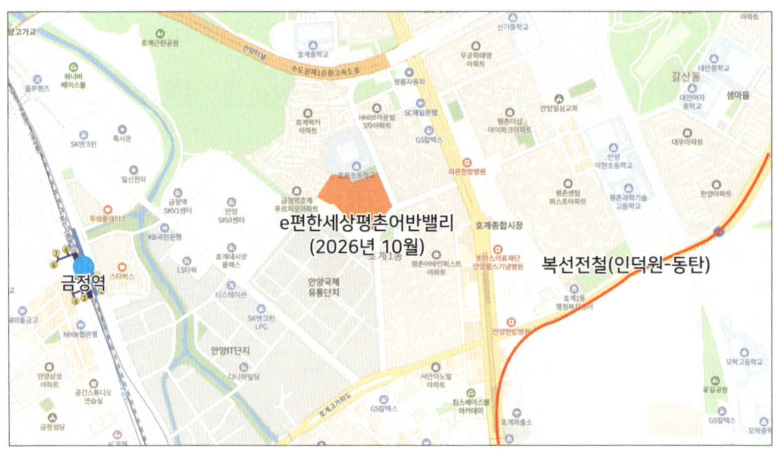

이용해서 서울, 수도권으로 이동하기 편리해진다. 호계동에 상품성이 좋은 아파트들이 몰려 있고 교통 호재도 있다.

의왕시:

인덕원퍼스비엘(내손동)

의왕시 내손동 인덕원퍼스비엘은 2180세대로 2026년 6월 입주 예정이다. 2023년 6월 분양 당시 59타입 분양가가 7억 8000만 원

인덕원퍼스비엘
(출처: 네이버 지도)

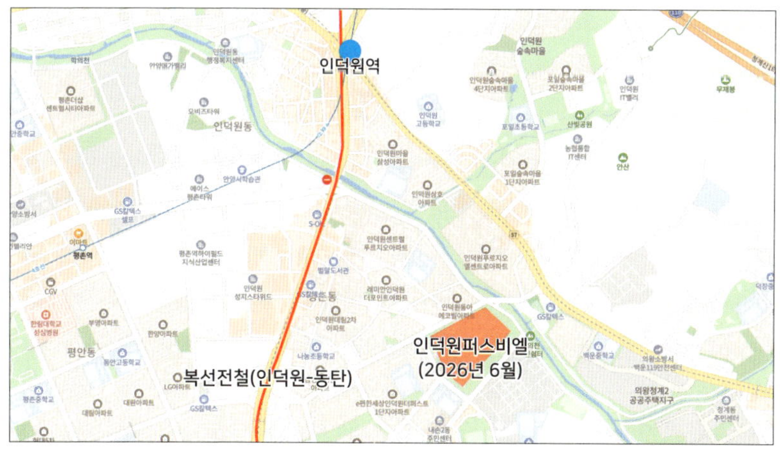

정도였다. 현재 이곳은 4호선 인덕원역에서 도보 20분 정도 소요된다. 역과는 다소 거리가 있지만 인덕원 주변에는 구축이 대부분인데 대단지, 그것도 2026년에 입주하는 새 아파트로 상품성이 좋다는 것도 장점이다. 추후 인덕원-동탄 복선전철이 개통하면 이 단지 주변에 있는 안양농수산물도매시장 쪽에 역이 생길 예정이며 인덕원역 교통 호재로 인프라가 개선될 수 있다.

수원시 영통구:

영통자이센트럴파크(영통동)

수원구 영통구 영통동 영통자이센트럴파크는 580세대로 2027년 3월 입주 예정이다. 2024년 2월 분양 당시 84타입 분양가가 10억 4000만 원 정도였다. 이곳은 수인분당선 영통역과 접하고 있다. 영통역은 수원의 대표적인 학군, 학원가 밀집 지역이다. 아울러 홈플러스, 은행, 병원 등 상권 밀집 지역으로 주거지로서 선호하는 곳이지만 대부분 연식이 30년 이상 된 구축들이었기에 이곳에 신축이 들어서면서 더더욱 관심을 받고 있다. 추후 인덕원-동탄 복선전철이 예정되어 있어 교통이 더 좋아질 예정이다.

영통자이센트럴파크

(출처: 네이버 지도)

규제의 풍선효과를 누려라:
구리·안산·용인

2025년 11월 기준 경기도지만 아직 규제지역으로 묶이지 않은 곳의 단지들을 뽑았다. 10.15 부동산 대책으로 인해 이미 수도권 비규제지역으로 풍선효과가 나타나고 있어 규제가 미치지 않은 지역을 보는 것도 좋다. 단, 이 지역들도 추후 규제지역으로 지정될 가능성이 있기 때문에 장기 보유를 염두에 두고 매수할 것을 추천한다.

구리시:

구리역롯데캐슬시그니처(인창동)

구리시 인창동 구리역롯데캐슬시그니처는 1180세대로 2026년 3월에 입주할 예정이다. 2023년 2월 분양 당시 59타입 분양가가 6억 5000만 원 정도였다. 이곳은 8호선, 경의중앙선 구리역을 접하고 있다. 최근 8호선 연장이 되면서 8호선 구리역에서 잠실역까지 25분 정도면 갈 수 있다. 구리역에는 롯데백화점, 은행, 영화관, 병

구리역롯데캐슬시그니처

(출처: 네이버 지도)

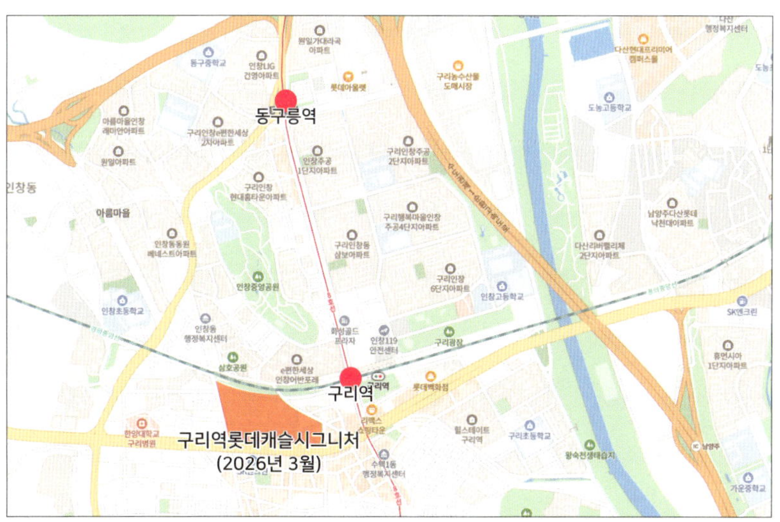

원 등 인프라가 잘 갖춰져 있다. 또한 한 정거장만 더 가면 8호선 동구릉역에 있는 롯데아울렛, 롯데마트도 이용할 수 있다. 추후 구리역에는 환승센터가 건립될 예정이다.

안산 단원구:

롯데캐슬시그니처중앙(고잔동)

안산 단원구 고잔동 롯데캐슬시그니처중앙은 1051세대로 2027년

롯데캐슬시그니처중앙

(출처: 네이버 지도)

11월 입주 예정이다. 2023년 12월 분양 당시 59타입 분양가가 6억 4000만 원 정도였다. 이곳은 4호선, 수인분당선 중앙역과 가까이 있고 중앙역에는 롯데백화점, 롯데시네마, 병원, 은행, 음식점 등 인프라가 잘 형성되어 있다. 추후 중앙역에 인천발KTX 직결노선과 신안산선이 개통될 예정이다. 인천발KTX 직결노선 연결로 고속철도를 이용하기 편리해지며, 신안산선을 이용하면 중앙역에서 여의도까지 35~40분 만에 이동할 수 있게 된다. 여의도역에서는 5호선, 9호선으로 환승해서 주요 일자리가 있는 동네로 이동할 수 있기 때문에 앞으로 고잔동은 직주근접의 수요도 많아질 것이다.

용인 기흥구:
영통역자이프라시엘(서천동)

총 472세대의 용인시 기흥구 서천동 영통역자이프라시엘은 2026년 12월에 입주할 예정이다. 2024년 1월 분양 당시 84타입 분양가가 8억 6000만 원 정도였다. 이곳은 수인분당선 영통역에서 도보 9분 거리다. 영통역 인근에는 상권, 학원가 등 인프라가 잘 형성되어 있다. 영통 학군을 못 보내더라도 학원가를 가까이에서 이용

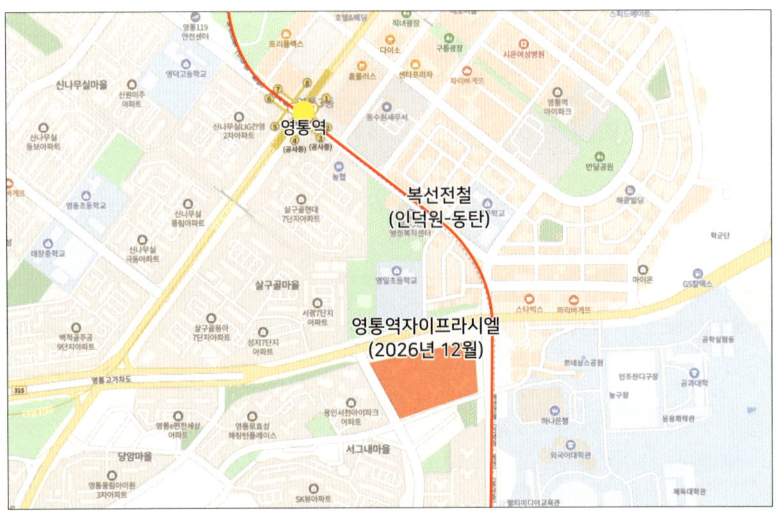

영통역자이프라시엘

(출처: 네이버 지도)

할 수 있다.

10.15 부동산 대책으로 수원 영통구는 규제지역으로 지정되었지만 영통의 인프라를 누릴 수 있는 이곳은 비규제지역이라는 점도 장점이다. 추후 인덕원-동탄 복선전철이 영통역에 개통되는데, 이 노선을 이용해 영통역에서 수원월드컵경기장역으로 이동하면 추후 연장될 신분당선으로 환승도 가능해진다.

결국 흐름은 지방 광역시로 간다:
대구·부산·울산

지방 광역시는 최근 서울, 수도권에 집중된 규제에서 벗어난 지역이다. 결국 상승 흐름은 지방 광역시까지 이어지기 때문에 지금 같은 시기에 좋은 입지를 선점한다는 생각으로 접근하는 것도 좋다. 10.15 부동산 대책 이후 지방 광역시의 상급지들은 이미 신고가를 찍고 매물이 급감하는 곳도 있다. 서울이면 무조건 좋은 게 아니라 서울도 서울 나름이다. 오히려 지방 광역시에서 가성비 있는 분양권을 사는 것도 좋은 선택이 될 수 있다.

총 399세대의 대구 수성구 범어자이는 2026년 2월 입주 예정이다. 2022년 7월 분양 당시 84타입 분양가가 9억 5000만 원 정도였다. 이곳은 2호선 범어역에서 도보 11분 정도 소요되며, 현대시티아울렛, 신세계백화점을 이용할 수 있다. 범어네거리의 병원, 상권 등 풍부한 인프라를 가까이에서 이용할 수 있다는 것도 장점이다.

범어자이

(출처: 네이버 지도)

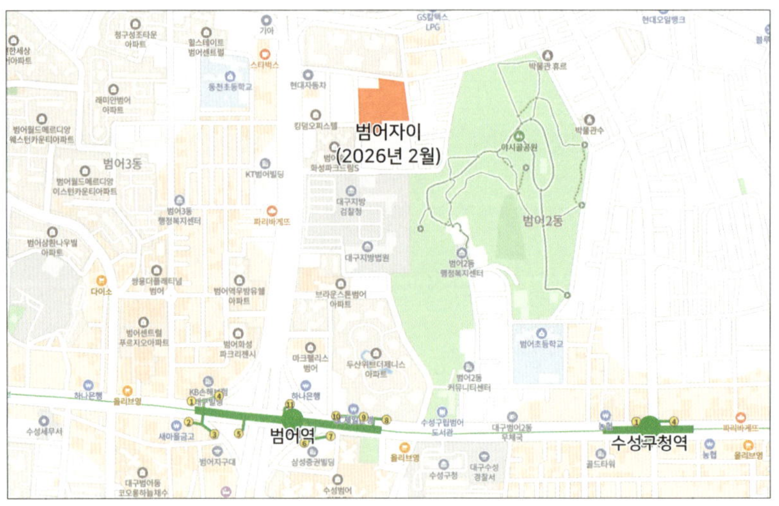

이곳에는 추후 엑스코선이 개통될 예정인데, 이 노선이 개통되면 바로 인접해서 벤처밸리역이 생기고 노선을 통해 범어역으로 바로 이동할 수 있다. 아울러 대구지방법원, 검찰청이 연호지구로 이전하게 되면서 후적지 개발에 대한 호재도 있다.

부산 남구:
대연디아이엘(대연동)

부산 남구 대연동 대연디아이엘은 총 4488세대로, 2027년 4월에 입주할 예정이다. 이곳은 대연3구역 주택재개발정비사업으로 진행된 곳으로 2023년 7월 분양 당시 84타입 분양가가 8억 2000만 원 정도였다. 2호선 못골역에서 도보 5분 거리에 있다. 무엇보다 롯데건설, 현대산업개발에서 짓는 브랜드 대단지라는 점과 수영장, 스카이라운지, 세대별 창고, 조식 서비스 등 커뮤니티가 우수하다는 점이 장점이다.

아직은 주변 인프라가 약한 편이지만 4000세대가 넘는 대단지가 입주한다면 주변 인프라는 개선될 것으로 보인다. 또한 현재 2호선을 이용해서 대연역, 남천역, 센텀역 등 인프라가 풍부한 곳으로 한

대연디아이엘

(출처: 네이버 지도)

번에 이동할 수 있다는 것도 장점이다. 분양 당시 청약경쟁률도 두
자릿수 이상 나온 만큼 부산에서는 이곳을 눈여겨보자.

울산 남구:

라엘에스(신정동)

울산 남구 신정동 라엘에스는 총 2033세대로, 2028년 2월에 입주

라엘에스

(출처: 네이버 지도)

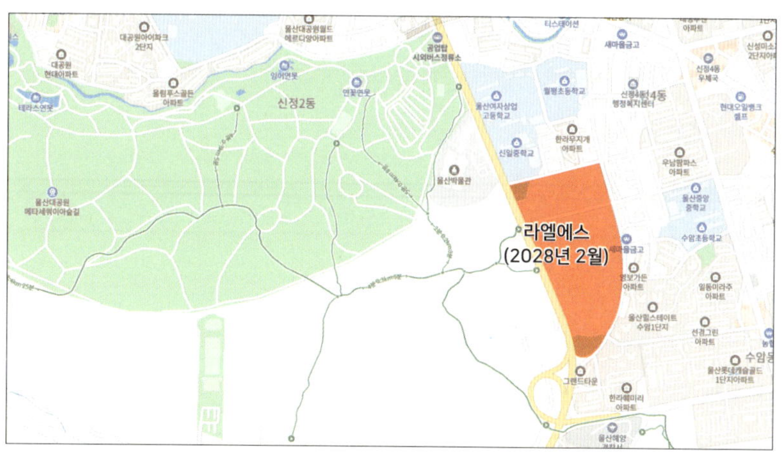

할 예정이다. 이곳은 남구 B08구역 주택재개발정비사업으로 진행된 곳으로 2024년 5월 분양 당시 84타입 분양가가 8억 8000만 원 정도였다. 이곳은 울산에서 가장 선호하는 신정동, 옥동 학군은 아니지만 옥동 학원가를 이용할 수 있다. 아울러 주변 아파트는 대부분 1000세대도 못 미치는 데 비해 라엘에스는 2000세대가 넘으며, 롯데건설, SK에코플랜트에서 짓는 브랜드 대단지이고 실내 수영장, 체육관, 골프장, 사우나, 프라이빗 시네마 등 커뮤니티가 우수하다는 것이 장점이다. 주변에 초중고가 인접해 있고 울산대공원이 있기 때문에 울산을 본다면 이 단지를 주목해 보자.

경제적 자유를 얻은 뒤
깨닫게 된 것

지금 이 글을 쓰고 있는 곳은 말레이시아의 수도 쿠알라룸푸르다. 늘 아이들과 외국에서 한 달 살기를 하고 싶었다. 하지만 직장에 다닐 땐 그만큼 시간을 내기가 어려웠고 비용도 부담이 되었다. 그런데 부동산 투자로 어느 정도 성공을 거둔 지금은 나와 아이 둘, 셋이서 처음으로 외국에서 한 달 살기를 하고 있다.

나는 매일 아침 일찍 일어나 책 집필을 하거나 강의 자료를 만든다. 오전 11시쯤 되면 이곳의 맛집을 검색해서 아이들과 함께 간다.

점심을 먹고 우리가 늘 가는 마트에 가서 꼭 수박 주스와 망고 주스를 사서 마신다. 숙소로 돌아와서 1시간은 무조건 수영을 하는 게 정해진 루틴이다.

며칠 전에는 이곳에서 비행기를 타고 1시간 정도면 갈 수 있는 싱가포르에 다녀왔다. 평소 유니버설 스튜디오에 가고 싶어 하던 둘째는 그곳에서 신나게 놀았다. 싱가포르의 유명 맛집에서 맛있는 음식도 먹고, 마리나베이를 산책하며, 머라이언상 앞에서 인스타용 사진도 찍었다. 우리 주변으로 러닝을 하는 외국인들이 지나갔다. 여유로운 삶이란 이런 것이구나 싶었다.

만약 내가 아직도 직장 생활을 했다면 과연 이런 생활이 가능했을까? 돈만 있다고 가능한 건 아니다. 중요한 건 결국 시간의 자유를 얻을 수 있느냐다. 그리고 그 자유를 너무 늦게 얻어도 안 된다. 느지막이 직장을 은퇴한다면 그 나름의 자유를 얻을 수는 있겠지만 지금처럼 한창 성장기에 있는 아이들과 이렇게 여유로운 시간을 보낼 수는 없을 것이다. 또 언제든 내가 원할 때 건강상의 문제 없이 여행을 다닐 수도 없을 것이다.

아이들과 1년에 두 번 이상은 세계여행을 간다. 사춘기로 힘들어하던 첫째와도 세계여행을 통해 서로 깊이 이해하게 되었고 사이가 더 좋아졌다. 평소 소심했던 성격 탓에 늘 움츠리던 둘째는 세계여행을 통해 주도적으로 성격이 바뀌게 되었다.

좋은 자산을 사서
오래 보유하자는 결심

내가 분양권에 투자한 이유도 바로 이런 시간과 돈의 여유를 얻고 싶었기 때문이다. 몇 번의 투자 실패를 통해 배운 게 있다. 자산은 빨리 파는 게 아니라는 것이다. 좋은 자산을 사서 오래 보유하는 게 정답이었다. 구축도 당연히 사봤다. 하지만 늘 불안했다. 정말 입지적인 메리트가 있는 곳을 제외하고는 시간이 지날수록 가치가 하락했다. 구축을 갖고 있는 동안은 내내 이런 생각이 들었다. '내가 팔고 싶을 때 팔 수 있을까?'

내가 처음 살았던 3년 차 새 아파트도 7년간 거주하다 보니 어느새 10년이 넘는 구축이 되어가고 있었다. 처음에는 새 아파트니까 가격도 잘 상승했고 수요도 많았다. 하지만 주변에 더 상품성이 좋은 브랜드 대단지들이 들어오면서 내가 사는 집은 우선순위에서 밀리게 되었다. 집을 팔고 싶어도 팔리지 않기 시작했다. 무서웠다. '집이 안 팔리면 평생 이 집에 살아야 하는 걸까?' 늘 그게 걱정이었다.

집을 내놓고 거둬들이기를 3년간 반복하면서 겨우 집을 팔게 되었다. 그때 결심했다. 절대 구축은 사지 말자! 너무 오랫동안 한 집에 눌러앉아서 구축 아파트가 되게 하지 말자는 거였다. 정말 피치 못할 사정이 없는 한 분양권도 웬만하면 소유권이전등기 후에 임대를 주고 가져가고 있다. 개수가 많지는 않지만 하나를 사더라도 제대로 된 것을 사자는 생각으로 투자해 왔다. 양보다는 질이었다.

2022년 금리 인상으로 부동산 하락장을 겪으면서 그것이 정말 잘한 선택이었음을 알게 되었다. 한창 투자를 할 당시에 주변의 투자자들은 전세가율 90%, 100%의 구축 아파트 또는 공시가격 1억 원 미만 아파트에 여러 채 투자했다. 나는 돈은 있었지만 그렇게 많은 구축 아파트를 사고 싶지는 않았다. 가장 큰 이유는 무엇보다 내가 그런 아파트에 들어가서 살고 싶지 않았기 때문이다.

전세가율에 속으면 안 된다. 전세가율이 높다는 것은 매매보다는 임대를 더 원한다는 것이다. 사기는 싫고 잠시 임대했다가 떠나려는 아파트는 대개 전세가율이 높다. 당시 공시가격 1억 원 미만 아파트를 산 투자자들은 이번 부동산 하락장이 왔을 때 정말 힘들어했다. 매매가도 떨어졌지만 전세가율이 하락하면서 역전세가 났다.

하락장에는 매매가만 떨어지는 것이 아니라 전세가도 떨어진다. 집값은 떨어지는데 역전세가 나면서 세입자에게 보증금의 일부를 되돌려줘야 하는 상황이 발생한 것이다. 만약 그런 집이 한 채가 아니라 수십 채라면? 그런 상황을 보면서 양보다는 질을 선택하길 정말 잘했다는 생각을 했다. 앞으로도 나는 분양권으로 새 아파트만 살 것이다.

인생을 바꾸는 분양권 투자

현재도 취득세 중과로 인해 아파트를 세 채 이상 사기가 어려워졌다. 사봤자 두 채다. 하지만 사람들은 한 채로 만족하지 않는다. 하나라도 더 사서 두 채를 만들고 싶어 한다. 집은 거주 공간이자 자산을 불리는 수단이 될 수 있기 때문이다.

누군가는 이런 관점을 투기라고 욕할지도 모른다. 하지만 평범한 사람이 과연 투자하지 않고 돈만 모아서 경제적인 여유를 가질 수 있을까? 월급은 절대 물가상승률을 따라가지 못한다. 나는 매일 쉬지 않고 열심히 일하는데 왜 갈수록 살림이 팍팍한 걸까? 이상하지 않은가? 마트에 가도 예전보다 물가가 너무 올라서 막상 지갑에서 돈을 꺼내기가 겁난다. 배달 음식 하나 시켜 먹는 것도 몇 번을 고민해야 한다. 언제까지 그렇게 살 것인가? 평생 그렇게 살아야 한다면 너무 끔찍하지 않은가? 인생은 단 한 번뿐이다.

이 책을 여기까지 읽었다면 이제는 당신도 전보다 더 여유롭게 살 준비가 된 것이다. 새 아파트로 탈바꿈할 분양권에 투자하는 방법을 익혔을 테니 말이다. 처음부터 상품성이 좋은 새 아파트를 사두면 시간이 지날수록 그 가치는 상승해 나갈 것이다. 나와 우리 가족의 미래가 든든해질 것이다. 더 이상 돈 걱정 하면서 살지 않아도 된다. 그러니 지금부터 분양권에 관심을 갖자. 이 책을 읽는 당신도 나처럼 시간의 자유를 마음껏 누리는 인생을 살았으면 한다.

나는 당첨 없이 분양권으로 새 아파트 산다

초판 1쇄 인쇄 2026년 1월 6일
초판 1쇄 발행 2026년 1월 13일

지은이 김세희
펴낸이 김선식

부사장 김은영
콘텐츠사업본부장 임보윤
책임기획 여소연 **책임편집** 여소연 **디자인** 윤유정 **책임마케터** 지석배
콘텐츠사업1팀장 한다혜 **콘텐츠사업1팀** 윤유정, 문주연, 조은서, 여소연
마케팅사업1팀 이고은, 지석배, 최민경, 이현주, 김은지 **홍보1팀** 김민정, 홍수경, 변승주
브랜드사업본부 정명찬
브랜드홍보팀 오수미, 서가을, 박장미, 박주현
영상홍보팀 이수인, 염아라, 이지연, 노경은
저작권팀 성민경, 이슬 **편집관리팀** 조세현, 김호주, 백설희
재무관리팀 하미선, 임혜정, 이슬기, 김주영, 오지수
인사총무팀 강미숙, 김재경, 김혜진, 김주림, 황종원
제작관리팀 이소현, 김소영, 김진경, 유미애, 이지우
물류관리팀 김형기, 김선진, 주정훈, 양문현, 채원석, 박재연, 이준희, 최대식

펴낸곳 다산북스 **출판등록** 2005년 12월 23일 제313-2005-00277호
주소 경기도 파주시 회동길 490
전화 02-704-1724 **팩스** 02-703-2219 **이메일** dasanbooks@dasanbooks.com
홈페이지 www.dasan.group **블로그** blog.naver.com/dasan_books
종이 스마일몬스터 **인쇄·제본** 정민문화사 **코팅·후가공** 제이오엘엔피

ISBN 979-11-306-8552-6(03320)

다산북스(DASANBOOKS)는 책에 관한 독자 여러분의 아이디어와 원고를 기쁜 마음으로 기다리고 있습니다.
출간을 원하는 분은 다산북스 홈페이지 '원고 투고' 항목에 출간 기획서와 원고 샘플 등을 보내주세요.
머뭇거리지 말고 문을 두드리세요.